Wracktauchen im Roten Meer

Inhalt

Vorwort	7
Geschichte des Roten Meeres	8
Erdgeschichte und Riffstrukturen	14
Der Golf von Aquaba	16
Cedar Pride	18
Soufa	26
Yatouche	32
Million Hope	36
Hey Daroma	40
Zingara	42
Die Panzerdeponie von Ras Peter	46
Sha'ab Mahmud	48
Dunraven	50
Sha'ab Ali,	
Sha'ab Danaba & Shag Rock	58
Thistlegorm	60
Sarah	76
Unbekanntes Wrack	82
Shadwan & Abu Nuhas	86
Giannis D	88
Carnatic	94
Chrisoula K	104
Kimon M	110

Die Straße von Gubal	114
Ulysses	116
Der Leichter	120
Rosalie Moller	124
Brother Islands	132
Aida	136
Numidia	140
Hurghada & Safaga	144
Excalibur	146
Minija	150
Patrouillenboot	154
Sadana Wrack	158
Salem Express	164
Südägypten	174
Adamantia K	176
Hamada	180
Schlepper von Abu Galawa	184
Amphorenfeld Sha'ab Sataya	188

INHALT

Zabargad	190	**Unentdeckte Wracks**	228
Zabargad Wrack	192	Afghanistan	228
Neptuna	196	Al Quamar Al Saudi	229
		Hadia	230
Elba Reef	200	Maidan	231
Levanzo	202	Muhaisna	232
		Poliaigos	233
Sha'ab Suedi	206	Scalaria	233
Blue Belt	208	Shillong	234
Sha'ab Rumi	212		
Prekontinent II	214	**Wrackfotografie**	236
		Video am Wrack	241
Wingate Reef	216	**Biologie an einem Wrack**	245
Umbria	218		
		Danksagung	250
Verschwundene Wracks	224	**Quellen und Literatur**	252
Jolanda	224	**Nachwort**	253
Ronaldshay	226	**Register**	254

Vorwort

Die Idee, ein Buch über Wracks im Roten Meer zu schreiben, löste anfangs große Euphorie aus, entwickelte sich aber schnell zu einem zeitlich aufwendigem Projekt, denn es mußten nicht nur zahllose Tauchgänge gemacht werden, um den aktuellen Zustand der Wracks im Bild und Film zu dokumentieren. Noch mehr Arbeit bereitete die historische Recherche, zumal die Geschichte der versunkenen Schiffe nicht wie ein offenes Buch vor uns lag. Es war ein Puzzle, bei dem wir anfänglich nicht einmal wußten, woher überhaupt die einzelnen Steine zu bekommen waren, geschweige denn, wie es zusammenzusetzen war. Unzählige Telefonate und Faxe um den halben Globus mußten verschickt werden, um weitere Details und Informationen zu erhalten. Nur langsam ergaben die zahlreich zusammengetragenen Mosaiksteinchen ein klares Bild. Nachforschungen in Archiven und Reisen zu verschiedenen Museen lüfteten viele bisher unbekannte Geheimnisse der stummen zeitgeschichtlichen Zeugen auf dem Meeresgrund.

Was in vielen Fachzeitschriften und Sekundärquellen stand, erwies sich bei näherem Hinsehen oft als sachlich falsch und gab weitere Rätsel auf. Auch führten unterschiedliche Wracknamen, die die Schiffe zum Zeitpunkt ihres Untergangs gar nicht mehr trugen, auf eine falsche Fährte. Die Beschaffung historischer Bilder und Zeichnungen war ebenfalls schwierig, da selbst neuere Wracks häufig nur unzureichend dokumentiert waren. Andererseits gab es wieder viel Material, doch kaum jemand war bereit, mit uns bei diesem oder jenem speziellen Thema zu kooperieren, wenn es galt Versäumnisse oder Fehler, die zum Untergang eines Schiffs geführt haben könnten, zu vertuschen, so wie im Fall der Salem Express. Es gab aber auch viele angenehme Überraschungen. Spontane Äußerungen von Augenzeugen und das zufällige Auffinden historischer Veröffentlichungen, die bei vermeintlich unbedeutenden Wracks die Geschichte erhellten, machten unsere Arbeit stets aufs Neue spannend und reizvoll.

Natürlich läßt sich ein derartiges Buch nur mit der Hilfe zahlreicher Taucher und Informanten realisieren. So betrachten wir dieses Buch auch als ein Gemeinschaftswerk vieler engagierter Sporttaucher und etlicher Sponsoren, die alle eine gemeinsame Leidenschaft verbindet: der faszinierende Tauchsport. Während die letzten Teile dieses Buches entstanden, sehnten wir uns schon wieder zurück nach der Sonne und Wärme des Roten Meeres, nach den lichtdurchfluteten Tiefen, der Arten- und Farbenvielfalt der Tauchplätze und natürlich nach „unseren" Wracks".

Ganz in diesem Sinne wünschen wir Ihnen viel Vergnügen beim Lesen und manchen Anreiz, demnächst selbst auf eine Wracksafari zu gehen. Es lohnt sich – ganz bestimmt!

Das Rote Meer – Geschichte und versunkene Schiffe

Das Rote Meer galt stets als bedeutender Handelsweg für die Völker des Orients und reichte bereits lange vor unserer Zeitrechnung um das Horn von Afrika bis ins entfernte heutige Somalia. Schon in der Antike ermöglichte es Seefahrern Verbindungen nach Indien und den frühen Handel zwischen dem Reich Salomons und der Königin von Saba. Schiffe segelten von Ägypten nach Arabien und weiter bis in den Jemen. Güter schiffte man vom Süden nordwärts durch die Straße von Tiran und den Golf von Suez, um sie anschließend auf dem Landweg an die Mittelmeer-Häfen zu transportieren. Bereits 3700 Jahre v. Chr. existierten Handelsverbindungen über das Rote Meer zu den Nachbarländern. Archäologische Funde im Süden von Safaga deuten auf einen wichtigen Hafen bei Marsa Gawasis hin. Myrrhe, Zimt, Ebenholz, Elfenbein, Weihrauch, Gold und Edelsteine waren damals geschätzte Waren und verschafften Kaufleuten, Schiffseignern und Herrschern Reichtum und Macht.

Bei der Suche nach antiken Wracks konzentrierten sich Wissenschaftler zunächst auf die Insel Jazirat Fara'un und die Küstenlinie des Sinai. Man nahm an, daß dort ein besonders starker Schiffsverkehr existierte und die Schiffe Salomons entlangsegelten. Darauf weisen drei Fundstellen mit Reste von Schiffen hin, die etwa 1000 v. Chr. untergingen. Bis auf diese Entdeckungen gab es bislang kaum archäologische Funde. Selbst das römische Imperium hinterließ wenig auffindbare Spuren seiner Seefahrt im Roten Meer, obwohl die Römer dieses Gewässer befuhren. Ein Hinweis könnte das Amphorenwrack an den Fury Shoals in der Nähe von Port Berenice sein (s. S. 188). Die Phönizier starteten angeblich vom Roten Meer zu einer ersten Umsegelung Afrikas und kehrten nach mehr als zwei Jahren über die Straße von Gibraltar zurück. Eine archäologische Sensation aus „jüngeren Zeiten" ist das Sadana-Wrack aus dem 18. Jh. zwischen Hurghada und Safaga mit Wrackfragmenten, einem großen Amphorenfeld und weiteren, zeitgenössischen Funden. Dort begannen die wissenschaftlichen Ausgrabungen im Sommer 1995 und werden vermutlich in den nächsten Jahren noch weitere Aufschlüsse geben.

Handelswege

Das Rote Meer mit den bekannten Seewegen rund um Afrika und später bis nach Asien und Australien war in der Vergangenheit ein wichtiger Wasserweg. Da die Umsegelung vom Kap der Guten Hoffnung als gefährlich und verlustreich galt, transportierte man gern Waren auf den alten Karawanenwegen vom mediterranen Port Said bis nach Suez ans Rote Meer, um sie dort zu verschiffen. Auch der umgekehrte Weg war schon seit Salomons Zeiten geläufig. So entstand über das Rote Meer ein reger Pendelverkehr zwischen dem alten Europa und den neuen Handelsdestinationen bis der zunehmende Kolonialismus des 19. Jh. den Schiffsverkehr in dieser Region vermehrte. Einen gewaltigen Zuwachs an Schiffsbewegun-

HANDELSWEGE

Sonnenuntergang im Golf von Aquaba

Oft fischt man am Roten Meer direkt an der Riffkante

Bootsbau im alten Hafen von Hurghada

gen erfuhr das Rote Meer mit dem Bau des Suezkanals 1869, einer spürbaren Abkürzung zwischen Europa, Indien und den fernen Kolonialgebieten. Die berühmten, schnellen Großsegler (Clipper) nutzten nach Eröffnung des Suezkanals weiterhin die Passage rund um Afrika, wurden aber von dem wirtschaftlicheren Antrieb der Schiffsdampfmaschinen abgelöst, die um 1830 ihren Siegeszug antraten. Die ersten Zwitterwesen der Dampfschiffahrt waren meist modifizierte Segelschiffe, wie die eindrucksvollen Wracks der Dunraven, Carnatic und Sarah, sowie des unbekannten Großschiffs am Sha'ab Danaba und der Ulysses belegen, die noch über eine entsprechende Hilfsbesegelung verfügten. Mit Hilfe der modernen und weitestgehend pünktlich verkehrenden Dampfschiffe entstand ein regelmäßiger Post- und Linienverkehr zwischen Europa und Fernost, der das Rote Meer als verbindenden Wasserweg bevorzugte.

Nach antiken Quellen soll bereits gegen 1950 v. Chr. der ägyptische Pharao Sesostris I. die erste Verbindung zwischen dem Mittelmeer und dem Roten Meer geschaffen haben, das damals bis an die Bitterseen nördlich von Suez reichte. Dieser Kanal diente mit weiteren Verzweigungen vornehmlich Bewässerungszwecken. Mit dem Bau des modernen Suezkanals wurde 1859 unter der Aufsicht des Franzosen Ferdinand de Lesseps begonnen. Als französischer Konsul im türkisch beherrschten Ägypten hatte er sich mit Plänen zur Verbindung des Mittelmeeres mit dem Roten Meer beschäftigt und enge Freundschaft mit Said Pascha, dem späteren Vizekönig Ägyptens, geschlossen. Als Said Pascha die

Herrschaft über Ägypten 1854 antrat, war er bemüht, sich gegen den britischen Einfluß auf den osmanischen Sultan durchzusetzen und vergab die Konzession zur Gründung der Kanalbaugesellschaft an die Franzosen. Die Fertigstellung des damals 164 km langen und etwa 52 Meter breiten Kanals erfolgte 10 Jahre später, die offizielle Eröffnung fand am Vormittag des 16. November 1869 unter der Anwesenheit berühmter Politiker und Künstler aus ganz Europa statt (Uraufführung von Verdi's Aida). Damit verkürzte sich der Seeweg von Marseille nach Bombay um 56 % gegenüber der alten Route um das Kap der Guten Hoffnung. 1875 übernahmen die Briten überraschend den ägyptischen Aktienanteil der Kanalgesellschaft und 1899 sogar die Oberhoheit in Ägypten. Die Vorherrschaft der Franzosen war gebrochen; die letzten britischen Truppen verließen 1956, kurz vor dem Suezkrieg, das Land.

Streitapfel der Strategen

Im ersten Weltkrieg stand der Suezkanal im strategischen Interesse der deutsch-türkischen Allianz gegen England. Versuche, den Kanal einzunehmen, scheiterten 1916 am Widerstand der britischen Verbände. Besondere Bedeutung erhielt der Kanal im zweiten Weltkrieg als Nachschubweg für die britischen Korps in Nordafrika und die kämpfenden Truppen in Palästina. Kriegsmaterial wurde auf dem gefährlichen und langen Weg von England und Amerika über den Atlantik und Südafrika durch das Rote Meer bis nach Ägypten transportiert. Die kürzere Route durch das anfänglich von den Achsenmächten beherrschte Mittelmeer, vorbei an Gibraltar, Sizilien und Malta galt als sehr risiko- und verlustreich. Auch das nördliche Rote Meer lag in Reichweite der in Kreta und Nordafrika stationierten deutschen Bomber. Sie setzten den Briten erfolgreich zu, wie die Wracks der Thistlegorm, Rosalie Moller, Scalaria und die mittlerweile geräumte Ronaldshay beweisen. Weitere Schiffe versanken im Suezkanal und den großen Häfen durch deutsche und italienische Bomben, Minen oder Torpedos. Die Bedeutung des Kanals stieg nach Kriegsende mit dem beginnenden Kalten Krieg.

Während der Suezkrise 1956, die der ägyptische Staatspräsident Gamal Abd-el-Nasser auslöste, verstaatlichte er die Wasserstraße nach dem britischen Abzug. Im Sechs-Tage-Krieg 1967 oder im Yom Kippur-Krieg von 1973 hatte der Kanal ebenfalls eine wichtige, strategische Bedeutung. Er blieb nach den israelisch-ägyptischen Auseinandersetzungen von 1967 bis 1975 für die internationale Seefahrt geschlossen. Heute ist die Wasserstraße, die durch den Timsahsee (5 x 3 km), den grossen Bittersee (23 x 13 km) und den kleinen Bittersee (13 x 3 km) führt 195 km lang, durchschnittlich 160 bis 190 Meter breit und 20 Meter tief. Etwa 68 km der Kanalstrecke eignen sich für Gegenverkehr. Tanker bis zu 150 000 t (leer bis zu 260 000 t) können den Kanal passieren. Eine Durchfahrt, die in Konvois zu je 20 Schiffen mit Lotsenbegleitung durchgeführt wird, dauert etwa 15 Stunden. Der Suezkanal entwickelte sich für Ägypten zu einer wichtigen Devisenquelle. 1991 brachten 18 326 Schiffsbewegungen 1,77 Mrd. US-$ ein.

Daß es im Roten Meer noch heute zu Kollisionen mit bekannten und unbekannten Riffen kommt, liegt teilweise in der Irreführung moderner Schiffselektronik, die unbeabsichtigt größere Schiffe vom Kurs abbringt. Da es im Roten Meer auch keine ausgeprägte Dünung und nur einen geringen Tidenhub gibt, brechen sich keine hohen Wellen mit lautstarker Gischt an

Riffen und Hindernissen, so daß die Besatzungen in der Nacht weder visuelle, akustische noch radartechnische Möglichkeiten haben, solche Hindernisse genau zu orten. Davon zeugen besonders die Wracks am Sha'ab Abu Nuhas. Selbst die aktuell größte Schiffskatastrophe in der Region, der Untergang der Salem Express im Dezember 1991, könnte auf diese Umstände zurückzuführen sein. Weiterhin spielen die fehlenden Gezeitenunterschiede eine weitere, wichtige Rolle. Sitzt erst einmal ein Schiff auf einem Riff fest, gibt es selten eine Chance, es durch das Zusammenspiel der Gezeiten wieder frei zu bekommen. So lagen die Chrisoula K oder die Giannis D wochenlang auf dem Sha'ab Abu Nuhas fest, bevor sie die gewaltigen Kräfte des Meeres zerbrachen.

Alterungsprozesse

Im Roten Meer sind trotz des hohen Schiffsaufkommens bis heute nur wenige betauchbare Wracks bekannt. Die meisten liegen in für Taucher nicht mehr erreichbaren Tiefen oder sind durch Korallenbewuchs kaum noch oder gar nicht mehr zu erkennen (Ulysses, unbekanntes Wrack am Sha'ab Danaba). Zusätzlich zersetzt sich Holz in tropischen Meeren recht schnell,

wie die Decksaufbauten der Thistelgorm vor Sha'ab Ali oder das ehemals hölzerne Interieur der Dunraven vor Sha'ab Mahmud zeigt. Selbst die hölzernen Decksaufbauten der Ronaldshay (s. S. 226), die bis zu ihrer annähernd völligen Beseitigung im Hafen von Safaga lag, zersetzten sich bereits nach 20 Jahren. An strömungsexponierten Stellen überdecken Sandablagerungen alte Wracks, so daß sie kaum zu entdecken sind. Sehr gut läßt sich der beginnende Sedimentationsprozeß am Wrack der Rosalie Moller beobachten, die „erst" 1941 in der strömungsreichen Straße von Gubal versank.

So ist die Suche nach unbekannten Wracks durch natürliche Einflüsse stets voller Geheimnisse. So fand man vor etlichen Jahren zufällig bei Sharm-el-Sheikh die guterhaltenen Überreste eines etwa 60 Meter langen und 15 Meter breiten Segelschiffs aus der Mitte des 18. Jh. Die Ladung bestand offensichtlich aus asiatischem Geschirr und Keramiken, sowie aus Flaschen und anderen Behältnissen. Untersuchungen ergaben, daß dieses Schiff einem Feuer an Bord zum Opfer fiel. Ein weiterer Zufallsfund ist das „Quecksilberwrack" am Tauchplatz Amphoras (GPS N 27° 51,959' – E 34° 19,479') aus dem beginnenden 17. Jh.. Das Schiff transportierte in großen Keramikgefäßen Quecksilber, das damals zur Verbesserung des Reinheitsgrades von Gold benötigt wurde.

Neben den Küstenstrukturen und den witterungsbedingten Unwägbarkeiten waren im Eingangsbereich des Golfs von Suez und des Golfs von Aquaba die sogenannten Sha'abs, (bis unter die Wasseroberfläche reichenden Korallenriffe) stets gefährliche Hindernisse für die Schiffahrt. Dazu zählen besonders Sha'ab Abu Nuhas, Sha'ab Ali und Sha'ab Mahmud. Auf der Sinaiseite gibt es ebenfalls Riffe, die als

Geschäftiges Treiben herrscht in Hurghadas Straßen

Ein Traum – Tauchfunde aus versunkenen Schiffen

potentielle „Schiffsfalle" bezeichnet werden. Das Jackson Reef, das Gordon- das Thomas- und das Woodhouse Reef am Eingang zu der Straße von Tiran gehören dazu. Davon zeugen die Reste der gestrandeten Frachter Lara und Loullia oder die Maria Schröder vor dem Saumriff von Nabek. Auch die vielen „Ras", die Spitzen des Festlandes, die mit korallenbewachsenen Felsen ins Meer ragen, beschreiben tückische Punkte für die Schiffahrt (Ras Mahmud mit der Dunraven, Ras Mohamed mit der mittlerweile abgerutschten Jolanda). Am südlichen Sha'ab Sheer erlangte die Salem Express traurige Berühmtheit. Südöstlich liegen bei den Brother Islands zwei bekannten Wracks und einige weitere auf der Festlandsseite südlich von Marsa Alam. Im Sudan faszinieren die Blue Belt, die Levanzo und die beeindruckende Umbria, während in Eritrea die Urania und Nazario Sauro auf den Besuch von Tauchern warten.

Sicherlich gibt es noch weit mehr versunkene Schiffe im Roten Meer zu entdecken. Im Süden warnen Seekarten vor bereits georteten Wracks, die ein mögliches Seefahrthindernis darstellen.

Auch vor der für Taucher gesperrten Küste Saudi Arabiens locken noch zahlreiche Wracks und warten auf ihre Entdeckung. Wenngleich das Rote Meer nur verhältnismäßig wenige bekannte und betauchbare Wracks aufweist, so bedeutet dieses nicht, daß in Zukunft keine weiteren Wracks gefunden werden – ganz im Gegenteil! Denn immerhin dürften hier weit über Tausend Schiffe gesunken sein. Was Sie benötigen sind 7 bis 14 Tage Zeit, ein bequemes Boot und eine erfahrene Crew. Dann steht dem Abenteuer Wracktauchen im Roten Meer nichts mehr im Wege.

Erdgeschichte und Riffstrukturen

Das Rote Meer liegt, einem fast abgeschlossenem Binnenmeer gleich, wie ein Keil zwischen der arabischen Halbinsel und dem afrikanischen Kontinent. Die Entstehung des Meeres als Bestandteil des ostafrikanischen Grabensystems reicht etwa 40 Mio. Jahre (Tertiär) zurück als die afro-arabische Landmasse zerfiel. Durch Rotationsprozesse driftete sie in nordöstliche Richtung und das arabische Bruchstück begann sich schneller zu drehen als der afrikanische Teil. Gleichzeitig schob sich die somalische Platte nach Osten. Durch die Drehungen bildete sich ein großer Riß, der mit dem Wasser aus dem Indischen Ozean das Rote Meer bildete. Der syrisch-afrikanische Grabenbruch kam am Golf von Suez zum Stillstand. Durch die schnellere Drehbewegung des arabischen Schildes und die Reibung der tektonischen Platten zerbrach die Landmasse an anderer Stelle erneut und schuf einen zweiten, tiefen Graben, der in der Struktur dem Roten Meer sehr ähnelt, den Golf von Aquaba. Er beginnt in der Straße von Tiran und erstreckt sich bis nach Eilat und Aquaba. Auf dem Festland ist der Einbruch über das Arava-Tal und das Tal des Toten Meeres bis nach Syrien zu verfolgen, der sogenannte Grabenbruch des Toten Meeres.

Das Rote Meer ist etwa 2 300 km lang und maximal 350 km breit. Charakteristisch ist ein fast paralleler Küstenverlauf auf der arabischen und der afrikanischen Seite. Die engste Stelle ist die 27 km breite Meerenge „Bab el Mandeb" (Tor der Tränen), die das Rote Meer mit dem Indischen Ozean verbindet. Das Profil weist einen schmalen Schelfsockel entlang der Küsten bis in 500 Meter Tiefe auf. Danach fällt der Meeresboden auf über 1 000 und mehr Meter ab. Die durchschnittliche Tiefe des Roten Meeres liegt bei 900 Meter, die tiefste Stelle bei Port Sudan mißt 2 604 Meter. Zwischen Jemen und Äthiopien sowie Somalia steigt das Schelf bis auf 120 Meter an. Diese Barriere und der Engpaß am „Bab el Mandeb" erzeugen den geringen Wasseraustausch zwischen beiden Meeren, weswegen sich nur wenig Plankton bildet. Taucher freuen sich darüber, denn dadurch ergeben sich hervorragende Sichtweiten unter Wasser. Diese haben aber auch ihre Ursache im minimalen Zufluß an Wasser vom wüstenartigen Festland.

Im Norden teilt die V-förmige Sinai-Halbinsel das Rote Meer in den westlichen Golf von Suez und den östlichen Golf von Aquaba. Der Golf von Suez ist ein flaches, durchschnittlich 40 bis 50 Meter tiefes Schelfmeer mit einer Maximaltiefe von 80 Meter. Der flache sandige Boden im Norden wird oft durch Stürme aufgewühlt,

Schwämme, Weich- und Feuerkorallen finden sich überall

ERDGESCHICHTE UND RIFFSTRUKTUREN

Gigantische Tischkorallen (*Acopora latistella*) im Roten Meer

Strömungen führen zu schlechten Sichtverhältnissen, wie am Wrack der „Rosalie Moller" in der Straße von Gubal. Hinzu kommen im Winter wegen der geringen Tiefe niedrige Wassertemperaturen (17 °C), die nur ein spärliches Korallenwachstum ermöglichen. Anders dagegen der Golf von Aquaba. Dieses Gewässer, ca. 200 km lang und etwa 25 km breit, ist ein ursprünglicher Grabenbruch mit 1 830 Meter maximaler Tiefe. Es dominieren Felsabbrüche, Steilabfälle, vielfältige Korallenriffe, interessante Uferstrukturen und Fischreichtum. So avancierte die Ostküste des Sinai von Aquaba bis Ras Mohamed schnell zu einem Dorado der Sporttaucher. Die saudi-arabische Küstenlinie mit ihren Traumtauchplätzen ist leider für den Tauchsport gesperrt.

Die Wassertemperaturen im Roten Meer liegen selbst in 100 Meter Tiefe noch bei 20° C. Im Sommer kann das Wasser auf den Riffdächern ohne weiteres 32 °C erreichen. Strömungen entstehen im Roten Meer neben Windeinfluß vornehmlich durch den Austausch von Tiefen- und Oberflächenwasser. Das heiße Wüstenklima und der fehlende Frischwasserzulauf aus Flüssen und Niederschlag fördern die Verdunstung und der Salzgehalt des Oberflächenwassers nimmt zu; es wird dichter, dadurch schwerer und sinkt ab. Während das Tiefenwasser zum Indischen Ozean fließt, strömt im Gegenzug leichteres Wasser ins Rote Meer zurück, da es salzärmer ist. Der Salzgehalt des Roten Meeres liegt mit etwa 4,2% weit über dem anderen Meere, die durchschnittlich 3,2% Salinität aufweisen. Taucher benötigen deshalb mehr Blei. Die Gezeiten sind mit etwa einem Meter Differenz nur schwach ausgeprägt und eher als ein sanftes Mitschwingen des großen Tidenhubs des Indischen Ozeans zu verstehen.

Der Golf von Aquaba

Der Golf von Aquaba (Golf von Eilat) wird durch die Sinai-Halbinsel vom Golf von Suez getrennt. Er ist über 1800 Meter tief und erreicht in der engen Straße von Tiran noch 300 Meter Tiefe. Die größte Breite des Golfs beträgt etwa 30 km, die schmalste, schiffbare Stelle im Osten der Tiran-Riffe beläuft sich auf 1,5 km. An diesen exponiert liegenden Riffen treten oft starke Strömungen auf, deren Stärke u. a. gezeitenabhängig ist und die ganzjährig in die gleichen Richtungen laufen. Hauptursache der Strömungen ist der gewaltige Wasseraustausch im Golf von Aquaba. Die Gezeitenunterschiede sind im Vergleich zu anderen Weltmeeren recht gering, an Nadelöhren wie in der Straße von Tiran aber entfalten sie ihre ganze Kraft. Fallwinde vom Sinai und den Höhen der saudischen Berge sorgen für konstante Winde, die im Zusammenspiel mit den Gezeiten die Strömungen im Golf verstärken und die Schiffahrt an den Engstellen der Riffe in der Straße von Tiran behindern (Jackson Reef, Woodhouse Reef, Thomas Reef und Gordon Reef). Benannt wurden diese Riffe, wie die östliche, etwa 900 Meter tiefe Grafton- und die westliche Enterprise Passage mit über 300 Meter Tiefe, nach den Namen der Leiter und Teilnehmer einer britischen Expedition, die im 19. Jh. diese Region erforschte und kartierte. Diese Riffe bilden die geologische Spitze eines unterseeischen Gebirges, das am Sinai beginnt und sich vom Meeresgrund bis zu den ockerfarbenen, kahlen Berge im Westen und den Inseln von Tiran und Sanafir

Weichkorallen und Gelbschwanz-Drücker (*Balistapus undulatus*)

im Osten erstreckt. Noch weiter östlich endet es mit den Gipfeln der mächtigen saudi-arabischen Gebirgslandschaft. Geologisch ist die Straße von Tiran, die ihren Namen nach der östlich gelegenen Isle of Tiran trägt sowie der sich anschließende Golf von Aquaba, die Fortsetzung des berühmten ostafrikanischen Grabenbruchs, der bereits am Toten Meer beginnt und sich durch das Jordantal, den Golf von Aquaba und durch das Rote Meer bis zum afrikanischen Rift Valley fortsetzt und im Gebiet der ostafrikanischen Seen endet.

Wegen des steil abfallenden, tiefen Meeresgrunds sind Wracks in dieser Region kaum zu betauchen, obwohl verläßlich bekannt ist, daß von 1984 bis 1994 an den Tiran-Riffen 28 Schiffe aufliefen. Mindestens sieben müssen gesunken sein. Mit Ausnahme der Zingara nördlich von Lagoona North wurden sie bis heute noch nicht gefunden. Dieses gilt auch für das Wrack der Begun, die vermutlich Mitte der achtziger Jahre südwestlich des Woodhouse Riffs unterging. Andere Schiffe strandeten, wie z.B. die Loulia, die Lara, die Maria Schröder oder die Hey Daroma. In neuerer Zeit kam es zu einigen Vorfällen, wie die „Beinahe"-Katastrophe des Cunard Luxusliners Royal Viking Sun vor dem Riff von Lagoona, unmittelbar vor der Isle of Tiran oder der Untergang der betauchbaren Million Hope vor dem Riff von Gamila 1996 belegen. Somit konzentriert sich das Wracktauchen im Golf von Aquaba auf die flacheren Küstenregionen im Norden, vorzugsweise auf die Umgebung der beiden Hafenstädte Eilat und Aquaba. Dort liegen im Flachwasser in der Nähe der Ufer drei bekannte Wracks. Alles andere ist derzeit unerreichbar, leider auch die saudiarabische Küste, die nach allen vorliegenden Unterlagen ein Dorado für Wracktaucher sein muß.

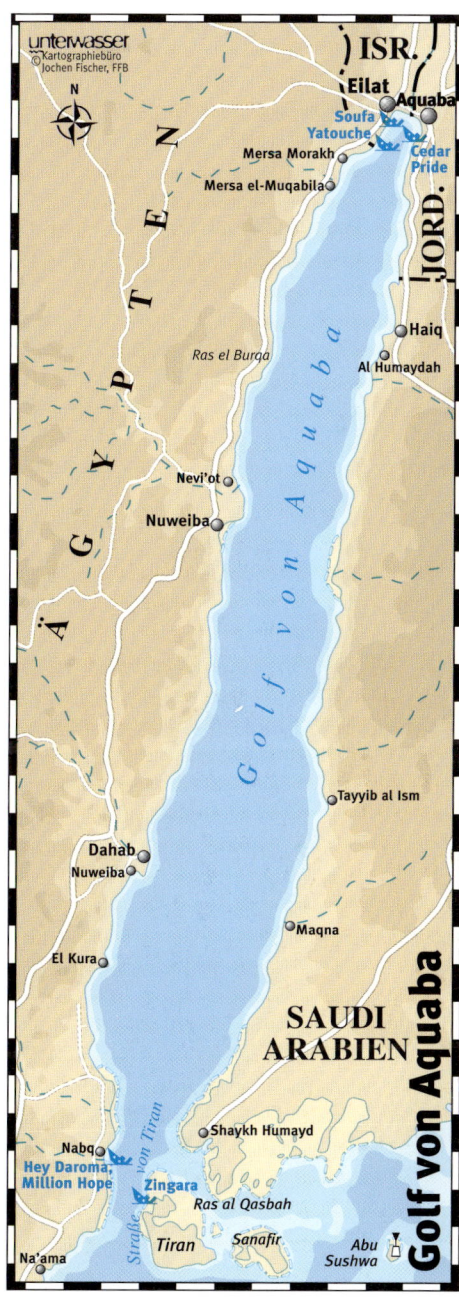

Cedar Pride

Historisches

Am 4. August 1982 entfachte an Bord der Cedar Pride völlig überraschend ein Feuer, nachdem vermutlich ein undichter Gasanschluß in der Kombüse entflammte. Dichter, schwarzer Rauch quoll aus der Schiffsküche hervor. Die Feuersbrunst breitete sich in Windeseile aus, drängte in die Decks und den Maschinenraum und setzte in kurzer Zeit die Brücke und das gesamte Schiff in Flammen. Unter der völlig überraschten Besatzung brach ein heilloses Durcheinander aus. Jeder versuchte sich in Sicherheit zu bringen. Eine Rettung schien möglich, denn das Schiff lag am Kai. Doch das Inferno, das achtern den ganzen Frachter in Rauch und Flammen hüllte, nahm noch an Intensität zu. Kleinere Explosionen von Gasflaschen und anderen Behältnissen mit Chemikalien übertönten das Krachen und Bersten zusammenfallender Aufbauten. Die Hitze war so groß, daß sich massive Stahlplatten zu verformen begannen. Verkleidungen schmolzen und selbst das Aluminium-Rettungsboot an Steuerbord löste sich zum Teil in der Glut auf.

Das Schiff war nicht mehr zu retten. Der gesamte hintere Bereich, der Maschinenraum, die Kombüse, die Brücke und die technischen Einrichtungen verbrannten, ehe die Feuerwehr von Aquaba im Hafen eintraf. Was sollte sie auch noch retten? Leere Laderäume oder das Vorschiff mit den Ankerwinden, wo nichts brennen konnte? Man beschränkte sich daher auf den Schutz der anderen Schiffe und Hafenobjekte. Entsetzen machte sich erst breit, als eines der letzten Besatzungsmitglieder, der Koch, an Land flüchtete. Völlig verstört berichtete er, daß er den rettenden Weg aus dem Flammenmeer nicht mehr gefunden hätte, wenn ihn nicht der Kapitän, wie zuvor noch weitere Kameraden nach oben gebracht hätte. Allerdings habe er sie verloren und wisse auch nichts über deren Verbleib. Später, als der Brand verlosch, zeigte sich die traurige Wahrheit: der libanesische Kapitän der Cedar Pride, Abdullah Ahmar, und ein weiterer Matrose waren ums Leben gekommen.

Nach dem Feuer entstanden die unterschiedlichsten Gerüchte hinsichtlich der Ladung des Schiffs und der Ursachen des Brandes. Zum einen sollte es zum Zeitpunkt der Katastrophe Baumwolle geladen haben, andere wiederum meinten, das Schiff sei voller Hähnchen oder Hühner gewesen, Dritte behaupteten, es habe Phosphat transportiert, während eine vierte Gruppe von einem leeren Schiff sprach. Tatsächlich lief das Schiff im Juli in den Hafen von Aquaba ein, um eine Ladung Phosphat- und Kalidünger für den Irak zu bunkern – die Laderäume waren bei Feuerausbruch also leer. Viele witterten einen Versicherungsbetrug, ein inszeniertes Spiel mit tragischem Ausgang. Es blieb bei den Spekulationen, die Wahrheit ist bis heute nicht bekannt.

Nach der Katastrophe entbrannte ein vehementer Haftungsstreit. Die Versicherungen schalteten auf stur, da angeblich die Schiffspapiere nicht ordnungsgemäß geführt waren. Die Hafenbehörden verlangten Liegegebühren für den Schrotthaufen, die keiner zahlen wollte. Später schleppte man das ausgebrannte Schiff auf Reede und ließ es für einige Jahre „gebührenpflichtig" weiterrosten. Zahlen wollte noch immer niemand. Als die Behörden erkannten, daß sie keinen Dinar sehen würden, erhielten sie die traurigen Überreste der Cedar Pride übereignet. Ein Ausschlachten lohnte sich nicht. Es gab an

CEDAR PRIDE 19

Die Cedar Pride liegt am Ende des Golfs von Aquaba

Traumhaft bewachsen ist der Lademast des Schiffs

Bord nichts mehr, was solche Maßnahmen lohnte. Ein Abwracken hätte noch mehr Kosten verursacht, als ohnehin schon entstanden waren. Unter den Verantwortlichen herrschte etwa drei Jahre völlige Uneinigkeit über das weitere Schicksal des Wracks.

Zu diesem Zeitpunkt schaltete sich Kronprinz Abdullah, Sohn von König Hussein, ein. Als begeisterter Taucher und Mitinitiator des Royal Aquaba Diving Centers schlug er vor, die Cedar Pride als weitere touristische Attraktion im flachen Wasser vor Aquaba zu versenken und erwarb die letzten Überbleibsel für einen symbolischen Kaufpreis. Treibstoff und Öl ließ man entfernen und die Tanks reinigen. Die Royal Jordanian Navy brachte das Schiff auf seine letzte Reise. Als Ruhestätte dient eine Stelle, die sich ganzjährig durch überdurchschnittlich gute Sicht, wenig Strömung und herrlichen Korallenriffen auszeichnet. Etwa 10 km südlich von Aquaba, heute als Shipbay bekannt und 150 Meter vom Strand entfernt, montierten Spezialisten je zwei Sprengladungen an den Rumpfseiten. Unter reger Teilnahme der Öffentlichkeit und der Presse zündeten die Ladungen im Herbst 1985.

Das Schiff steht heute entgegen der ursprünglichen Planung nicht senkrecht auf dem Meeresgrund, sondern liegt in 24 Meter Tiefe auf der Backbordseite, fast parallel zum Riffverlauf.

Wenn auch nicht die ganze Wahrheit um das ausgebrannte Schiff ans Licht der Öffentlichkeit kam, so ist doch zumindest der „Lebenslauf" der Cedar Pride bekannt. Ursprünglich lief sie als Stückgutfrachter im spanischen Gijon bei der Werft S.A Ju-

Die Stütze eines Ladebaums mit einem Roten Schwamm

liana Const. im Juli 1964 als „Monte Dos" für die Reederei Naviera Aznar Sociedad in Bilbao vom Stapel. Kurz darauf erwarb sie die Reederei Naviera Vasco-Gaditana S.A. aus Cadiz und benannte sie in „Puerto de Pasajes" um. Diesen Namen behielt sie bis 1969. Danach fuhr sie als San Bruno für die Reederei Naviera Euromar S.A. aus Gijon, bis 1978 die libanesische Reederei Cedar Pride Shipping Co. S.A.L. in Beirut das Schiff kaufte und es den Namen Cedar Pride erhielt. Die Betreiberreederei war die Lebanese Maritime Association in Beirut. Zwei Laderäume im Vor- und Mittschiff mit den entsprechenden Lademasten und Ladebäumen, sowie vier große Winden kennzeichneten den kleinen Frachter, dessen Maschine, Brücke und Unterkünfte achtern lag. Ein 9-Zylinder MAN-Dieselmotor lieferte 1 230 PS und machte die Cedar Pride 12,5 kn schnell.

Das Wrack heute

Die Cedar Pride eignet sich für leichte Tauchabstiege, denn sie liegt strömungsgeschützt in Strandnähe. Sie ist bequem von Land zu erreichen und wird auch vornehmlich von dort angeschwommen. Die genaue Stelle liegt etwa 10 km südlich von Aquaba an der gut ausgebauten Hauptstraße zur saudi-arabischen Grenze. Nach dem Passagierterminal der Fähre

Die Aufbauten der Cedar Pride sind teils mit Weichkorallen besetzt

Wracks bieten Weichkorallen ein ideales Refugium

Aquaba-Nuweiba erscheint eine weit ausladende Bucht, in der eine schwarze Wracktonne die Position der Cedar Pride markiert. Autos können direkt am Strand parken.

Ein Tauchgang beginnt am besten am Vorschiff, denn in der Nähe ist das Seil der Wracktonne befestigt. Ein Orientierungspunkt am Vorschiff ist der Lademast, der sich hinter der Ankerwinde und der ehemaligen Kettenführung befindet. Festmacherpoller zu beiden Seiten der hochgezogenen Bordwand stehen nahe einer kleinen Luköffnung, die zur Bilge oder dem Kettenkasten im Vorschiff führte. Der Flaggstock an der Bugspitze ist wie der Ladebaum des vorderen Mastes noch vorhanden. Mast, Ladebaum und herabhängende Seile sind bereits herrlich bewachsen. Zwei stählerne Konstruktionen zu beiden Seiten des Vorschiffs bildeten vermutlich mit zwei Seilwinden die Ladevorrichtung für den ersten Frachtraum. Zwei leere Seiltrommeln stehen auf dem Vordeck in Nähe der noch komplett erhaltenen Vorschiffsreling. Nähert man sich vom ersten Laderaum dem Vorschiff, fallen sofort zwei große Lüfter vor den Treppen auf. Drei offene Türen führen ins Vorschiff. Durch die rechte Tür kann man einen Dieselmotor erkennen, der zum Aufziehen der Anker diente.

Die Aufbauten der Cedar Pride weisen in einem fast 90-Grad Winkel seewärts. Das blieb auch nach einem Erdbeben am 26.11.1995 so, das morgens gegen 6.15 Uhr Aquaba erschütterte. Mit einer Stärke von 6,9 auf der Richterskala erreichten die Druckwellen auch das Wrack und sie rutschte etwa 2–3 Meter tiefer, ohne dabei allerdings ihre Lage nennenswert zu verändern.

Die zwei Löcher im vorderen Mittschiffsbereich und am Achterschiff stammen von den Explosionen zur Versenkung. Vermutlich gibt es die gleichen Sprenglöcher auch auf der Backbordseite, auf der die Cedar Pride liegt und die daher nicht zu sehen sind.

Im Inneren des Vor- und Achterschiffs gibt es nichts von Bedeutung, lediglich kahle, rostige Wände und Reste von Versorgungsleitungen. Beeindruckend ist ein Abstecher zum Kiel und Vordersteven. Er liegt auf etwa 24 Meter und ist an der Unterseite dicht mit Weichkorallen und kleinen Anemonen bewachsen. Da der Bug auf einer kleinen Schräge liegt, kann man ihn auf einer Länge von 10 bis 12 Meter untertauchen und von dort herrlich fotografieren. Taucht man etwas höher und folgt dem Rumpf, erscheint steuerbord gut lesbar einer der ehemaligen Schiffsnamen als aufgeschweißtes Relief: „San Bruno". Die beiden zweigeschossigen Laderäume mit etwa 15 x 6 Meter großen Öffnungen bieten außer ein paar Gleitrollen lediglich gähnende Leere. In Relingnähe befinden sich in Höhe des ersten Laderaums zwei gabelförmige Halterungen zur Aufnahme der sonst bei Fahrt eingeschwenkten Ladebäume. Bei den Mittschiffsaufbauten fallen zwei große Lüfter auf. Im vorderen Bereich des Mittschiffs steht die zum Mast und Ladebaum gehörende Winde. Zwei Luken führen ins Unterdeck. Auch in diesem Bereich ist die Schiffsreling noch sehr gut erhalten.

Folgt man dem zweiten Frachtraum zur Brücke, sind zur Rechten und Linken die

Nur spärlich bewachsen ist der Bug der Cedar Pride

schön bewachsenen Ladebäume der beiden hinteren Lademasten zu sehen, die noch auf ihren Stützen ruhen. Dieses „Gerüst" stellt eine der Attraktionen des Wracks dar, da hier bereits viele Fische einen neuen Lebensraum fanden. Bei guter Sicht lassen sich phantastische Gegenlichtaufnahmen gestalten und auch Makrofotografen finden dort eine erstaunliche Artenvielfalt. Die Brücke wurde durch das Feuer stark zerstört, selbst dicke Stahlplatten verbogen sich in der Hitze. Das Aluminium-Rettungsboot an Steuerbord zerschmolz zum größten Teil und wird sich durch das Salzwasser bald ganz zersetzen. Gespenstisch wirkt die Brücke mit sechs hohlen, ausgebrannten Fenstern, wenn man sich vom Bug aus nähert. Am Schornstein (min. 9 Meter) fällt das Signalhorn, sowie das Wappen der ehemaligen Reederei auf. Wer mag, kann sich durch die engen Öffnungen und Gänge ins Innere des Achterschiffs zwängen. Doch außer rostigen Wänden und viel Sediment gibt es dort leider nichts zu entdecken. Gleiches gilt für die Räume unterhalb der Brücke, in die man in Höhe des zweiten Laderaums eindringen kann. Ein sicherer Ausstieg ist dann eine Luke auf der Brückenplattform.

Am Ende des Achterdecks stehen hinter den Aufbauten zwei leere Seiltrommeln. Ein Niedergang führt ein Stockwerk tiefer in einen teilüberdachten Heckbereich, wo sich eine Spill und die hinteren Festmacherpoller befinden. Das zweite Rettungsboot an Backbord, das früher ein beliebtes Fotomotiv war, zerstörten unbekannte Taucher mittlerweile. Die vier Blätter der fast freiliegenden Schiffsschraube wurden ebenfalls zum Teil schwer beschädigt, bieten aber dennoch ein lohnendes Fotomotiv. Im rechten Winkel vom Heck liegt ein zweites kleines Wrack, das bei guter Sicht schon von der Cedar Pride aus zu erkennen ist. Dieses vermutlich ehemalige Fischerboot wurde mit der Cedar Pride mitversenkt. Von dem etwa 8–10 Meter langen und zwei Meter breiten Rumpf ist nicht mehr viel zu sehen. Spanten, ein vierzylindriger Perkins-Dieselmotor, einige Kühlleitungen und eine kleine Schraube sind die einzig erkennbaren Überbleibsel.

Cedar Pride

Schiffsdaten
GPS-Position: N 29° 31,300' E 34° 59,300'
Länge über alles: 74,43 Meter
Breite: 10,75 Meter
Seitenhöhe: 5,80 Meter
Tiefgang: 5,03 Meter
Tragfähigkeit: 1940 t
Vermessung: 1 161 BRT
Schiffstyp: Stückgutfrachter
Antrieb: 1 x 9-Zylinder Diesel (MAN)
Leistung: 1230 PS
Geschwindigkeit: 12,5 kn.
Stapellauf: Juli 1964
Bauwerft: S.A. Juliana Constructora Gijonesa
Baunummer: unbekannt
Bauort: Gijon
Land: Spanien
Erste Reederei: Naviera Aznar Sociedad, Bilbao, Spanien
Letzte Reederei: Cedar Pride Shipping Co. S.A.L., Beirut, Libanon
Beladung auf der letzten Fahrt: Keine, Schiff sollte erst in Aquaba beladen werden
Besatzung: keine Angaben
Passagiere: keine Angaben
Sonstiges: Das Schiff brannte am 4. 8. 1982 aus, es lag noch lange als ausgebrannte Hülle vor dem Hafen auf Reede, bevor es versenkt wurde
Untergang: Herbst 1985 – versenkt als künstliches Riff
Ort: ca. 10 km südlich von Aquaba
Hoheitsgewässer: Jordanien
Ursache des Feuers: ungeklärt
Verluste: 2 Personen bei Brand im Hafen von Aquaba

Wrackdaten
GPS-Position: N 29° 31,300' E 34° 59,300'
Maximale Tiefe des Wracks: 24 Meter
Minimale Tiefe des Wracks: 9 Meter
Strömungen: Gering
Sicht: Relativ gut
Sehenswert: Das Vorschiff, die ausgebrannte Brücke, die Schraube, sowie die bewachsenen Ladebäume vor der Brücke – hinzu kommt die kleine Barke, die rechtwinklig in etwa 20 Meter Entfernung vom Wrack seewärts liegt

Soufa

Historisches

Der Nahe Osten war schon immer ein Pulverfaß gewesen, das in der Region für Spannungen und auch für zahlreiche Kriege sorgte. Politische Feind- und Freundschaften wechselten dabei in der Vergangenheit nur allzu häufig. Während Frankreich in der Suezkrise 1956 noch auf der Seite Israels stand und dessen wichtigster Waffenlieferant wurde, wandte sich Präsident de Gaulle 1967 nach dem Sieg Israels im Sechstagekrieg, der unter anderem mit französischen Mirage-Bombern gewonnen werden konnte, von Jerusalem ab, um seinen Einfluß in der arabischen Welt zu stärken. Er verhängte einen Lieferstop, der aber nur Aufträge für künftige Mirage-Flugzeuge betraf. Aus diesem Teilstop wurde jedoch im Januar 1969 ein völliges Waffenembargo, nachdem Israel mit Hubschraubern französischer Bauart den Flughafen von Beirut angegriffen hatte, um den Palästinensern einen Schlag zu versetzen. Diese fanden im Libanon zu jener Zeit Schutz und Unterstützung, während de Gaulle mit Beirut enge Kontakte pflegte. So wurden 50 bereits bestellte und bezahlte Mirage Bomber an Jerusalem nicht ausgeliefert und auch fünf Schnellboote, für die bereits 36 Millionen Mark nach Paris überwiesen waren, blieben im Hafen von Cherbourg. Sie zählten zur letzten Serie von zwölf Schiffen gleicher, bzw. ähnlicher Bauart, die schon 1965 vom Chef der israelischen Waffenbeschaffungskommis-

Hohe Geschwindigkeiten erlaubte der schlanke Bug der Soufa

sion, Mordechai Limon, in Frankreich geordert worden waren, um die eigene Marine auf- und auszubauen.

Die fünf festgesetzten Raketenschnellboote, darunter auch die Soufa, entsprachen der deutschen Jaguar-Klasse, deren Entwurf die Bremer Lürsen Werft entwickelte. An den Booten mit hervorragenden Laufeigenschaften und ausgezeichneter Seetüchtigkeit hatte Israel großes Interesse. Zu den festgesetzten Schwesterschiffen gehörten neben der Soufa die Gaash, die Herev, die Hanit und die Hetz. Ursprünglich sollten sie aus Deutschland geliefert werden – ein Handel zwischen Minister Franz-Josef Strauß und dem israelischen Verteidigungsminister Simon Peres. Das Schnellbootgeschäft platzte, nachdem die Araber drohten, die damalige DDR sofort anzuerkennen. Bonn steckte zurück und Frankreich sprang helfend ein – mit deutschen Plänen und Teillieferungen, einschließlich der Motoren. Finanzieller Gewinner war die Werft Chantiers de Construction Mecaniques de Normandie in Cherbourg. In Israel aber dachte man darüber nach, wie man sich – Politik hin oder her – das zurückholen könnte, was bereits bezahlt war und was zudem dringend benötigt wurde: die Schnellboote.

Mordechai Limon, mittlerweile zum israelischen Militärattaché in Paris avanciert, besaß viele Freunde in der französischen Waffenindustrie, schließlich hatte er in der Vergangenheit Rüstungsaufträge von insgesamt sechs Milliarden Mark vergeben. Unter ihnen war der Direktor der Chantiers de Construction Mecaniques de Normandie, Felix Amiot, der die französische Regierung drängte, Schadensersatz für die entgangenen Aufträge in Höhe von DM 20 Mio. an die Werft zu leisten. Deshalb war es Paris nur recht, daß in diesem Moment eine neu gegründete, unbekannte Firma

Schilder in Hebräisch und Englisch warnen vor dem Eindringen in das Wrack

aus Panama als Kaufinteressent auftrat: die Starboat & Weill Oil Shipping Services. Sie wollte die unbewaffneten Schiffe für den Einsatz bei der zivilen Ölexploration in der norwegischen Nordsee einsetzen. Aus Tarnungsgründen fungierten drei Bedienstete einer Rechtsanwaltskanzlei aus Panama als Direktoren. Bevollmächtigter dieser Firma war jedoch ein renommierter Geschäftsmann, Ole Martin Siem. Er war als Generaldirektor der größten norwegischen Werft, der Aker-Gruppe, auch bei den Franzosen über jeden Zweifel erhaben. Daß er ein enger Freund des israelischen Reeders Mila Brener war, dem Chef der Maritime Fruit Carriers Company, war genauso „zufällig", wie die Tatsache, daß diese Reederei Hauptgesellschafter der Starboat Company in Panama war. Dazu

Die Soufa wurde vor ihrer Versenkung komplett ausgeschlachtet

schrieb seinerzeit der Stern: „In Wirklichkeit wollte also eine israelische Handelsreederei die israelischen Schnellboote kaufen. Doch die sonst so peniblen Generale in Paris, die den Kauf genehmigen mußten, fragten nicht danach. Auf dem Papier stand ein Norweger, und das genügte ihnen offensichtlich". (Stern, Ausg. 3/70)

Israel brauchte lediglich offiziell auf die Boote verzichten und das Geschäft war perfekt. Mordechai Limon erhielt unverzüglich die israelischen Regreßforderungen von der Werft zurückgezahlt, und das Geld stand der „unbekannten" Firma aus Panama für die fünf Schnellboote zur Verfügung. Zollprobleme gab es keine, denn die geplante zivile Nutzung war dank norwegischer Intervention bekannt. Die noch fehlenden „Überführungsmannschaften",

die in der Zwischenzeit in Israel darauf trainiert worden waren, die Boote statt mit 40 bis 45 Mann nur mit zwölf Mann fahren zu können, konnte Mordechai Limon der Starboat Company natürlich sofort bereitstellen.

Kurz vor Weihnachten 1969 trafen diese spezialisierten Seeleute in Paris ein, um sofort an die Atlantikküste weiterzureisen. Am ersten Weihnachtstag verließen gegen 03:00 Uhr die Boote unangemeldet Cherbourg – ohne Flagge, ohne Positionslichter und obendrein durch einen gesperrten Kanal, der nur der französischen Marine zur Verfügung stand. Die zivile Tarnung und die knappe Besetzung des Hafenpersonals zu Weihnachten trugen dazu bei, unbemerkt zu verschwinden. Schlechtes Wetter und hohe Wellen auf dem Atlantik machten den Besatzungen schwer zu schaffen, allerdings vereitelten sie auch später eine erfolgreiche Suche der Franzosen nach den Booten, die diese zunächst auf dem Kurs ins norwegische Bergen vermuteten. Mit etwa 25 kn lief der kleine Verband in Richtung Gibraltar, wo man in einer ruhigen Bucht auf der Atlantikseite, etwa 50 sm von der Meerenge entfernt, vom israelischen Frachter Laer Treibstoff übernahm, ein Vorgang, der für die fünf Boote insgesamt 20 Stunden beanspruchte, bevor die Straße von Gibraltar passiert werden konnte. Erst 48 Stunden nach der Flucht aus Cherbourg erfuhren die Franzosen durch die eigene Presse, wie geschickt die Israelis ihre Marine ausgetrickst hatten. Die Welt amüsierte sich ob des Husarenstreichs, doch Staatspräsident Pompidou (Nachfolger von de Gaulle) tobte und sein Verteidigungsminister wollte die Boote, die sich schon lange in internationalen Gewässern befanden, laut israelischer An-

gaben sogar noch versenken lassen. Ein Befehl, der aber vom Chef der Luftwaffe nicht weitergegeben wurde und in Folge zwei Generale in Paris den Job kostete.

Ein weiterer Tankstop lag vor Kreta. Hier erfuhren die Besatzungen vom israelischen Geheimdienst, daß russische Schiffe die unbewaffneten Schnellboote aufbringen und versenken wollten. Der Verband teilte sich, umfuhr Kreta und geriet plötzlich in dichten Nebel – doch die Boote waren für die Russen zu schnell. Gadi Ben Zev, Gründer und Besitzer des Red Sea Diving Centers in Eilat, war damals 28 Jahre alt und Kommandant der Soufa. Noch heute erinnert er sich, daß man trotz des Nebels mit 30 kn fuhr. In der Nähe von Rhodos kam vom Marinehauptquartier der Funkspruch, die Ägypter seien mit Styx-Raketen bestückten Osa-Schnellbooten im Anmarsch, doch auch sie waren zu langsam und hatten zusätzlich Schwierigkeiten, in der unruhigen See Kurs zu halten, so daß die fünf Boote endlich unter israelische Luftkontrolle kamen und in Sicherheit waren. Am 31.12.1969 gegen 19.00 Uhr legten die Schnellboote in Haifa an. Unmittelbar nach dem Anlegemanöver fielen auf der Soufa alle vier Motoren aus – die Tanks waren bis auf den letzten Tropfen leergefahren. Mordechai Limon wurde nach dem Debakel aus Frankreich ausgewiesen, aber das war die Sache wert gewesen. Israel hatte sich seine Boote zurückgeholt.

Das Wrack heute

Die Soufa tat über 20 Jahre im Mittelmeer Dienst, bis sie Anfang der neunziger Jahre ausgemustert wurde. Der Tauchsportverband Israels erwarb das Schiff und bereitete es als zukünftige Tauchattraktion zur Versenkung vor Eilats Küste vor. Etwa vier Monate lang entfernte man alles, was

---

Die „Zähne" der Soufa

Die spätere Bewaffnung der Soufa und ihrer Schwesterschiffe war äußerst vielseitig und konnte wahlweise den unterschiedlichen Erfordernissen angepaßt werden. Gängig war eine achterliche Abschußplattform für acht Raketen vom Typ Gabriel aus israelischer Produktion mit 36 km Reichweite oder zwei Raketen vom Typ McDonnell Douglas Harpoon, die Ziele bis in 130 km erreichen konnten. Als weitere Bewaffnung konnte auf dem Vorschiff eine 40 mm Flak- (300 Schuß/Min.) oder eine 76 mm Bordkanone (65 Schuß/Min.) italienischer Herkunft installiert werden. Zusätzliche Möglichkeiten bestanden in der Installation von Anti-U-Boot-Waffen und schweren Maschinengewehren.

Besonders fotogen sind die noch gut erhaltenen Aufbauten der Soufa

von Wert war oder das Wasser hätte verschmutzen können. Deshalb fehlen heute die vier Maschinen, die Getriebe und die Tanks.

Die Soufa stellte sich mit Hilfe eines speziell gefertigten Stützkorsetts aus Stahlstangen am Bug bei der Versenkung aufrecht auf Grund. In den betauchbaren Innenbereichen liegen noch ein paar armdicke Schläuche, Kabelbäume und verschiedene Rohre sowie einige größere Blechteile herum. Auf der Brücke und der Flybridge ist kein Instrument übriggeblieben. Nur ein kleines Typenschild an einer Kompaßhalterung auf der Flybridge weist noch Namensreste eines deutschen Herstellers auf. Die vier Schiffsschrauben der Soufa wurden einschließlich der Antriebswellen demontiert, so daß in Kielnähe nur noch die Wellenführungen und vier kleine Ruderblätter übrigblieben. Auch die Bewaffnung, einschließlich der Vorschiffkanone, wurde entfernt.

Die Soufa zeigt wie die benachbarte Yatouche (Neetz) kaum Bewuchs auf der Aluminium-Oberfläche und nur wenig Fischbestand. Besonders kahl erscheinen die Öffnungen am Deck und den Aufbauten, die aus Sicherheitsgründen vor der Versenkung mit Eisengittern versperrt wurden. Nur an den Eisenstangen gedeihen ein paar Weichkorallen. Am Bug fällt backbord ein kleines Mannloch auf dem Deck auf, das mit einem Eisengitter versperrt ist, ein weiteres liegt hinter dem Wellenbrecher. Das Deck des Vorschiffs besitzt keine Reling mehr. Neben zwei Festmacherpollern und einem Rohrstutzen beherrscht eine gewaltige, kreisrunde Öffnung für den ehemaligen Turm der Bordkanone das sonst eher unattraktive Vorschiff. Durch die etwa 3 Meter große Öffnung erreicht man ein Zwischendeck, das einen Einblick in das ausgeräumte Innere gewährt. Ein weiteres Eindringen ist kompliziert. Besser erkundet man als nächstes die Aufbauten und darüber die A-förmige Turmkonstruktion (minimale Tiefe: 16 Meter), die früher Antennen, Radar und Positionslichter trug. Die vor und unter dem Turm liegende Flybridge mit den seitlichen Brückennocks ist ebenfalls interessant zu betauchen. Die Aluminiumrahmen der Stühle für die beiden Schiffsführer sind ebenso noch am Platz wie die Panels, die einst die wichtigsten Instrumente zum Steuern der Soufa aufnahmen.

Von der Flybridge führen zwei Treppen zur darunterliegenden Brücke mit fünf kleinen Front- und zwei länglichen Seitenfenstern. Hier befanden sich auf der linken Seite die Anzeige- und Steuerinstrumente für die vier Motoren, die Schiffselektronik und die Steuervorrichtung des Schnellbootes. In der rechten Ecke steht noch der Kartentisch. Die Türen und Schubladen wurden vor der Versenkung entfernt. Ein Niedergang auf der linken Brückenseite ist mit einem Gitter zugeschweißt; er führt in die unteren Räume der gesperrten Mittschiffsaufbauten. Vier Messingschilder warnen Taucher in Englisch und Hebräisch davor, in das Innere des Schiffs einzudringen. Allerdings können einige enge Räume im Mittschiff über einen Zugang an der linken Rückseite der Aufbauten betaucht werden, der neben der linken Außentreppe liegt, die zur Flybridge hinaufführt – oder man zwängt sich durch eine Tür an Steuerbord in das Innere. Die daneben liegende Tür ist ebenfalls mit einem Gitter versperrt. Ob derartige Erkundungen bei einem leeren Schiff jedoch Sinn machen, ist mehr als fraglich.

Das Achterschiff ist durch zwei hintereinanderliegende, rechteckige Öffnungen gekennzeichnet, durch die die Maschinen aus der Soufa entfernt wurden. Früher standen hier Abschußcontainer für die Gabriel-Raketen. Die beiden Drehkränze der Lafetten sind an Deck noch deutlich zu erkennen. In den Maschinenräumen, die man durch eine Öffnung im Querschott betauchen kann, liegen Schläuche, Rohre und Kabelstränge. Das Deck ist bis auf Relingsreste und den Pollern völlig abgeräumt. Weiter achtern befinden sich beidseitig Einbuchtungen in der Reling mit je einer kleinen Rampe, an der die Behälter mit den Rettungsinseln hingen. In Richtung Heck erhebt sich ein flacher Aufbau mit Lüftungsschlitzen und ein Niedergang, der vermutlich in einen der Maschinenräume führte, heute aber mit einem Gitter versperrt ist. Am Ende der Soufa befindet sich eine weitere, kleinere Öffnung am flachen Heckspiegel. Möglicherweise lag hier die Steuermechanik oder Hydraulik der Ruder. Unter dem Schiff lohnt ein Blick auf die vier kleinen Ruderblätter und die ringförmigen Halterungen der Antriebswellen. Wer nach einem Tauchgang nicht am Bojenseil auftauchen möchte, kann mit dem Kompaß zum nahen Ufer zurücktauchen und die hübsche Unterwasserlandschaft an der Riffschrägen bewundern.

Soufa

Schiffsdaten
Länge über alles: 45 Meter
Breite: 7 Meter
Seitenhöhe: keine Angabe
Tiefgang: 2,5 Meter
Tragfähigkeit: keine Angabe
Vermessung: 250 BRT
Schiffstyp: Raketenschnellboot (SA'AR III-Klasse)
Antrieb: 4 x Maybach MTU Diesel (Typ MD 871)
Leistung: 13 500 PS
Geschwindigkeit: 40 kn (Reichweite bei 15 kn bis 2500 sm)
Stapellauf: 1969
Bauwerft: Chantiers de Construction Mecaniques de Normandie
Baunummer: 332
Bauort: Cherbourg
Land: Frankreich
Erste Reederei: Israelische Marine
Letzte Reederei: Israelische Marine
Beladung auf der letzten Fahrt: keine, nach Außerdienststellung künstlich versenkt
Besatzung: keine (im Einsatz 35-40, einschl. 5 Offiziere)
Passagiere: keine
Sonstiges: diese Bauart wurde mit verschiedenen Waffensystemen ausgestattet. So führte die Soufa u.a. eine 40 mm Flak mit sich, sowie eine Abschußplattform für acht See-See-Raketen vom Typ Gabriel aus israelischer Entwicklung
Untergang: März 1994
Ort: Eilat, Nähe Coral Beach (ca. 80 Meter vom Ufer)
Ursache: künstlich versenkt
Hoheitsgewässer: Israel
Verluste: keine

Wrackdaten
GPS-Position: N 29° 32,680' E 34° 57,180'
(aus Seekarte ermittelt)
Maximale Tiefe des Wracks: 25 Meter
Minimale Tiefe des Wracks: 16 Meter
Strömungen: minimal
Sicht: 20-30 Meter
Sehenswert: das gesamte Schiff, die ehemaligen Maschinenräume, die Brücke und die zugängigen Bereiche unter dem Deck

Yatouche

Historisches

Die Yatouche wurde im August 1987 von israelischen Sporttauchern vor der Hafenstadt Eilat in Höhe von Coral Beach zwischen dem Unterwasserobservatorium Coral World und den „Japanischen Gärten" versenkt. Das Wrack sollte gleichermaßen als Attraktion und als neues Forschungsobjekt eines künstlichen Riffes dienen. Die Versenkung der Yatouche war das erste Projekt dieser Art, lange bevor die benachbarte Soufa auf Grund geschickt wurde. Vermutlich hatte man bei der Aktion das Beispiel der jordanischen Nachbarn vor Augen, die im Herbst 1985 erfolgreich die Cedar Pride als künstliches Riff und Touristenattraktion bei Aquaba versenkten.

Über die Herkunft des etwa 15 Meter langen Bootes mit Aluminiumrumpf ist wenig bekannt, genauso wie über den tatsächlichen Namen. Einerseits wird es als Yatouche (Kleine Mücke) bezeichnet, andererseits als Yeats oder Neetz. Vermutlich hatte das Schiff nie einen richtigen Namen, sondern wie viele militärische Seefahrzeuge nur eine Nummer. Fest steht, daß die Yatouche (bleiben wir bei diesem Namen) ein leicht bewaffnetes Kampfboot mit geringem Tiefgang und leiser Fortbewegung war. Ein Typ, den die

Das Heck der Yatouche von Steuerbord aus gesehen

YATOUCHE 33

Am Oberdeck des Wracks fehlt fast die gesamte Reling

DER GOLF VON AQUABA

So präsentiert sich die Yatouche in 32 Meter Tiefe

Amerikaner für den Einsatz in Vietnam entwickelt hatten. Die kleinen Boote wurden speziell für den Einsatz in den engen Wasserläufen und Seitenarmen indochinesischer Flüsse konzipiert, zudem erlaubte ihre geringe Größe auch einen problemlosen Land- oder Lufttransport. Auch die israelische Armee interessierte sich für diesen Bootstyp, um ihn als Transportmittel für Kampfschwimmer und spezialisierte Tauchertruppen zu verwenden. So wurden einige Boote bestellt, die sich jedoch in der Praxis weniger eigneten als angenommen. Folglich musterte man sie wieder aus und gab sie zur Verschrottung frei. Die Yatouche entging dem unwürdigen Schicksal. Sporttaucher erwarben sie, entfernten alle wasserverschmutzenden Teile und versenkten das Kampfboot vor den Toren Eilats.

Das Wrack heute

Es gibt zwei Möglichkeiten, sich der Yatouche zu nähern. Entweder man taucht vom Strand des Aqua Sports Diving Centers aus in nordöstlicher Richtung über den etwa 5 Meter tiefen, langsam abfallenden Grund, oder schnorchelt direkt zur Wrackboje und taucht am Bojenseil hinab, bis das Wrack in 27 Meter Tiefe erscheint. Die Maximaltiefe an der Yatouche liegt bei 32 Meter. Dies bedeutet kurze Nullzeiten! Beim Antauchen von oben gewinnt man bei guter Sicht einen schnellen Überblick. Auf dem schmalen Vorschiff zeigt sich eine mannsgroße Öffnung, gefolgt von den sich anschließenden, leicht stufigen Aufbauten des Steuerhauses, dessen Scheiben entfernt wurden. An seiner Rückseite zeigt sich ein großer, offener Bereich, der ein einfaches Vordringen in den Steuerstand und den dahinter liegenden Maschinenraum gestattet. Dieser ist ziemlich leer, sieht man einmal von Rohrflanschen, einigen Kabelresten und anderen Teilen ab. Die beiden Maschinen wurden wie vieles andere auch, vorzeitig von der Yatouche entfernt.

Mittschiffs kann ein großer, leerer Abschnitt betaucht werden, in dem rechts und links die beiden Antriebswellen in den Wellentunneln verlaufen. Dieser Bereich ist vom Steuerstand durch eine kleine Öffnung, einfacher jedoch von achtern über den offenen Heckbereich erreichbar. Unter dem freien Heck, das auf beiden Rudern steht, die nach Backbord eingeschlagen sind, ragen zwei kleine Propeller aus dem Sand. Der Heckbereich mit schmalen, rechteckigen Fensterreihen zu beiden Seiten erscheint genauso sauber aufgeräumt wie das ganze Wrack. Bewußt hat man das Schiff vor der Versenkung komplett ausgeräumt, um das Tauchen am Wrack zu vereinfachen. Den sterilen Eindruck unterstreicht ein nur spärlicher Bewuchs, der sich auf Aluminium nur schwerlich ausbreitet. Auch der Fischreichtum ist eher bescheiden, obgleich die naheliegenden Korallenblöcke dicht besiedelt sind. Wer sich im Steuerhaus rechts hält, gelangt über einen Niedergang in das untere Vorschiff. Dieser ebenfalls gut aufgeräumte Raum zeigt bereits mehr Auflösungserscheinungen, als die achterlichen Bereiche. Von hier führt ein schmaler, mit Trümmern verlegter Einstieg zum engen Vorpiek, das wegen der Enge und mangelnder Attraktivität nicht betaucht werden sollte. Das Vorschiff kann man über den Niedergang oder eine offene Luke im Deck wieder verlassen.

Yatouche

Schiffsdaten
Länge über alles: ca. 15 Meter
Breite: ca. 3–4 Meter
Seitenhöhe: ca. 1,5 Meter
Tiefgang: unbekannt
Tragfähigkeit: unbekannt
Vermessung: unbekannt
Schiffstyp: Patrouillenboot für Flachwassergebiete
Antrieb: 2 Motoren, weiteres unbekannt
Leistung: unbekannt
Geschwindigkeit: unbekannt
Stapellauf: unbekannt
Bauwerft: unbekannt
Baunummer: unbekannt
Bauort: unbekannt
Land: USA
Erste Eigner: Israelische Navy
Letzte Eigner: Israelische Navy
Sonstiges: das Schiff wurde vor dem Versenken ausgeschlachtet, so daß den Taucher nur der Rumpf mit seinen kleinen Aufbauten erwartet
Untergang: August 1987
Ort: Eilat, vor Coral Beach
Ursache: als künstliches Riff versenkt
Hoheitsgewässer: Israel
Verluste: keine

Wrackdaten
GPS-Position: N 29° 30,235′ E 34° 55,180′
(aus Seekarte ermittelt)
Maximale Tiefe des Wracks: 32 Meter
Minimale Tiefe des Wracks: 28 Meter
Strömungen: minimal bis mäßig
Sicht: 10-20 Meter
Sehenswert: das gesamte Wrack in seiner Umgebung

Die ausgeschlachtete Brücke des Patrouillenbootes

Million Hope

Historisches

Es ist der 20. Juni 1996. Eigentlich bedeutet das Hochsommer im Golf von Aquaba mit gutem Wetter und viel Sonnenschein. Doch an diesem Tag ist die Sicht so schlecht, daß der Frachter, der sich seit dem 19. Juni auf dem Weg vom Norden des Golfs zur Straße von Tiran befindet, den abgesetzten Kurs vornehmlich nur über Radar halten kann. Das fast 175 Meter lange Schiff hat eine für Taiwan bestimmte Ladung Kaliumphosphat an Bord, die es im jordanischen Aquaba gebunkert hat. Auf der Brücke gibt es neben den Sichtverhältnissen ein zusätzliches Problem. Der Kapitän, so meinen die Verantwortlichen, läßt offensichtlich einen anderen Kurs fahren, als es die Seekarte vorgibt und die Geschwindigkeit erscheint ihnen ebenfalls viel zu hoch.

Das unangenehme Erwachen kommt dann auch schneller als gewünscht. Der Frachter rammt mit gräßlich schabenden Geräuschen mit der vorderen Steuerbordseite 7 Kilometer nordwestlich vom Jackson Reef das Riff vor Gamila, das weit von der eigentlichen Route dicht unter Land liegt. Gleichzeitig schlägt das Heck herum und der Bug richtet sich wieder seewärts, während die noch immer laufende Schraube die steinerne Korallenwand des Riffs durchschneidet und schwer beschädigt wird. Das Ruderblatt reißt ab, der Havarist schwenkt durch Dünung und Wellen wieder auf das Riff zu und bleibt parallel dazu liegen. Wasser strömt durch Risse und Löcher in die Frachträume, das Phosphat saugt sich sofort voll. Kurz darauf hat der Kiel Grundberührung, während die Aufbauten noch komplett aus dem Wasser ragen. Die Verwirrung an Bord ist komplett und allmählich erkennt jeder, daß dieses Schiff nicht mehr aus der Falle freikommen wird. Akute Lebensgefahr besteht nicht, denn man liegt nur wenige Meter vom Riff entfernt, das mit dem Dach aus dem Wasser ragt und bis zum sicheren Land reicht. Problematischer ist es, die Rettungsboote an Backbord abzufieren, denn hier schlagen schwere Wellen gegen die Rumpfwand. Einige Besatzungsmitglieder verharren noch an Bord, da die Gefahr des Kenterns durch die stabile Lage des Schiffs und dank der schweren Ladung nicht gegeben scheint, doch für die Million Hope gibt es keine Hoffnung mehr. Der Frachter wird aufgegeben und ab dem 26. Juli, nachdem der Treibstoff abgepumpt und die wichtigsten Ausrüstungsgegenstände geborgen sind, seinem Schicksal überlassen. Was zu diesem Zeitpunkt noch niemand weiß, ist die Tatsache, daß der Havarist beim Aufprall die Überreste des Hey Daroma Wracks traf, die dort seit Jahrzehnten unter Wasser liegen und sie dabei noch weiter zerfetzte.

Die 16 774 BRT große Million Hope lief 1972 unter dem Namen Ryusei Maru als Bulk Carrier (Massengutfrachter) im japanischen Mihara bei der Werft Koyo Dock vom Stapel. Das Schiff war etwa 174 Meter lang, fast 25 Meter breit und hatte einen Tiefgang von zehn Metern. Das 6-zylindrige Dieselaggregat vom japanischen Hersteller Mitsui SB & Eng.CO. Ltd. aus Tamano leistete 11 600 PS und machte das Schiff mit einer Schraube 17 kn schnell. 1975 kaufte die panamesische Reederei Marubeni Corporation den Frachter und nennt ihn Pacific Royal. 1981 erwarb die südkoreanische Reederei Korea Shipping Corp. Ltd. in Busan das Schiff und tauft es auf Linngsbon um. 1987 wird der Bulk Carrier an die taiwanesische Reederei

MILLION HOPE

Die Schraube der Million Hope wurde bei der Kollision mit dem Riff verbogen

Chun Sine Marine Co. Ltd. verkauft, fährt aber weiter unter der Flagge Panamas, allerdings mit einem anderen Namen: als Feng Shun. 1991 wird das Schiff von der zypriotischen Reederei Aksonas Shipping Comp. Ltd. in Limassol erworben, die es auf den Namen Hope tauft. Der letzte Eignerwechsel erfolgte 1996 im Jahr des Unterganges. Diesmal fährt der einst als Ryusei Maru vom Stapel gelaufene Frachter für die Blue Arrow Navigation Ltd., die ebenfalls in Zypern ansässig ist. Ihr letzter Name ist „Million Hope".

Nicht ganz geklärt sind die Umstände des Unglücks. Ob die Kursabweichung auf das Riff tatsächlich beabsichtigt war, ist nicht bewiesen, wird aber von einigen Ägyptern gerüchtehalber behauptet. Nach der Strandung gab es vergebliche Versuche, das Schiff wieder flottzumachen. Die Meldung des Britischen Hydrographischen Office in Tauton vom 9.1.97, es sei an eine Bergung gedacht, die aber innerhalb der nächsten fünf Jahre nicht durchzuführen sei, erscheint völlig abwegig. Die exponierte Lage des Wracks, die schwere See und die massiven Schäden ließen bisher keinen Gedanken an eine Bergung aufkommen, vor allem aber nicht erst nach fünf Jahren. Die einzige Möglichkeit bestünde heute nur noch darin, die Million Hope wie die Lara am nicht weit gelegenen Jackson Reef so weit wie möglich abzuwracken.

Das Wrack heute

Das Wrack liegt heute in Nord-Süd-Richtung parallel zum Riff von Gamila. Das Oberdeck mit seinen offenen Laderäumen befindet sich in 6 Meter Tiefe. Lediglich die vier großen, rostbraunen Ladekräne sowie die achterlichen Aufbauten mit der Brücke ragen weit sichtbar aus dem Wasser. Das leicht nach Backbord geneigte Schiff befindet sich dicht am Riff in einer sehr stabilen Lage, die ein Kentern verhindert. Auf den Kränen, Antennen, dem Radar und dem türkisfarbenen Schornstein mit dem Kürzel A/L und einem stilisierten Anker rasten gerne Seevögel. Die einst weißen, achterlichen Aufbauten sind zum Teil rostig verbeult, denn nach der Kollision mit dem Riff brach später an Bord ein Feuer aus, das die Brücke in Schutt und Asche legte. Für die örtliche Jugend sind die verbliebenen Aufbauten ein beliebter Spielplatz, Mutproben wie Sprünge vom Brückennock oder den Kranspitzen ein toller Freizeitspaß.

Das Tauchen am Wrack ist eher etwas für Fortgeschrittene und der 14 Kilometer Seeweg von Sharm el Sheikh ist meist sehr unruhig. Weht ein entsprechender Nordostwind, herrscht am Wrack eine schwere Dünung mit Verwirbelungen und kräftezehrenden Strömungen, die kein Ankern ermöglichen. Selbst bei ruhigen Verhältnissen trauen sich die Bootsführer oft nicht, einen festen Liegeplatz für zwei Tagestauchgänge zu suchen, sondern be-

Der Aufprall zerdrückte die Bordwände wie Papier

vorzugen einen „Pick up" (Taucher wieder einsammeln). Die Million Hope ist aus diesem Grund nur bei ganz ruhiger See gut zu betauchen. Sichere Prognosen hinsichtlich der Wind- und Wellenverhältnisse gibt es deshalb erst, wenn die Tauchboote die Naama Bay verlassen und das Ras Nasrani passiert wurde.

Zu Beginn eines Tauchganges fällt zuerst die 24 Meter tief liegende Backbordseite des Schiffes auf. Der Rumpf hat sich bei der Kollision tief in den Sandgrund eingegraben und ragt wie eine finstere Wand bedrohlich in die Höhe. Nähert man sich vom Mittschiff dem Heck, nehmen die Wracktrümmer auf dem sandigen Meeresgrund zu. Vor allem im Heckbereich türmen sich zwischen den Korallenblöcken und Tischkorallen viele Stahlplat-

Noch ragen die Aufbauten der Million Hope aus dem Wasser

ten, Gasflaschen, Feuerlöscher, Kunststoffteile, Schläuche, abgebrochene Lüfter, Deckscheinwerfer und Plastikplanen. Die meisten Gegenstände dürften später bei „Plünderungen über Bord geworfen" worden sein. Am Heck befindet sich das abgerissene und an der Bruchstelle völlig zerfetzte Ruderblatt, das auf dem Grund liegt. Die große, vierblättrige Schraube verbeulte beim Riffaufprall stark, einige Teile wurden herausgerissen und die massive Antriebswelle sogar verbogen. Auch die Verlängerung des Kiels aus dickem Vierkantstahl nach achtern zur Führung und Stützung des Ruders knickte wie ein Streichholz. Beschädigungen am Korallenriff von Ras Gamila sind nur nahe der Steuerbordwand festzustellen, sowie in Hecknähe eine tiefe Narbe im Riff, vermutlich die Stelle, wo sich die Million Hope zuerst in die Korallen bohrte.

Die offenen Laderäume sind von oben oder durch einige breite Risse in der Bordwand leicht betauchbar. Auf dem Boden liegen eiserne Laderaumabdeckungen, während zerfetzte und teilweise mit Algen bewachsene Kunststoffplanen und Seile gespenstisch von oben herabbaumeln. Dieses ist sicher neben dem Bug einer der fotogensten Bereiche des Wracks, nicht zuletzt auch wegen der zahlreichen Fische in der Brandungszone. Das Vorschiff zeigt mit den Aufbauten, Ankerwinden, Festmachpollern und dem Lichtmast an Deck keine Beschädigungen. Dafür ist der Vordersteven am Bug (6 Meter) völlig deformiert. Auch die Steuerbordwand zeigt wellenförmige, massive Stauchungen und lange Risse, was auf die Geschwindigkeit beim Aufprall hinweist. Durch die breiten Risse zu beiden Seiten des Mittschiffsbereich kann man bequem hindurchtauchen. Die Phosphatladung des Frachters löste sich im Meerwasser im Laufe der Zeit auf.

Zwischen der Steuerbordseite und dem Riff ist nur wenig Platz; hier ist der schräge Meeresgrund mit etwa 17 Meter auch nicht ganz so tief. Im Bereich des Mitschiffs liegen genau zwischen dem Riff und der Million Hope die Überreste der Hey Daroma, die zum Teil vom Wrack begraben wurden, bzw. noch über die Riffwand und das Riffdach verteilt sind, ein weiterer, attraktiver Abschnitt am Wracktauchplatz des ehemaligen Phosphatfrachters.

Million Hope

Schiffsdaten
Länge über alles: 174,58 Meter
Breite: 24,85 Meter
Seitenhöhe: unbekannt
Tiefgang: 10,14 Meter
Tragfähigkeit: 26 181 t
Vermessung: 16 774 BRT
Schiffstyp: Stückgutfrachter
Antrieb: 6-Zyl. Diesel, (Mitsui SB&Eng.CO.Ltd.-Tamano)
Leistung: PS 11 600
Geschwindigkeit: 17 kn
Stapellauf: 1972
Bauwerft: Koyo Dockyards Ltd.
Baunummer: unbekannt
Bauort: Mihara
Land: Japan
Erste Reederei: Ryutsu Kaiun K.K.-Kobe
Letzte Reederei: Blue Arrow Navigation Ltd.-Zypern
Beladung auf der letzten Fahrt: Kaliumphosphat
Besatzung: keine Angaben
Passagiere: keine Angaben
Sonstiges: Das Schiff liegt am Riff, das ihm zum Verhängnis wurde. Die gesamten Aufbauten und Ladekräne ragen noch aus dem Wasser. Öl aus den Tanks wurde abgepumpt.
Untergang: 20. Juni 1996
Ort: Ras Gamila, Ostküste des Sinai
Ursache: Falscher Kurs und zu hohe Geschwindigkeit
Hoheitsgewässer: Ägypten
Verluste: keine

Wrackdaten
GPS-Position: N 28° 03,393′ E 34° 26,949′
Maximale Tiefe des Wracks: 24 Meter
Minimale Tiefe des Wracks: 5 Meter (Oberdeck, Aufbauten über Wasser)
Strömungen: mäßig, dafür aber Dünung
Sicht: 10-20 Meter
Sehenswert: Hecksektion mit Ruder und Schraube, Laderäume, der Bug, die Schäden an Steuerbord, so wie die Trümmer des zweiten Wracks, der Hey Daroma.

Hey Daroma

Historisches

Die Hey Daroma war ein kleineres Passagier- und Transportschiff, das unter israelischer Flagge fuhr und am 4. September1970, etwa 4,2 sm nördlich des Gordon Reefs in der Straße von Tiran auf Grund lief, nachdem angeblich ein Feuer an Bord ausgebrochen war. Sie befand sich nach Angaben von Lloyds auf der Fahrt von Eilat nach Sharm el Sheikh. Das Schiff brannte völlig aus, so daß man keinerlei Bergungsversuche unternahm und es als Totalverlust abschrieb. Rolf Schmidt, Besitzer des Tauchcenters „Sinai Divers" und intimer Kenner des Sinai berichtete, daß die Hey Daroma zur Zeit der israelischen Besetzung bis zur Fertigstellung der Wasserleitung von El Tur nach Ofira (Sharm el Sheikh) von den Israelis als Transportschiff für Wasser eingesetzt worden ist. Gerüchten zufolge setzte der Kapitän der Hey Daroma das Schiff mit Absicht auf das Riff, da er nach Fertigstellung der Leitung angeblich keine Transportaufträge mehr bekam. Die Hey Daroma lag lange Zeit sichtbar auf dem Riff. Einige Trümmer des Wracks sichtete man zuletzt 1977 über dem Wasser. Die letzte offizielle Wrackposition wurde dem British Hydrographic Office am 1.9.93 gemeldet.

Ursprünglich war die Hey Daroma unter dem Namen Lairds Loch im August 1944 in Schottland bei der Werft Ardrossan Dockyard Ld. in Ardrossan südwestlich von Glasgow vom Stapel gelaufen. Angetrieben wurde sie von zwei 8-Zylinder Dieselmaschinen, die von British Auxilliaries Ld. gebaut worden waren und mit 2560 PS und zwei Schrauben das Schiff 13 kn

Die Hey Daroma lief 1944 vom Stapel

laufen ließen. Erstbesitzer des etwa 87 Meter langen und 1 530 BRT großen Passagierschiffs war die Burns & Laird Lines Ld. aus Glasgow, die später als Coast Lines Ld. in London und Liverpool weiterfirmierte. 1969 erwarb die israelische Reederei Sefinot Ltd. in Eilat das Schiff, taufte es auf den Namen Hey Daroma um und setzte es bis zum Untergang auf verschiedenen Routen im Roten Meer ein. Offensichtlich wurde das Schiff zwischenzeitlich umgebaut und vergrößert. Lloyds meldet für die ehemalige Lairds Loch für die Zeit unter israelischer Flagge als Hey Daroma eine Länge über alles von 91 Meter (87 Meter) bei gleichbleibender Breite und Tiefgang sowie eine größere Vermessung von 1 736 (1 530) BRT.

Das Wrack heute

Das Schicksal der Hey Daroma erscheint ein wenig merkwürdig. Nach dem Abwracken blieben zahlreiche Trümmer und noch gut erkennbare Wracksegmente auf dem Riffdach liegen, einige rutschten an der Riffkante etwa 14–16 Meter ab. Daß ausgerechnet an der gleichen Stelle knapp 26 Jahre später erneut ein Schiff (Million Hope) strandete, das die Überreste der Hey Daroma zum Teil unter sich begrub und die möglicherweise ebenfalls mit Absicht gegen das Riff gesteuert wurde, verblüfft.

Taucht man zwischen der Steuerbordseite der Million Hope und der steilen Riffwand, so stößt man im Bereich des Mittschiffs des 1996 gestrandeten Frachters direkt auf die Trümmer der Hey Daroma. Diese Wrackteile verteilen sich entlang der Schrägen bis auf das Riffdach. Die zum Teil genietete Bauweise der Bordwandfragmente unterstreicht die ältere Bauweise des Schiffs. Besonders auffällig ist die schlanke Bauart des Rumpfes im Kielbereich, die man an der Hecksektion gut erkennen kann. Auf dem Riffdach liegen die beiden fest auf ihren Bodenplatten verankerten Verbrennungsmotoren, die bei ruhiger See etwas aus dem Wasser ragen neben einigen Boilern und anderen Trümmern. Von den Maschinen führen zwei schlanke Antriebswellen riffabwärts zum Hecksegment, das beim Zusammenstoß mit der Million Hope stark zerstört wurde. Schrauben und Ruder der Hey Daroma liegen nun unter dem Frachter begraben.

Hey Daroma

Schiffsdaten
Länge über alles: 91,6 Meter
Breite: 14,2 Meter
Seitenhöhe: unbekannt
Tiefgang: 4 Meter
Tragfähigkeit: 820 ts
Vermessung: 1 736 BRT
Schiffstyp: Passagierschiff
Antrieb: 2 x 8-Zylinder Diesel
Leistung: 2 560 PS
Geschwindigkeit: 13 kn
Stapellauf: August 1944
Bauwerft: Ardrossan Dockyard Ld.
Baunummer: unbekannt
Bauort: Ardrossan
Land: Schottland
Erste Reederei: Burns & Laird Lines Ld. – Glasgow
Letzte Reederei: Sefinot Ltd. – Eilat
Beladung auf der letzten Fahrt: Passagiere
Besatzung: unbekannt
Passagiere: unbekannt
Sonstiges: Schiff soll angeblich mit Absicht auf das Riff gesetzt worden sein
Untergang: 4.9.1970
Ort: Sinai-Ostküste, 5,4 (4,2) Seemeilen nördlich des Gordon Reefs
Hoheitsgewässer: Ägypten
Ursache: Feuer an Bord, anschließend gestrandet
Verluste: unbekannt

Wrackdaten
GPS-Position: N 28° 03,380′ E 34° 26,900′
(British Hydrographic Office)
Maximale Tiefe des Wracks: 16 Meter
Minimale Tiefe des Wracks: Oberfläche
Strömungen: keine
Sicht: relativ gut
Sehenswert: die Hecksektion, die bewachsenen Trümmer und die beiden Schiffsdiesel auf dem Riffdach

Zingara

Historisches

1963, zum Höhepunkt des kalten Krieges, knapp zwei Jahre nach dem Berliner Mauerbau, lief am 28. Juni in Rostock auf der Neptunwerft ein Stückgutfrachter mit Namen Kormoran vom Stapel. Auftraggeber des etwa 82 Meter langen und 12 Meter breiten Schiffs war die VEB Deutsche-Seereederei, Rostock. Am 1.1.74 wurde das Schiff auf die Deutfracht/Seereederei, Rostock übertragen. Es besaß eine 1 365 PS starke, sechszylindrige Viertakt-Dieselmaschine, die vom Maschinenbau Halberstadt geliefert worden war und den 1 744 BRT großen Frachter etwa 12 kn schnell laufen ließ. Neben zwei Decks und zwei Laderäumen war der Rumpf eisverstärkt, so daß die Kormoran auch im Winter in der Ostsee eingesetzt werden konnte. Die Bunkerkapazität an Treibstoff betrug insgesamt 96,5 t.

Am 25.2.76 lief der Frachter bei der Lotsenaufnahme vor der finnischen Insel Isokari auf ein vorgelagertes Riff. Mit schweren Bodenschäden wurde das Schiff auf den Haken genommen und am 22.7.76 außer Dienst gestellt. Die beschädigte Kormoran wurde kurze Zeit später vom italienischen Reeder Achille Pompos erworben und auf den Namen Adamastos getauft. Der britische Schlepper Sea Bristolian zog das fahruntüchtige Schiff für die griechische Aegean Constellation Inc. nach Piraeus, wo es am 18.8.76 eintraf und repariert wurde. Dabei kam es wahrscheinlich zu baulichen Veränderungen, da das Schiff später bei Lloyds nur noch mit 1 582 BRT geführt wurde. 1980 wurde der Frachter an die italienische Reederei Montemare di Navigazione S.p.A. in Neapel verkauft. Die Ex-Kormoran, alias Adamastos, erhielt nun ihren letzten Namen: Zingara.

Über ihren Untergang und die Gründe, die dazu führten, werden zwei Varianten angeführt. Zum einen ist es eine unbekannte Ursache, so wie sie einige Quellen nennen, und die zum Scheitern am 22.8.1984 führte. Solche Angaben findet man häufig in der Literatur und sie stehen meist für einen Kursverlust des Schiffs. Zum anderen aber gibt es eine interessantere Notiz vom British Hydrographic Office. Danach wurde die aus Aquaba kommende Zingara mit ihrer Phosphatladung am 22.8.1984 vom italienischen Minenjagdboot Mango gestoppt und „überprüft", was immer damit auch gemeint sein mag. Bei diesem Manöver strandete die Zingara an der Nordspitze des Riffkomplexes Lagoona North gegenüber der Isle of Tiran, nordöstlich des Jackson Reefs und wurde als Totalverlust abgeschrieben.

Das Wrack heute

Die Zingara liegt in Ost-West-Richtung an der Nordspitze von Lagoona North, etwa 400 Meter weiter nordöstlich eines kleinen Durchlasses im Riff, der für Boote nicht passierbar ist. Tauchgänge sind dort nur bei ruhiger See möglich. Das Schiff ruht in seichtem Wasser zwischen zwei

Das abgerissene Heck der Zingara liegt im Flachwasser

Noch ist der erste Name am Bug zu lesen: Kormoran

und acht Meter. Da es fast direkt auf dem Riffdach liegt, muß der Frachter mit voller Fahrt in die Korallen gelaufen sein. Die immer noch sichtbaren Spuren der Verwüstung auf dem Riffdach, eine massive, 50 Meter lange Schneise in östlicher Verlängerung zum Heck und die riesige Kerbe, die der Bug in die Korallen bohrte, untermauern diese Annahme. Diese Hypothese läßt allerdings die britischen Angaben mit dem Zwangsstop durch das italienische Minenjagdboot als unwahrscheinlich erscheinen. Ein gestopptes Schiff hätte kaum solche Verwüstungen im Riff anrichten können, auch wenn es durch die Brandung auf das Riff gedrückt worden wäre.

Grundsätzlich läßt sich die Zingara in drei Abschnitte aufteilen: das Heck, das Mittschiff und den Bug. Gut orientieren kann man sich am Heck, von dem die Backbordseite bei ruhiger See noch ein wenig aus dem Wasser ragt. Es ist um etwa 35 bis 40 Grad geneigt und besitzt noch die Überreste der Reling und einiger Aufbauten. Hier befanden sich die Unterkünfte, wie die Reste eines Bades belegen, dessen Bodenfliesen deutlich zu erkennen sind. Auch hier zeigen die Trümmer, mit welcher Macht die Wellen und die langgezogene Dünung gegen das Riff schlagen und im Laufe der Zeit die Zingara immer mehr zerschmettert haben. Am achterlichen Deck stehen ein paar Festmacherpoller und eine Spill, sonst zeigt sich das Heck eher als eine bizarre Szenerie verbogenen Stahls. Man kann in wenige Hohlräume und einige Kabinen hineintauchen – doch Vorsicht! Spitzes, verrostetes Eisen, herabhängende Kabel und die Dünung machen dies zum Risiko! Taucht man außen an

Lagoona North

Bei ruhiger See ist Lagoona North ein phantastischer Tauchplatz, rollen aber schwere Brecher gegen das Riff, kann dort nicht getaucht werden. Sieht man einmal von der Zingara ab, ist die gesamte Nordseite von Lagoona North von artenreichen Steinkorallen bewachsen, die das Riffdach besiedeln und dem Riff folgend bis in Tiefen von etwa 15 Meter hinabreichen. Danach geht die Riffschräge in eine recht steile Wand über und endet schließlich in 30 bis 40 Meter Tiefe mit einer sich anschließenden Sandfläche.

Die Steinkorallen von Lagoona North sind überwältigend, fast sind es kleine Gebirge, die sich über lange Distanzen hin erstrecken. Korallen aller Farben und Formen sind hier anzutreffen, die Millionen kleiner Korallenfische anlocken. Diese sind wiederum ein ideales Fressen für Jungmakrelen, die hier stets auf ihrer räuberischen Jagd sind. Der Fischreichtum ist an diesem Riff mehr als ordentlich und besonders das Wrack der Zingara zieht zahllose Doktorfische an. Tischkorallen sind eine weitere Spezialität dieses Platzes, die sich an hochstehenden Trümmern festgesetzt haben. Und im Freiwasser ziehen häufig Großfische ihre Kreise. Es lohnt sich daher, immer wieder einen Blick ins „Tiefe Blau" zu werfen.

außen geklappt zwischen den Korallen. In Richtung Mittschiff beginnt eine schmale Trümmerlandschaft verbogener und zerfetzter Wrackteile, die kaum eine funktionelle Zuordnung zulassen. Etliche Bullaugen aus Eisen liegen mit den Bordwandresten umher. Ketten, Gasflaschen, Elektrokabel und Rohrleitungen unterstreichen das Chaos, das maritime Naturgewalten seit dem Untergang schufen. Die Maschine der Zingara liegt nahe den Trümmern und ist wie das gesamte Wrack ebenfalls leicht geneigt. Hier dominieren in erster Linie Rohre, Flaschen, Kabel und einige losgerissene Boiler. An Steuerbord liegt einer der beiden achterlichen Lademasten zwischen den Korallen. Hinter dem offenen Maschinenraum schließt sich das Mittschiff an. Es ist ein wirres Durcheinander übereinandergeschichteter, verbogener Stahlplatten. Ein Bezug zu ehe-

Backbord entlang, sind deutlich das Ruder und die davor liegende, vierblättrige Schiffsschraube zu erkennen. Vom Kiel steigt in gerader Linie eine Folge römischer Ziffern zum Hauptdeck an, die den Tiefgang der Zingara kennzeichneten.

Kurz nach dem Hecksegment liegen die Bordwände zu beiden Seiten wie nach

Das Heck kann bei ruhiger See schnorchelnd erreicht werden

Die Schraube steckt tief im Korallenschutt

maligen Konstruktionsmerkmalen ist hier überhaupt nicht mehr möglich. Beeindruckend erscheint der beginnende Bewuchs wunderbarer Steinkorallen. Neben dem zerschmetterten Mittschiffbereich liegen weitere Lademasten und die abgescherten Ladebäume. Von den beiden Laderäumen ist selbst mit größter Phantasie nichts mehr zu erkennen. Die Phosphat-Ladung der Zingara wurde bereits vom Meerwasser aufgelöst. Heute ist in Nischen und kleinen Hohlräumen nur noch Korallensand zu finden.

Der leicht Steuerbord geneigte Bug der Zingara ist größtenteils noch gut erkennbar, obwohl er sich beim Aufprall tief in das Korallengestein bohrte. An der Backbordseite ist deutlich der nach links kursiv verlaufende und reliefartig aufgeschweißte Jungfernname der Zingara zu erkennen: Kormoran. Der Backbordanker ist nicht zu entdecken. Dieser Bugbereich liegt tief unter Korallenschutt begraben. Sein Pendant ist ebenfalls nicht sichtbar, da die Steuerbordseite des Wracks dich an den Korallenfelsen lehnt. Auf dem Vordeck stehen die ehemalige Ankerwinde und der leere Kettenkasten. Allerdings läßt sich ein Teil der vermutlich rechten Ankerkette über das Riff verfolgen, wo sie aber ohne Anker zwischen den Korallen endet. Das läßt vermuten, daß nach der Havarie zumindest der Steuerbordanker ausgebracht wurde – entdeckt werden konnte er jedoch bis heute nicht.

Die Zingara eignet sich wegen der geringen Tiefen besonders gut für Beginner, vorausgesetzt, das Meer ist ruhig. Zusätzlich bietet das Riff mit traumhaften Hartkorallen und einem überwältigenden Bestand kleiner Korallenfische eine herrliche Abwechslung.

Zingara

Schiffsdaten
Länge über alles: 82,40 Meter
Breite: 12,60 Meter
Seitenhöhe: unbekannt
Tiefgang: 4,26 Meter
Tragfähigkeit: 2 733 t
Vermessung: 1 582 BRT
Schiffstyp: Stückgutfrachter (eisverstärkt)
Antrieb: 1 x 6-Zylinder Diesel (Maschinenbau Halberstadt)
Leistung: 1 365 PS
Geschwindigkeit: 12 kn
Stapellauf: 28. 6. 1963 (Ablieferung 22. 11. 1963)
Bauwerft: Neptun Werft Rostock
Baunummer: unbekannt
Bauort: Rousse
Land: Deutsche Demokratische Republik
Erste Reederei: VEB Deutsche-Seereederei, Rostock
Letzte Reederei: Montemare di Navigatione S.p.A, Neapel, Italien
Beladung auf der letzten Fahrt: Phosphat
Besatzung: 22 (bei Erstreederei)
Passagiere: keine Angaben
Sonstiges: Das Schiff lag für einige Zeit noch am Riff, bzw. Teile davon schauten noch aus dem Wasser, bevor es endgültig sank und zerschmettert wurde.
Untergang: 22. August 1984
Ort: Nordseite von North Lagoona, Isle of Tiran, Sinai
Ursache: vermutlich Kursabweichung und Kollision mit dem Riff
Hoheitsgewässer: Ägypten
Verluste: unbekannt

Wrackdaten
GPS-Position: ca. N 28° 01,000′ E 34° 29,600′
Maximale Tiefe des Wracks: 8 Meter
Minimale Tiefe des Wracks: 2 Meter
Strömungen: moderat, aber starke Wellen und Dünung
Sicht: 20–30 Meter
Sehenswert: der abgescherte Bug sowie das freistehende Heck, zudem die Korallenlandschaft in Wracknähe.

Die Panzerdeponie von Ras Peter

Die Wracks gestern und heute

Das Ras Peter liegt in der Luftlinie etwa 7 Kilometer südlich von Sharm el Sheikh an der linken Seite zur Einfahrt in die Bucht von Sharm el Moa und ist durch eine recht steile, felsige Wand gekennzeichnet. Dem Ras Peter gegenüber liegt auf der rechten Seite der bekannte Tauchplatz von Ras Kati. Der einzig mögliche Zugang zu dieser Stelle erfolgt mit dem Boot von der Seeseite. Bei der Anfahrt kann man an der Klippe verrosteten Schrott erkennen. Darunter befinden sich Reste von kleineren LKWs, Räder, Achsen und ähnliches. Doch die eigentliche „Mülldeponie" mit den interessanten Objekten liegt unter Wasser. Ein Tauchgang am Ras Peter beginnt direkt unter Land am Drop Off in etwa 35 bis 40 Meter Tiefe, der sich unter Wasser in eine schräg bis steil verlaufende Wand verändert. Am Hang „stapeln" sich förmlich kleine Panzer – sie liegen kreuz und quer, kopfüber, verkeilt oder auf der Seite. Zum großen Teil sind sie schön bewachsen, was aber ihre Beschreibung und Identifizierung nicht sonderlich erschwert. Bei den 31 Panzern handelt es sich, wenn von den Autoren richtig gezählt worden ist, um ehemalige, modifizierte Universal Carrier, wie sie die Briten im Zweiten Weltkrieg weltweit in den unterschiedlichsten Ausführungen verwendeten und danach bis in die fünfziger Jahre auch in anderen Armeen eingesetzt wurden. Die Panzer befinden sich allesamt in gutem Zustand,

Mehr als 30 Panzer türmen sich am Ras Peter

PANZERDEPONIE VON RAS PETER

Ein einzelner Panzer am Steilhang in 40 m Tiefe

Die Panzer und Fahrzeuge sind zu Bergen übereinandergestapelt

allerdings ohne Bewaffnung. Die große Anhäufung der Fahrzeuge auf einem Fleck läßt stark vermuten, daß sie vor einigen Jahrzehnten einfach über die Klippe entsorgt wurden. Der Erhaltungszustand der Kettenfahrzeuge zeigt, daß nur selten Taucher hierherkommen.

Bis heute konnte nicht geklärt werden, woher diese Panzer stammen und wer sie wann und aus welchem Grund an dieser Stelle ins Meer beförderte. Waren die Universal Carrier Überbleibsel der britischen „Dessert Force" aus dem II. Weltkrieg, die sie nach dem Ende selbst versenkten? Oder taten es die Ägypter, die Fahrzeuge später übernahmen und im Laufe der Zeit dafür keine Verwendung mehr hatten? Oder entsorgten die Israelis sie als Beutefahrzeuge nach dem Sechstage- oder Yom-Kippur-Krieg? Nach Angaben israelischer Militärs hatte Israel selbst nie solche Fahrzeuge im Einsatz.

Genauso ungeklärt wie diese Fragen, ist auch die Herkunft des weiteren Kriegsmaterials, das die Schräge vor Ras Peter bedeckt. Hier stapeln sich auch LKWs, teils in einem gut erkennbaren Zustand, teils nur als Chassis mit Rädern und Achsen oder als zerstörte Fragmente. Zum weiteren Fundus der Müllkippe von Ras Peter zählt ein einachsiger Anhänger mit einem Tank, verschiedene Panzerminen, Mörsergranaten und weitere Geschosse. Hinzu kommen Eisen- und Aluminiumträger. Daß dieses Material aus der selben Quelle stammt, ist anzunehmen. Offen bleibt aber die Frage, ob alles Kriegsgerät einer bestimmten Phase zuzurechnen ist, oder ob man den dezenten, unterseeischen Schrottplatz für einen längeren Zeitraum nutzte. Auf jeden Fall ist Ras Peter einen Tauchgang wert, besonders wenn er von einer Kamera begleitet wird. Die Sicht so dicht unter Land und in der Nähe von Sharm el Moa ist eher als mäßig zu bezeichnen.

Wrackname

Wrackdaten
GPS-Position: N 27° 51,076' E 34° 17,475'
Maximale Tiefe des Wracks: 40 Meter
Minimale Tiefe des Wracks: 5 Meter
Strömungen: schwach bis mäßig
Sicht: mäßig, gute Lichtverhältnisse am Vormittag
Sehenswert: die Panzer und die Fahrzeuge

Sha'ab Mahmud

Dort, wo sich das nördliche Rote Meere in den Golf von Suez und den Golf von Aqaba teilt, liegt im Südwesten des Sinai eine interessante Rifflandschaft. Wie ein Finger ragt dabei das Ras Mohamed mit den bekannten Tauchplätzen und ehemals so berühmten Hammerhaischulen in das Meer (Die Hammerhaie sind allerdings wegen der unzähligen Taucher bereits weitergezogen). Umrundet man das Ras Mohamed von Ost nach West, schließt sich ein umfangreiches Riffgebiet mit prächtigen Korallen und einem ausgeprägten Flachwasserbereich an: das Sha'ab Mahmud.

Dieses Gebiet gleicht einer etwa 60 km² großen Lagune, das westlich von der offe-

nen See nur über zwei Kanäle, North- und Small Passage, zugänglich ist. Im Süden hat die Lagune einen eigenen Zugang zum Meer, allerdings reichen die Riffkanten bis unmittelbar unter die Wasseroberfläche, so daß sie von großen Tauchschiffen nicht überquert werden können. An der Südspitze warnt der bekannte Beacon-Point, ein Leuchtfeuer, vor den Gefahren des Riffs. Im Osten schließt sich noch vor der Landenge des Ras Mohamed eine Formation von kleineren Riffen an – die bekannten Tauchplätze der Alternatives.

Wegen der exponierten Lage des südwestlichen und des südlichen Bereichs mit Steilabfällen von 25 bis 30 Meter herrschen am Sha'ab Mahmud meist starke Dünung, hohe Wellen und Strömungen. vor. Derartige Verhältnisse finden Taucher auch am Beacon Point vor. Hier liegt die Dunraven, jenes alte Dampfsegelschiff, das 1876 auf das Riff auflief und versank. Tauchen an der Dunraven bedeutet oft nur mittlere bis mäßige Sicht, denn das strömungsreiche Wasser bringt reichlich Plankton mit sich und die anbrandenden Wellen sorgen ebenfalls für weitere Eintrübungen.

Die Riffkante von Sha'ab Mahmud besitzt heute ein Leuchtfeuer

Schwarztupfen-Süßlippen (*Plectorhinchus gaterinus*)

Dunraven

Historisches

Wir schreiben den 22. April 1876. Die Nacht ist sternklar, als ein Dampfsegelschiff, ein Rahschoner, in nördlicher Richtung in den Golf von Suez einläuft. Das Ras Mohamed hat man vor einiger Zeit an Steuerbord passiert. Es ist die etwa 85 Meter lange und 10 Meter breite Dunraven, ein Schiff, das mit einer für die damalige Zeit sehr modernen Dampfmaschine ausgerüstet war. Gebaut wurde es 1873 auf der Werft Mitchell Iron Shipbuilders im nordostenglischen Newcastle upon Tyne als Linienfrachter für die neue Route von Europa über den Suezkanal nach Indien. Schon seit dem Stapellauf stand die Dunraven unter keinem besonders guten Stern. In drei Jahren wechselten dreizehnmal die Eigner. Bei der letzten Reederei steht sie bereits unter dem Kommando des dritten Kapitäns. Die Dunraven ist mit Baumwolle, Hölzern und Gewürzen auf dem Weg von Bombay über Karachi zur englischen Stadt Newcastle und kommt dank ihres neuen Antriebs gut voran. Außer der Besatzung sind keine Passagiere an Bord.

Plötzlich erschüttert ein gewaltiger Schlag das Schiff. Ladung löst sich und poltert in den niedrigen Zwischendecks umher. Matrosen werden herumgeschleudert, der Rumpf ächzt und stöhnt unter der Last des Aufpralls bis Ruhe einkehrt. Nur das Rauschen des Meeres ist noch zu vernehmen und das Zischen der Ventile und geborstenen Dampfleitungen. Die Dunraven hat die Südseite des Sha'ab Mahmud gerammt. Sie liegt fest auf dem Riffdach, wie von einer eisernen Hand gehalten. Die Situation scheint für einige Zeit trotz des Lecks auf der Backbordseite am Bug nicht bedrohlich. Der Kapitän plant, den kommenden Tag abzuwarten. Doch beim Aufprall sind brennende Kohlen aus den Feuerbuchsen gefallen. An Bord breitet sich ein Schwelbrand aus, den die noch immer verwirrte Besatzung nicht unter Kontrolle bringt. Man versucht zu retten, was zu retten ist und schafft allerlei Gerätschaften aus dem Schiff. Die Bordkasse und andere wertvolle Dinge sowie Teile der Ladung werden auf die vier Beiboote verladen und zum nahen Festland gerudert. In der Zwischenzeit breiten sich die Flammen weiter aus, das ganze Schiff scheint zu brennen. Die Dunraven ist verloren. Nach etwa 12 Stunden legt sie sich auf die Seite und versinkt mit dem Heck zuerst und unter dem lauten Zischen des verlöschenden Feuers in der Tiefe.

Die Dunraven ist überall mit Weichkorallen besetzt

Das Heck mit der Schraube ist von Hartkorallen überzogen

Mittschiffs sind die Kessel der alten Dampfmaschine zu finden

Rosenstein, Inhaber einer Tauchbasis in Sharm el Sheik, war einer der ersten, der seit 1978 systematisch versuchte, mit Hilfe einiger deutscher Sporttaucher etwas über die Herkunft des Schiffes herauszufinden. Er fand Sanduhren zur einfachen Geschwindigkeitsermittlung, teilweise noch gefüllte Weinflaschen, und auf dem Riffdach den Anker, der den drohenden Untergang verhindern sollte. Weitere Funde am Wrack waren eingelegte Früchte und Flaschen mit diversen Getränken wie Whiskey. Man stieß auch auf Knochen von Proviant-Schweinen. Bedeutend aber war ein Eierbecher mit dem Schriftzug Dunraven.

Die Nachforschungen bei Lloyds in London brachten verwirrende Ergebnisse. Es gab zwei Registrierungen auf den Namen Dunraven, die allerdings nicht mit dem Wrack am Sha'ab Mahmud identisch sein konnten. Die erste Dunraven wurde unter ihrem letzten Namen Sarah Radcliff 1917 im Atlantik versenkt, die Zweite wurde im Ersten Weltkrieg in Marshal umbenannt und als getarntes britisches Kriegsschiff gegen deutsche U-Boote eingesetzt, zu Kriegsende schwer beschädigt und später im Englischen Kanal versenkt. Diese Informationen waren der Beginn wilder Spekulationen.

Damit war die Geschichte vom Untergang der Dunraven noch nicht zu Ende. Das Unglück hatte ein gerichtliches Nachspiel. Der verantwortliche Kapitän gab der zu großen Kompaßabweichung die Schuld, ohne dies jedoch schlüssig beweisen zu können, da der Kompaß mit dem Schiff versank. Das Gericht schien seinen Behauptungen nicht zu glauben, zumal berichtet wird, daß der Kapitän aufgrund des Unfalls sein Patent verlor.

Die Wiederentdeckung

Für gut hundert Jahre blieb die Dunraven unbeachtet. Sichtbar wurde das Schiff erst wieder auf den Echographen einer geologischen Expedition unter der Leitung von Ayre Keller, die 1977 in dieser Region nach Erdölvorkommen suchte. Howard

Ein mysteriöser Beduinenführer namens Suleiman behauptete in der Vergangenheit beharrlich, er kenne die Dunraven. Sie habe seinerzeit Gold für die Truppen des berühmten Lawrence von Arabien (15.8.1888 – 19.5.1935) transportiert, um die Revolte der Araber gegen die Osmanen zu finanzieren. Da Lawrence von Arabien um die Zeit des ersten Weltkrieges in der Region politisch und militärisch agierte, schien dieses mit den Untergangsdaten der beiden anderen Dunraven im Atlantik zusammenzupassen. Warum sollte nicht ein Schiff von beiden hier im Roten Meer gefahren, die Lloyd-Meldung also absichtlich gefälscht worden sein? Diese Vermutungen nährte das Schweigen der britischen Admiralität.

Andere Quellen beinhalteten neue Theorien. Sie behaupteten, das Schiff stamme aus den Niederlanden und sei nach einem gleichnamigen Ort im Norden des Landes benannt. Andere wiederum vermuteten auf Grund der feinen Porzellanfunde, die Dunraven sei das Privatschiff des amerikanischen Millionärs Randolph Hearst gewesen und auf den Namen seines Schlosses Dunraven Castle in Wales getauft. Am Wrack gab es keine Hinweise zu finden. Zwei im Schiff gefundene Sodaflaschen mit einem eigenwilligem, ovalen Boden trugen die Aufschriften „Webs Double Water And Other Waters – By Appointment to Her Majesty the Queen – Islington, London", sowie „Grimsby". Nachforschungen der BBC zu einem Film über das Wrack im Rahmen der Serie „The World Around Us" ergaben, daß die erstgenannte Firma nur von 1836 bis 1880 existierte. Somit mußte das Schiff älter sein, als bislang vermutet – das Gold für Lawrence von Arabien schied aus. Durch weitere Recherche konnte der mögliche Zeitraum des Unterganges bis auf wenige Jahre eingeengt und letztlich der richtige Name und die wahre Geschichte um das Schiff ans Tageslicht gebracht werden.

Das Wrack heute

Wer das Glück hat, die Dunraven bei ruhiger See und klarer Sicht zu betauchen, genießt fast einen Gesamtanblick des Wracks. Vermutlich ist das Schiff nach der

Taucher dringen durch die Bruchstelle in die Dunraven ein

SHA'AB MAHMUD

Ein Taucher inspiziert die sichelförmigen Propellerblätter

Kollision und dem sich ausweitenden Feuer beim Untergang seitlich abgerutscht, drehte sich über die Backbordseite und blieb kieloben liegen. Dabei brachen die beiden Masten, der Schornstein und der größte Teil der Decksaufbauten zusammen. Die Backbordseite liegt tief im Sandgrund vor dem ansteigenden Riff, 80 bis 100 Meter linker Hand nordwestlich vor dem Beacon Point. Die Steuerbordseite liegt größtenteils frei auf dem Grund. Sie platzte vermutlich durch den Aufprall, durch Wellen und Brandung zu großen Teilen auf und verteilte die Stahlplatten der Bordwand neben dem Rumpf auf dem Meeresboden. Reste des Fock- und Großmastes sowie des Schornsteins liegen seewärts an der Steuerbordseite. Am Großmast kann man deutlich Relikte des ehemals zweigeteilten Mastes, so wie die Reste des Krähennestes erkennen.

Sehr fotogen ist das Heck mit der alten, vierblättrigen Schraube mit den sichelförmigen Schraubenblättern und dem großen Ruder. Dort sollte ein Tauchgang beginnen. Bei der Schraube fehlt bereits ein Blatt. Das Heck liegt auf maximal 28 Meter. Reste der hinteren Reling und Ansätze von alten Aufbauten lassen am ehesten eine Schiffsform erkennen. Kurz hinter dem Heck an Steuerbord klafft eine große, dunkle Öffnung im Rumpf, durch die man ins Wrack tauchen kann. Im Innern ergibt sich ein beeindruckendes Panorama. Im Licht der Scheinwerfer leuchten die gewaltigen Spantenkonstruktionen und Ansätze der ehemaligen Zwischendecks auf, zerbrochene Rohrleitungen und verbogene Stahlplatten bilden ein wirres Durcheinander. Das Metall erscheint runzelig und rostig braun. Schnurgerade weist längs des Kielverlaufs die alte Schraubenwelle zum Maschinenraum. Ansonsten herrscht auch in Bugrichtung ein gewaltiges Durcheinander von abgebrochenen Spanten und Eisenträgern. Bei genauerem Hinsehen sind die Verankerungen der beiden Masten mit dem Kiel auszumachen. Sie sind zwar abgeknickt, aber noch zu erkennen.

Die meisten Holzreste sind längst vermodert; der Grund im Schiffsinnern ist mit dicken Ablagerungen und Trümmern belegt, aus denen eiserne Konstruktionsteile herausragen. Wegen der permanenten Dunkelheit ist im Schiff kaum Bewuchs zu finden. Achten Sie jedoch auf versteckte Rotfeuerfische, die im Schiff umherschwimmen und im Dämmerlicht kaum auffallen. Ein Blick zur Einstiegsöffnung gewährt phantastische Lichtspiele, die ein wenig an die Fenster einer großen Kathedrale erinnern. Runde, blau erscheinende

Die Dunraven ist die Heimat zahlloser Glasfische

Besonders attrakiv – der abgescherte Bug der Dunraven

Löcher zeigen an, wo einst die Bullaugen waren.

Außerhalb des Schiffs fällt am Bug der dichte Bewuchs mit Stein- und Weichkorallen auf. Nach etwa 60 Meter ist der Rumpf geknickt und teilweise aufgebrochen. Die Bruchkante des vorderen Teils ist fast völlig vom Sand eingespült. Dieser Schiffsteil steigt allmählich zum Vorschiff wieder an. Der Bug der Dunraven liegt auf etwa 18 Meter. Bevor Taucher den Bug erkunden, sollten sie durch die große Bruchöffnung nochmals in den Rumpf schwimmen und langsam zum Heck zurückkehren. Anschließend empfiehlt sich ein zweiter Tauchgang.

Im Kessel – und Maschinenraum erscheint im diffusen Licht ein großer, quer liegender Behälter, vermutlich ein ehemaliger Wassertank. Dahinter befinden sich zwei ebenfalls liegende Kessel unterschiedlicher Größe. Sie liegen nicht mehr an ihrem bestimmten Platz, sondern rissen vermutlich beim Untergang aus ihren Verankerungen. Zwischen dem Tank und den beiden Kesseln ist ein weiterer, zylindrischer Behälter unbekannter Funktion zu erkennen. Folgt man den Kesseln auf der rechten Seite durch einen tunnelartigen Gang – links ist ein Eintauchen nicht möglich – erkennt man etwa 2 Meter hinter den Kesseln links eine dunkle Öffnung, in die man vorsichtig, ohne Sedimente aufzuwirbeln, hineinschwimmen kann. Im Lampenlicht erscheinen die mächtigen, verrosteten Pleuelstangen der Kurbelwelle und andere, nicht mehr eindeutig zuzuordnende Mechaniken der alten Dampfmaschine.

Eine ebenfalls nicht mehr deutbare Räderkonstruktion scheint der Bestandteil der Ruderanlage zu sein, denn der Steuerstand mit der Brücke befand sich bei der Dunraven mittschiffs, eine damals sehr moderne Anordnung. Die eindrucksvolle Maschine der Dunraven ist ein gut nachzuvollziehender Beleg für die Ingenieurkunst vergangener Zeiten. Weiter nach achtern erweitert sich der Gang wieder zum kompletten Schiffskörper und schon nach kurzer Zeit ist das Sonnenlicht auszumachen, das durch die Löcher im Heck in den Rumpf fällt.

Das abgebrochene Vorschiff ist etwa 20 Meter lang. Man kann von der Steuerbordseite über verschiedene Risse und Löcher in den vorderen Bereich des Schiffes eintauchen. Dort stellt sich die Szenerie etwas verworrener dar, als in dem „geordneteren" Mittschiff und Heck. Der etwa 8 bis 10 Meter lange, vom Vorschiff gelöste Bug weist leicht gedreht zum Meeresgrund. Die minimale Tiefe beträgt hier etwa 16 Meter. In den Spalten, Räumen und Überhängen des Bugteils halten sich große Glasfischschwärme auf, im lichtdurchfluteten Teil dominieren Weich- und Hartkorallen. Aus der Ankerklüse an Backbord hängt noch die dick bewachsene Kette heraus, die sich irgendwo im Grund verliert und am Beacon Point wieder auftaucht. Am Bug zeigen runde, von Korrosion gezeichnete Löcher im Rumpf an, wo die schon entfernten Bullaugen befanden. An der Bugspitze selbst sind noch genau die Halteösen für den einstigen Bugspriet zu erkennen.

Dunraven

Schiffsdaten
Länge über alles: 85 Meter
Breite: 10 Meter
Seitenhöhe: unbekannt
Tiefgang: unbekannt
Tragfähigkeit: unbekannt
Vermessung: ca. 1 800 – 2 000 BRT
Schiffstyp: Rahschoner mit Schratsegeln und drei Rahsegeln am Fockmast
Antrieb: Dampfmaschine, wahlweise Hilfsbesegelung
Stapellauf: 1873
Bauwerft: C. Mitchell & Co. Iron Shipbuilders
Baunummer: 266
Bauort: Newcastle upon Tyne
Land: England
Erste Reederei: unbekannt
Letzte Reederei: unbekannt
Beladung auf der letzten Fahrt: Baumwolle, Hölzer und Gewürze
Besatzung: unbekannt
Passagiere: keine
Sonstiges: Die Dunraven muß schnell gesunken sein. Die Besatzung hatte vermutlich nicht einmal die Zeit, alle Bullaugen zu schließen, so wie sich die Situation darstellte, als das Wrack 1979 wiederentdeckt und zum ersten Mal betaucht wurde
Untergang: 22. 4. 1876
Ort: Sha'ab Mahmud
Hoheitsgewässer: Ägypten
Ursache: Kollision mit einem Riff
Verluste: keine

Schiffsdaten
GPS-Position: N 27° 42,167′ E 33° 07,465′
Maximale Tiefe des Wracks: 28 Meter an der Reling des Achterschiffs
Minimale Tiefe des Wracks: 16 Meter an der Kielspitze des abgebrochenen Bugteils
Strömungen: zum Teil auch stärkere Strömungen vor der Spitze des Sha'ab Mahmud
Sicht: mäßig durch Strömungen, Plankton und Wind, am besten in den Frühstunden tauchen
Sehenswert: das Heck, Propeller und Ruder, die Restaufbauten im Heckbereich, Masten und Schornstein auf dem Meeresgrund, das Mittschiff, das Innere des umgedrehten Rumpfes, Spantenstrukturen, Kessel, Reste der Ruderanlage und die recht gut erhaltene Maschine, Vorderschiff und Bug bizarr und wunderbar bewachsen, Ankerklüse mit Kette, viele Fische vor Ort

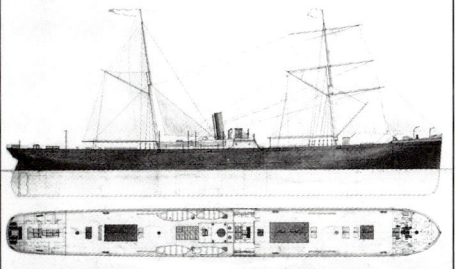

Aus alter Quelle – die Dunraven im Aufriß und von der Seite

Sha'ab Ali, Sha'ab Danaba und Shag Rock

Das Sha'ab Ali an der Westseite des südlichen Sinai ist eine Ansammlung von mehreren Einzelriffen, Untiefen und flachen Lagunen mit einer Ausdehnung von etwa 300 Quadratkilometern. Das Sha'ab beschreibt dabei gleichzeitig die östliche Grenze der hier etwa 15 Kilometer breiten Straße von Gubal. Markantes Wahrzeichen dieser Region sind die nördlichen Ölbohrtürme und Förderplattformen. Die Attraktion des Sha'ab Ali sind aber nicht nur die herrlichen und trotzdem selten besuchten Tauchgründe, sondern die Überreste von zwei alten Dampfseglern und das spektakuläre Wrack der SS Thistlegorm. Die Westseite des Sha'ab Ali

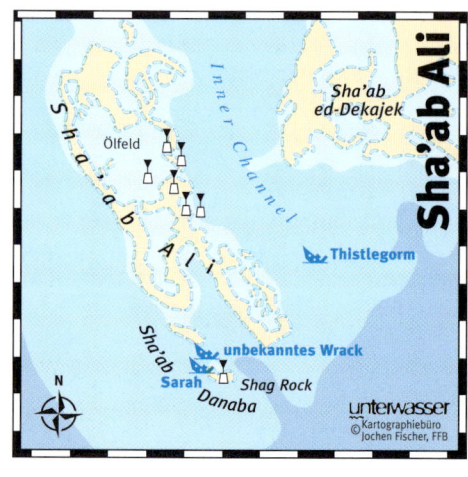

ist oft starkem Wind und hohen Wellen ausgesetzt. Strömungen sind normal. Daher eignen sich die Tauchgründe weniger für Anfänger. Südlich des großen Riffkomplexes liegt ein kleines, etwa 200 Meter langes und 100 Meter breites Korallenriff, das eine gebogene Form besitzt: der Shag Rock. Das Riff verdankt seinen Namen den vielen Krähen (engl.: shags), die oft bei Ebbe auf den Korallen rasten. Die Riffkanten von Shag Rock fallen bis auf etwa 25 Meter ab, bevor sie in sandigen Untergrund übergehen. An der Nordwestspitze des Tauchplatzes markiert der hohle und durchlöcherte Rumpf eines Fischerbootes auf dem Riffdach eine Attraktion in unmittelbarer Nähe im Flachwasser: das Wrack der Sarah. Unter Tauchern wird dieses Schiff auch als Schraubenfrachter oder Schraubenwrack bezeichnet.

Wenige Bootsminuten nördlich davon wartet am Sha'ab Danaba im Flachwasser

Rückenfleck-Anglerfisch
(*Antennarius nummifer*)

SHA'AB ALI · SHA'AB DANABA · SHAG ROCK

ein zweites, geheimnisvolles Wrack unbekannten Namens auf seine Entdeckung. Es handelt sich dabei um einen ehemals großen Dampfsegler, der aber bis auf sein Heck weitestgehend zerschmettert ist. Ein besonderes Merkmal von beiden alten Schiffen ist, daß sie zum festen Bestandteil der Riffe geworden sind, an denen sie einst scheiterten. Ein Prozeß, der nur bei wenigen bekannten Wracks so gut zu beobachten und dokumentieren ist, wie hier. Die Möglichkeit, daß es am Shag Rock, am Sha'ab Ali und in der ganzen Region noch weitere versunkene Schiffe gibt, ist recht groß. Selbst die riesige Thistlegorm wurde erst 50 Jahre nach ihrem Untergang wiederentdeckt.

Schwämme und Weichkorallen sind beliebte Fotomotive

Thistlegorm

Historisches

Die Reise des Schiffes war lang und bisher ohne besondere Vorkommnisse. Der Kurs führte durch den stürmischen Atlantik, in dem 1941 deutsche U-Boote darauf lauerten, leichte Beute zu machen. Das Ziel lag im Hafen von Tawfiq am Südausgang des Suezkanals, die Ladung war für die britischen Truppen in Ägypten bestimmt. Durch das Mittelmeer wäre es vom schottischen Glasgow, wo man geladen hatte, ein kurzer aber zu gefährlicher Weg. Die Achsenmächte Deutschland und Italien verhinderten durch den verstärkten Luftkrieg gegen Malta für einige Zeit ein Durchkommen britischer Geleitzüge von Gibraltar nach Alexandria. Einerseits galt das Risiko einer Feindberührung auf dem Atlantik und rund um das Kap der Guten Hoffnung als viel geringer, andererseits war die Route mit über 12 000 sm achtmal so lang wie durch den Suezkanal. Ein Umweg, der aber gerechtfertigt schien. Man hatte sich zu einem Geleitzug formiert, der aus 16 Schiffen bestand. In diesem Verband war es wahrscheinlicher, das Ziel unbeschadet zu erreichen.

Ein Schiff des Konvois hieß Thistlegorm, die „Blaue Distel", ein Name, der in der Tradition der schottischen Reederei Albyn-Line stand. Alle Schiffe dieser Reederei begannen seit der Gründung 1901 mit dem Vornamen Thistle (Distel). Ergänzt wurden die Namen jeweils mit gälischen Farbbezeichnungen wie roy = rot, dhu = schwarz, oder gorm=blau. Ein schwarzes Distel-Emblem auf weißem Grund als Wappen zierte Flaggen und Schornsteine der Reederei-Flotte.

Die Thistlegorm war ein typischer Frachter mit einer modernen Dampfmaschine. Am 9.4.1940 wurde sie von Mrs. K. W. Black auf der Bauwerft von Joseph L. Thompson & Sons Ltd., North Sands Shipbuilding, Manor Quay Works im schottischen Sunderland, in der Nähe von Newcastle, auf den gälischen Namen Thistlegorm getauft. Die Endmontage mit der internen Baunummer 599 endete im Juni 1940. Das Schiff registrierte bei Lloyds mit der Nummer 84757.

Wegen der Gefährdung durch gegnerische U-Boote und Flugzeuge wurden englische Frachter – so auch die Thistlegorm – zum Teil mit leichten Kanonen und einer schützenden Panzerung (Betonplatten) ausgerüstet. Neben der zivilen Stammbesatzung fuhren auf den Schiffen zusätzliche „Navy-Gunner" (Geschützbedienungen der Marine) mit, die für die beiden Kanonen am Heck verantwortlich waren.

Diese Fahrt war erst die vierte und sollte zugleich die letzte Reise sein, die die Thistlegorm unter dem Kommando von Kapitän Ellis im August 1941 von Glasgow mit einem Zwischenstop in Kapstadt antreten sollte. Unter großen Sicherheitsmaßnahmen hatte man in den vier großen Laderäumen Kriegs- und Versorgungsgüter gebunkert. Leichte Schützenpanzer, verschiedene Lastkraftwagen, Motorräder und kleinere, geländegängige Mannschaftsfahrzeuge standen unter Deck verzurrt. Einachsige Anhänger mit Wasser- und Treibstofftanks und Generatoren standen in den Laderäume neben Ersatztragflächen für Flugzeuge. Flugzeugmotoren laschte man in der Nähe von Kisten mit Karabinern, Minen, Gewehrgranaten und Gewehrmunition fest. Größere Granaten wurden in Viererpacks mit Transportbehältern mittschiffs verladen. Hinzu kamen gewaltige 37-cm-Geschosse der schweren Schiffsartillerie und Küstenbatterien sowie Torpedos und Grundminen.

THISTLEGORM 61

Gespenstisch erhebt sich der Bug der Thistlegorm

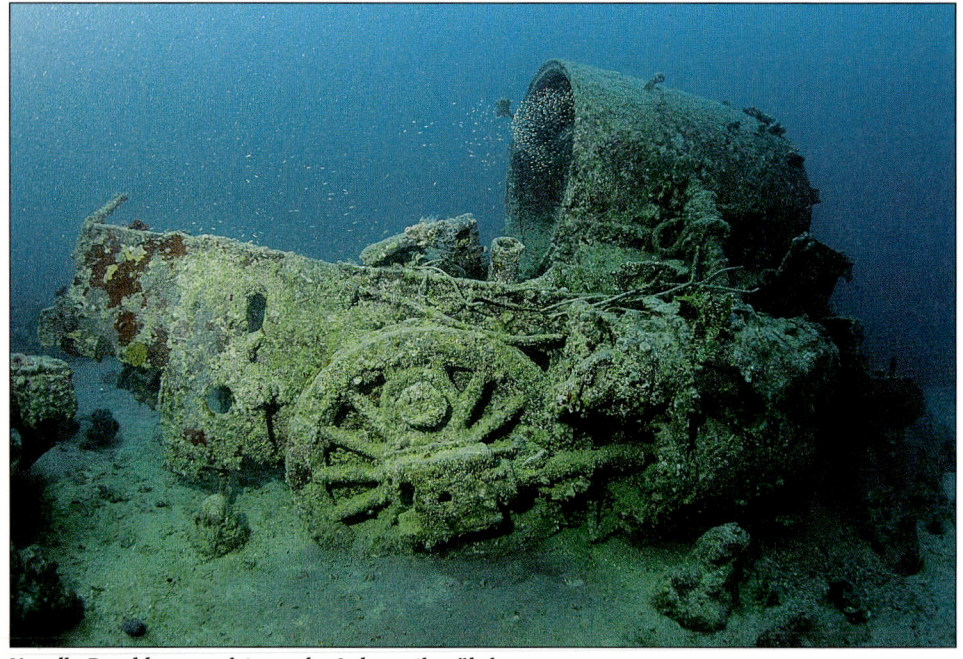

Nur die Rauchkammer ist von der Lokomotive übrig

Separat verstaute man die dazu gehörenden Zünder neben Hunderten von Ersatzreifen für Fahrzeuge und Motorräder, neben Blecheimern, Gummistiefeln, Funkgeräten, Uniformen und weiterer Ausrüstung. Auf dem Oberdeck standen sogar zwei mittelgroße Dampflokomotiven samt Schlepptendern und zwei Wasserwagen. Die Thistlegorm glich einem schwimmenden Waffenarsenal.

Im Rahmen der geplanten Operation „Crusader" hatte die Thistlegorm den Auftrag, gemeinsam mit anderen Schiffen den Nachschub für die kämpfenden Verbände in Nordafrika zu unterstützen. Die Operation Crusader plante Mitte November 1941 durch massive Offensiven mit der neu formierten 8. Armee in Nordafrika, den Vorstoß Rommels zu stoppen und ihn nach Westen zurückzuschlagen. Die britischen Einheiten sollten deutsche Panzer ausschalten, das seit April 1941 belagerte Tobruk befreien, die Cyrenaika zurückerobern und gegebenenfalls bis Tripolis vorstoßen. Dazu standen 118 000 Mann, fast 700 Panzer, 600 Geschütze, über 200 Panzerabwehrkanonen und zahlreiche andere Waffen und Fahrzeuge zur Verfügung. Die Desert Air Force stellte über 650 Flugzeuge bereit.

Zur logistischen Unterstützung wurden zivile Passagierschiffe wie die Queen Mary eingesetzt, die sich um diese Zeit mit einem Kontingent australischer Truppen auf dem Weg nach Port Said befand. Für die deutsche und italienische Luftwaffe waren diese Schiffe und Konvois lohnende Angriffsziele. Nach zeitlich begrenzten Teilerfolgen der Operation Crusader erwies sich Rommel als der bessere Taktiker und mit dem Fall von Tobruk am 21. Juni 1942 stand dem deutschen Vormarsch in Richtung Alexandria und Kairo nichts mehr im Wege. Mit einer Ausnahme: dem kleinen Ort El Alamein.

Doch die Geschichte war am 6. Oktober 1941 noch nicht soweit fortgeschritten. Am 24. September schloß sich die Thistlegorm in Aden zu einem neuen Verband von insgesamt 20 Schiffen zusammen, u.a. mit dem Kreuzer HMS Carlisle. Seit dem 6. Oktober lag sie mit dem Geleitzug am Eingang des Golfs von Suez an der Ostseite des Sha'ab Ali im „Inneren Kanal" vor Anker, der intern bei den britischen Militärs als Anchorage F (Liegeplatz F) geführt wurde.

Ein Einlaufen in den Suezkanal, um in Tawfiq die Ladung zu löschen, war zur Zeit nicht möglich. Man hatte über Funk erfahren, daß ein Tanker in Nähe des Mittelmeerausganges des Kanals auf eine deutsche Mine gelaufen war und den Eingang blockierte. Mit der Einnahme von Kreta und dem Vordringen des deutschen Afrikakorps lagen der Suezkanal und die nördlichen Teile des Roten Meeres in der Reichweite deutscher Bomber. Massive deutsche Luftangriffe gegen ägyptische Hafenanlagen und Schiffe im Suezkanal nahmen zu. Immer wieder wurden Minen über dem Kanal abgeworfen, Nachschubschiffe der Engländer versenkt oder beschädigt.

„Nachdem bereits 10 Tage seit der Ankunft am Liegeplatz F verstrichen waren, ließ die Aufmerksamkeit der Besatzungen an Bord etwas nach", schrieb der Dritte Ingenieur der Thistlegorm, Mr. H. A. Bansall, an die Bauwerft. Die Besatzung vergnügte sich mit Kartenspielen oder ging im fast spiegelglatten Wasser schwimmen – was natürlich der deutschen Fernaufklärung, die bereits Kenntnis vom Transport-Konvoi besaß, nicht entging.

Gleichzeitig kursierte die Meldung, der Cunard-Dampfer Queen Mary sei mit australischen Truppen an Bord auf gleichem Kurs. Deshalb starteten aus Kreta zwei bewaffnete deutsche Bomber (Typ He-111) von der II. Gruppe des Kampfgeschwader KG 26 „Löwengeschwader", das 1937 unter dem ersten Kommodore, Oberst Dr. Freiherr von Richthofen, aufgestellt worden war. Der Auftrag lautete, den Truppentransporter aufzuklären und zu versenken. Zu diesem Zeitpunkt führten beide Flugzeuge je zwei Spezialbomben von 2 000 kg zur Bekämpfung von Seezielen mit.

Die Queen Mary blieb jedoch wegen einer falschen Zeitplanung der Deutschen unentdeckt. Sie konnte diesen Bereich zwei Stunden zuvor unbehelligt passieren. Die Bomber mußten an der Grenze ihrer

Diese Treppe führt vom Vorschiff zum Oberdeck

maximalen Reichweite umkehren. Eine Maschine flog an der ägyptischen Küste, die andere Heinkel an der Seite der Westküste des Sinai auf Heimatkurs. Statt des Truppentransporters entdeckte die Besatzung der Heinkel He-111, die sich auf der Sinaiseite befand, mehrere britische Schiffe in der Straße von Gubal, die offensichtlich zum gemeldeten Konvoi gehörten und dort vor Anker lagen. Sofort griff man sich ein lohnendes großes Ziel heraus – die „SS Thistlegorm".

Was sich in den nachfolgenden Minuten abspielte, rekonstruiert sich nach Aussagen Überlebender. Die meisten der Besatzungsmitglieder schliefen schon, viele von ihnen an Deck in Hängematten, denn der Oktober 1941 war außergewöhnlich heiß und die Hitze unter Deck unerträglich.

Gegen 1.30 Uhr war an Bord unvermutet das sonore Brummen von Flugzeugmotoren zu hören, das sich immer mehr näherte. Der Angriff kam völlig überraschend. An feindliche Flieger glaubte zu diesem Zeitpunkt niemand, auch nicht an Bord des Kreuzers HMS Carlisle, der zum Schutz des Konvois abgestellt war. Für die veraltete Schiffsflak der Thistlegorm war nicht einmal Feuerbereitschaft, sondern nur Alarmbereitschaft angeordnet, da die Besatzung auf den Schutz durch den Kreuzer baute.

Die He-111 flog so tief, daß sie die Lademasten berührt hätte, wäre das Fahrwerk ausgefahren, wie Zeugen später aussagten. Selbst die Kanonen der etwa 600 Meter entfernten HMS Carlisle konnten zunächst nicht eingesetzt werden. Mit dem niedrigen Schußwinkel hätte sie die eigenen Aufbauten oder andere Schiffe des Konvois getroffen.

Unmittelbar vor dem Ziel wurden zwei Bomben ausgeklinkt und rauschten direkt auf die Bordwand zu. Die Explosionen rissen ein riesiges Loch in die Schiffswand. Die Thistlegorm erbebte unter einer gewaltigen Detonation. Ob beide Bomben zu hundert Prozent die Thistlegorm trafen, ist nicht eindeutig belegt. Fest steht, daß der oder die Treffer mittschiffs hinter der Brücke im Sektor des vierten Laderaums nahe der beiden festgezurrten Lokomotiven lagen. Die Treffer hatten vermutlich zwei gravierende Folgen. Zum einen explodierten die unter Dampf stehenden Kessel der Maschine, zum anderen detonierte etwa zehn Minuten später ein großer Teil der verstauten Granaten, Minen und des Sprengstoffs. Dennis Gray, Kanonier auf der HMS Carlisle erinnert: „Besonders die 303-Gewehrmunition, allem voran die Leuchtpatronen, schossen wie kleine Raketen aus dem Schiffsbauch in den Himmel. Das Inferno war unbeschreiblich!" Plötzlich, so Gray später, sah er, wie eine der beiden Lokomotiven rotglühend in einem unglaublichen Funkenregen auf den Kreuzer zuflog und davor schnaufend ins Meer eintauchte. Wer sich in diesem explosiven Bereich des Schiffs aufgehalten hatte, war auf der Stelle tot. Seeleute vom Vorschiff hingegen konnten in aller Eile die zwei verbliebenen Boote abfieren und Kameraden aufnehmen, die vom Heck aus ins Wasser sprangen. Der Fluchtweg nach vorn war versperrt, die anderen Rettungsboote von den Druckwellen der Explosionen bereits weggerissen.

Eine außerordentliche Leistung vollbrachte der 30-jährige Seeman Angus McLeay, der von der Detonation aus seiner Koje gerissen, nur mit dem allernotwendigsten bekleidet, einen schwer verwundeten Kanonier barfuß durch das Flammenmeer zum Rettungsboot schaffte und ihm damit das Leben rettete.

Für seinen Einsatz, bei dem er selbst schwere Verbrennungen erlitt, wurde Angus McLeay am 24.11.1942 von König George im Buckingham Palace mit der George Medal und von Lloyds mit der Lloyds War Medal ausgezeichnet. Er überlebte den Krieg und starb mit 80 Jahren im Dezember 1991 in seiner Heimatstadt Stornoway auf den Hebriden.

Mr. Bansall, der Dritte Ingenieur, erwähnte in seinem Brief weiter, daß etwa zehn Minuten nach der ersten großen Explosion eine weitere schwere Detonation folgte, die wohl das Heck vom restlichen Schiffskörper abriß. Vermutlich zündete die große Hitze im Innern des Achterdecks die Grundminen und Torpedos. Massive Wrackteile flogen bis auf die Decks der nahe liegenden Schiffe. Zeugen erinnerten sich, daß ein schweres Metallstück von der Thistlegorm ein fast 50 x 50 cm großes Loch in die Schiffswand der HMS Carlisle riß, die später die Überlebenden aufnahm. Dennis Gray beobachtete den Untergang der Thistlegorm, die „wie ein Taschenmesser im Bereich des Achterschiffs zusammenklappte und schnell versank". Der kurze Triumph des deutschen Fliegers endete mit schweren Treffern im britischen Sperrfeuer der anderen Schiffe, so daß es notlanden mußte. Die zweite Maschine wurde über dem Festland abgeschossen. Die Besatzungen gerieten nach etwa drei Tagen in britische Kriegsgefangenschaft, die sie bis zum Kriegsende in Australien verbrachten.

Eine erste Wiederentdeckung feierte die Thistlegorm in den fünfziger Jahren, als sich Jaques Cousteau sie zufällig fand und darüber 1956 im National Geographic Magazine berichtete. Cousteau recherchierte beim Hersteller, der Firma Joseph

Ein beliebtes Fotomotiv – die Schraube der Thistlegorm

Die Thistlegorm transportierte u.a. zahlreiche Motorräder

L. Thompson & Sons Ltd. in Sunderland, die sich wiederum an einen überlebenden Ingenieur, eben jenen Mr. Bansall, wandte. Da es zu der Zeit noch keinen Tauchtourismus am Roten Meer gab, geriet die Thistlegorm wieder in Vergessenheit. Erst im Frühjahr 1991 stieß eine Gruppe deutscher Sporttaucher auf die Spuren des Wracks. Mit Hilfe moderner Ortungstechnik wurde die Thistlegorm ein zweites Mal wiederentdeckt. Den umfangreichen Recherchen im Rahmen einer Fernsehproduktion verdanken wir einen großen Teil der detaillierten Kenntnisse über die Thistlegorm.

Das Wrack heute

Der Bug und die beiden vorderen Laderäume sind bis zu den Mittschiffaufbauten und dem Brückenansatz in einem außerordentlich guten Zustand. Das gesamte Mittschiff ist bis auf den dritten Teil, ein 15 bis 20 Meter langes Heckstück, völlig zerfetzt. Dieser Bereich, in dem die Bomben, der Kessel und die Ladung explodierten, vermittelt den Eindruck, als ob er nie zum Schiff gehört habe. Die Hecksektion der Thistlegorm weist mit den Aufbauten, der Reling, den beiden Kanonen, dem Ruder und der vierblättrigen Schraube wieder schiffsähnliche Züge auf. Das Heck hat sich aus der Kiellinie etwa 50 Grad nach Backbord verdreht.

Tauchgänge sollten am Bug beginnen. Hier lohnt sich ein Abstieg am Vordersteven bis auf etwa 27 Meter zum Kiel. Der Backbordanker ist aufgezogen, der an Steuerbord liegt weiter voraus auf Grund. Die bewachsene Kette hängt als Beweis, daß das Schiff ankerte, noch an der Bordwand. Das Vorschiff mit dem Vordeck sieht sehr aufgeräumt aus. Festmacherpoller stehen zu beiden Seiten, in der Mitte die Ankerwinde mit großen Zahnrädern und den dicken Kettengliedern. Dahinter liegen Rollen mit Tauwerk. An das Vorschiff schließt sich das niedrigere Hauptdeck (in 20 Meter Tiefe) mit den beiden ersten Laderäumen an. Die Luken fehlen. Zwischen Bordwand und den Laderaumkanten am Deck ist soviel Platz, daß man hier zwei Kesselwagen und weiter achtern die beiden Lokomotiven mit Schlepptender festlaschte. Über der Öffnung des ersten Laderaums liegen die herabgestürzten Ladebäume des nachfolgenden Lademastes. Das Oberdeck an Backbord ist vermutlich durch die Explosionen seitlich eingeknickt, so daß ein Kesselwagen bedrohlich in den Laderaum ragt. In diesem Bereich ist auch das erste Zwischendeck zusammengebrochen. Die Behälter der Kesselwagen verbeulten vermutlich durch den Wasserdruck, da sie wie die fast unbeschädigten Tender nicht im Explosionsbereich standen.

Im ersten Laderaum stehen an der rechten Seite einige mit Motorrädern beladene LKWs. Ihre genaue Anzahl ist, wie die der anderen Fahrzeuge noch nicht ermittelt. Viele wurden im Mittschiff völlig zerstört, andere befinden sich in den zusammengebrochenen Zwischendecks und sind nicht mehr erreichbar. Im Untergeschoß stapeln sich Ausrüstungsgüter wie Reifen, Generatoren und zu festen Klumpen verbackene 303-Enfield-Karabiner, das Standardgewehr der britischen Truppen im zweiten Weltkrieg. Die Transportkisten sind bereits verfault. Die vielen Gummistiefel lassen für einen Einsatz in der Wüste Fragen offen. Möglicherweise könnten die leeren, doppelwandigen Fässer auf einigen LKW-Pritschen besondere Chemikalien enthalten haben, die bei einem deutschen Giftgas-Angriff zur Dekontamination dienen sollten. Das würde auch den Transport der Gummistiefel erklären – Spekulationen, die nur durch die möglicherweise noch an irgendeinem Ort vorhandenen Ladelisten der Thistlegorm, bestätigt oder entkräftet werden könnten.

Zwischen Laderaum Eins und Zwei ragt der abgeknickte Lademast über die Bordwand ins Freiwasser. Neben zwei Kränen befinden sich an beiden Seiten der Reling zwei bombenförmige Gebilde, die nach britischen Quellen einerseits „Aktive Sonargeräte" zum Aufspüren gegnerischer U-Boote sein könnten, wofür die Thistlegorm jedoch nicht konzipiert war. Andererseits vermutet man eine defensive Schiffsbewaffnung, was die Existenz der beiden Davits an der rechten wie linken Seite der Thistlegorm neben den Geräten erklären würde.

Es könnte sich daher um Simulatoren für akustische Torpedos, sogenannte Klopfer, handeln.

Eine weitere Vermutung, daß es sich um „Räumottern" zum Kappen von Ankertauminen handelt, erscheint unrealistisch. Ein voll mit Munition beladenes Schiff hätte sich kaum an einer aktiven Räumung von Minen beteiligt.

Weiterhin sind in diesem Decksbereich neben den Winden für die großen Ladegeschirre, die Öffnungen für die Steuer- und Backbord-Windhutzen zu sehen, von denen eine in den Laderaum Zwei gestürzt ist. Umsäumt wird der zweite Laderaum von zwei unbeschädigten dreiachsigen Schlepptendern. Gefahren gehen unter Beachtung der Wracktauch-Sicherheitsbestimmungen von Abstiegen in den Laderäumen nicht aus. Reizvoll ist es, entlang der Steuerbordseite über die Fahrzeuge vom zweiten in den ersten Laderaum zu tauchen. Auf den unteren Ebenen beider Laderäume stehen weitere Fahrzeuge, Anhänger und anderes Gerät. Sicherlich ist der Laderaum Zwei eine der großen

Attraktionen der Thistlegorm, wo auf dem ersten Zwischendeck die ehemals neuwertigen Fahrzeuge und Motorräder noch dicht aneinanderstehen. Leider hinterließen hier tauchende Souvenirjäger und nachlässig tarierende Taucher bereits deutliche Spuren. Es gibt kein erreichbares Fahrzeug mehr, an dem nicht irgend etwas abgebrochen oder fachmännisch demontiert worden wäre. Auch von der großen Tischkoralle am rechten Niedergang vom Vordeck des Vorschiffs zum Oberdeck, die noch Anfang der neunziger Jahre gefilmt und fotografiert wurde, ist nichts mehr vorhanden.

Unmittelbar nach den beiden Laderäumen beginnt das Mittschiff mit kaum erkennbaren Resten der Aufbauten und der Brücke, die bis auf 17 Meter emporragen. Die höheren, offensichtlich sehr schwachen Konstruktionen der Brücke wurde von der Explosionswelle weggefegt. Das Holz vermoderte. Große Betonplatten der Brückenpanzerung stürzten durch die Decken aufs Hauptdeck. In den Kajüten bilden Kabel und Reste von Rohrleitungen ein wirres Durcheinander. Trotzdem ist es reizvoll, durch die Räume zu tauchen und das Spiel von Licht und Schatten zu genießen. Wen die berühmte „Badewanne des Kapitäns", die in diesem Bereich noch zu sehen ist, nicht so sehr interessiert, sollte den Blick auf die herrlich bewachsenen Eisenträger der Aufbauten richten.

Weiter über das Mittschiff nehmen die Verwüstungen zu. Ein kleinerer, dritter Laderaum mit einigen Gewehrstapeln erscheint, gefolgt von den Ansätzen des Schornsteins. Dann endet das Oberdeck. Zerfetzt und zerrissen fällt es fast senkrecht ab.

Den Zusammenhang von Heck und Mittschiff dokumentiert lediglich die abgerissene Antriebswelle. Dazwischen türmen sich neben verbogenen Stahlplatten, zerrissenen Fahrzeugchassis, Munitionskisten und Granatzündern Dutzende von großkalibrigen Geschossen und Kartuschen, die verstreut oder noch ordentlich in Transportkisten verstaut sind (4 Inch-Granaten). Erstaunlicherweise explodierten beim Untergang weder einige der 37-cm-Granaten noch acht englische MK-12-Grundminen, von denen jede etwa 400 kg Sprengstoff enthält. Sie werden von Tauchern oft mit Schiffsteilen verwechselt. Im Durcheinander befinden sich drei leichte, von den Detonationen versetzte Schützenpanzer. Dazwischen und auf dem Grund verstreut liegen Kohlenstücke, die vermutlich aus dem völlig zerstörten Kohlenbunker stammen. Räder von Fahrzeugen, die zum Teil noch an den Achsen hängen, unterstreichen die bizarre Szenerie. Die beiden Lokomotiven standen vermutlich rechts und links des vierten Laderaums. Sie wurden – wie die Panzer – durch die Explosionen gleich einem Spielball von Bord geschleudert und schwer beschädigt.

Das Heck der Thistlegorm ist gut erhalten, wenngleich auch nicht ganz so hervorragend wie das Vorschiff. Hier lagen die Mannschaftsquartiere und Waschräume. Einige der Kabinen sind betauchbar, bieten aber kaum Attraktionen. Besser ist es, behutsam zwischen den Aufbauten und verbogenen Stahlplatten hindurchzugleiten. Das Achterdeck und die Relingsreste sind von Weichkorallen übersät, besonders schön bewachsen sind die zwei veralteten Bordkanonen aus dem I. Weltkrieg (4,7 Inch/11,9 cm und vermutlich eine leichtere 40-mm-Flak), von denen eine – als symbolisches Zeichen der Niederlage – geneigt zum Meeresgrund weist.

Besonders fotogen sind am Heck, die Schraube und das Ruder auf etwa 30 Meter Tiefe. Durch die Neigung des Achter-

THISTLEGORM

Das abgerissene Heck des Wracks mit der Schiffsflak

schiffs nach Backbord liegt der vierblättrige Propeller fast völlig frei – nur ein Blatt steckt im Sand. Daneben liegen Trümmerteile zerfetzter Motorräder und LKWs.

Um das Heck verstreuen sich Kartuschen größerer, aufgebrochener Artilleriegeschosse. Was daneben liegt und an dünne Spaghetti erinnert, ist der ehemals brisante Inhalt: die Treibladung.

Taucht man von vorn an der Backbordseite entlang und läßt den Anfangsbereich der schweren Zerstörungen mit den Panzern hinter sich und schwimmt dann einen 90°-Winkel nach rechts, dann steht die erste Lokomotive etwa 40 Meter von der Thistlegorm entfernt aufrecht auf dem Grund. Bei guter Sicht ist sie bereits von Bord aus zu erkennen. Die Maschine wurde bei der Explosion schwer in Mitleidenschaft gezogen, der vordere Rahmen und die Rauchkammer sind besser erhalten. Gut zu identifizieren sind die vordere Laufachse, die beiden Zylinderblöcke und die erste Antriebsachse. Die Treibstangen fehlen genauso wie die drei nachfolgenden Treibachsen. Auch der Kessel, Schornstein und die Dampfdome sowie der Führerstand samt Feuerbüchse sind verschwunden. Lediglich eine weitere Antriebsachse mit einem Rad liegt schräg vor der Lok etwas weiter im Sand.

Die zweite Lokomotive steht in recht desolatem Zustand auf der anderen Seite in 50 Meter (!) Tiefe. Die Tür der Rauchkammer ist weit geöffnet. Hier fehlt sogar die erste Antriebsachse. Die Ähnlichkeit beider Lokomotiven-Wracks erweckt den Eindruck, sie seien parallel an den gleichen Punkten beschädigt – vielleicht weil die Rauchkammern der Maschinen nur vorn mit den Kesseln verschraubt waren. Im hinteren Bereich der Lokomotiven lagen die Kessel wegen der Wärmedehnung vergleichbar lose auf. Bei den Explosionen wurden sie von hinten in Höhe der Führerstände emporgeschleudert und rissen deshalb vorn an den Rauchkammern ab.

Der Eisenbahnexperte Jürgen U. Ebel beschrieb die Stanier-8-F-Lokomotiven britischer Bauart. Schon 1933 stellte die London, Midland and Scottish Railway (LMS) eine neue Güterzuglokomotive mit vier gekuppelten Achsen und einer führenden Laufachse in Dienst (1-D). Sie besaßen vorn eine Laufachse (1), gefolgt von vier Antriebsachsen (D) mit größeren Rädern. Die Schlepptender, die sich noch an Bord befinden, waren dreiachsig. Die in einigen Quellen zitierte Bezeichnung 0-6-0 für die Maschinen ist falsch, denn es ist keine Kennzeichnung der Type, sondern die Zählweise der Achsen. Briten und Amerikaner zählen nach der Anzahl der Räder von Lauf- und Treibachsen. Dies würde bedeuten, daß die mit 0-6-0 falsch benannten Lokomotiven der Thistlegorm nur drei Treibachsen hätten (0 Laufachsen – 3 Triebachsen (sechs Räder!) – 0 Laufachsen. Nach korrekter britischer Zählweise hätte die „Stanier-8-F" dann die Kennung 2-6-0.

Diese Lokomotivengattung entwickelte der Chief Mechanical Engineer der Bahngesellschaft, Sir William A. Stanier (1876-

Der Universal Carrier war ein weit verbreiteter Kleinpanzer

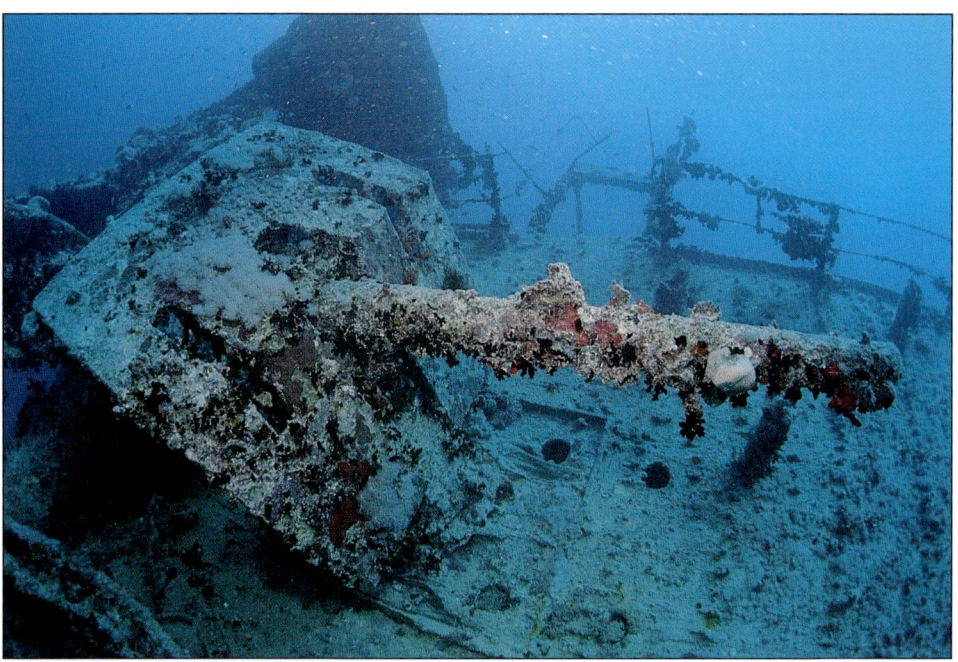

Die Bordkanone konnte den Untergang nicht verhindern

1965). Der neue Typ ersetzte die altertümlichen Drei- und Vierkuppler der Gesellschaft und fuhr durch die Vorlaufachse wesentlich schneller. Die Stanier-8-F war im Kessel mit einem Dampfüberhitzer ausgestattet, der die Maschine mit rund 400 °C heißem Dampf versorgte, um die Wirtschaftlichkeit zu erhöhen. Die Lokomotiven bewährten sich hervorragend. Einzelne davon werden noch heute bei Museumseisenbahnen in Großbritannien von Eisenbahnfreunden betriebsfähig erhalten.

Wegen der wenig anfälligen Konstruktion setzte ab 1939 das British War Department (WD) die Lok auch als Kriegslokomotive ein. Zu diesem Zweck war sie besonders geeignet, weil sie sich durch die geringe Höhe und Breite auch außerhalb Großbritanniens auf Normalspurstrecken (Spurweite 1 435 mm) einsetzen ließ. Im Verlauf des Krieges kamen die WD-Loks vor allem auf Strecken im Mittleren Osten, 1945 nach Kriegsende auch in Deutschland zum Einsatz.

Die kleinen Panzer, die mittschiffs im Zentrum der Explosion liegen, sind britische Schützenpanzer vom Typ Universal Carrier. Die Entwicklung reicht bis 1925 zurück, als die Engländer begannen, leichte und für verschiedene Einsätze schnell zu modifizierende Schützenpanzer zu bauen. Die Fahrzeuge entwickelte Major Martel gemeinsam mit dem späteren General-Leutnant Sir Gifford, der mit dieser ursprünglichen Einmann-Tankette die Aufmerksamkeit der Britischen Beschaffungsbehörde erregte. Der Universal Carrier wurde bei Craden-Loyd und Vickers-Amstrong entwickelt und gebaut und diente

Die Laderäume sind die Attraktion des Wracks

als Träger für verschiedene Waffensysteme, u.a. als mobile Basis für Maschinengewehre, für Mörser und als Zugmaschine für die leichte Artillerie. Zu Beginn des Krieges wurden sogar spezielle Waffensysteme für das Fahrzeug entwickelt. Die Fronterfahrungen zeigten aber bald, daß ein Fahrzeug mit einem noch universellerem Einsatzspektrum benötigt wurde. Aus diesen Forderungen heraus wurden 1940 der Universalträger MK I und kurz darauf die verbesserte Version MK II entwickelt. Nach Schätzungen des englischen Panzermuseums in Bovington, wurden in Großbritannien 35 000 Fahrzeuge gebaut.

Die endgültige Version des für den Rest des Zweiten Weltkriegs verwendeten Universal Carriers MK II wurde erfolgreich an allen Fronten eingesetzt. Der Carrier besaß ein nach oben hin offenes Mannschaftsteil und an jeder Seite der Antriebszelle einen leicht gepanzerten Aufbau. Er wurde von einem 85 PS Ford V-8-Motor angetrieben und erreichte eine Geschwindigkeit 48 km/h. Da das Fahrzeug häufig in Verbindung mit der Bren-Gun, einem erprobten Maschinengewehr (ursprünglich eine tschechische Entwicklung und später in England von Enfield gebaut) an die Truppe ausgeliefert wurde, nannten die Soldaten diesen Panzer salopp Bren-Gun-Carrier. Das 7,7 mm (0,303 inch) Bren-Gun-Maschinengewehr wog 9,95 kg und war 1155 mm lang. Eine zusätzliche, leichte Bewaffnung für die Besatzung an Bord stellten die 303 Enfield-Karabiner, die Sten MK II-sub-machine gun und bei Bedarf die PIAT (Projector Infantry Anti-Tank), eine britische Panzerfaust, dar.

In „Reih' und Glied" stehen im zweiten Laderaum an Steuerbord etliche kleinere Armeewagen vom Typ Ford WOT, universelle Zwei-Tonner, die für unterschiedlichste Einsatzzwecke mit den verschiedensten Aufbauten geliefert wurden. An Bord des Wracks dominiert die WOT2A-Version (Pritschenaufbau mit Plane). Der Ford WOT-2 wurde während des II. Weltkriegs mit 15 cwt Chassis (1 cwt = hundredweight = 50,8 kg (Am. 45,36 kg) 15 cwt bezieht sich auf das Chassis-Gewicht ohne Aufbauten) gebaut. Frühe Modelle besaßen ein offenes Führerhaus und abklappbare Windschutzscheiben. Zwischen 1939 und 1945 verließen fast 60 000 Fahrzeuge dieses Typs die Fließbänder. Eine größere Version stellte der Ford WOT3 dar, von dem von 1939 bis 1944 18 000 gefertigt wurden. Der Ford WOT wurde auch mit unterschiedlichen Radständen und Gewichtsklassen (1 und 2 t) produziert, so z.B. als 2 Tonner für Indien. Als der große Bruder des WOT3 galt der WOT1 6x4 von Ford. Auch dieser Dreiachser, von dem England von 1940 bis 1945 insgesamt 9 154 Stück produzierte, ist in den unteren, zum Teil zusammengestürzten Bereichen des Wracks zu finden, einige davon mit verlängerten Radständen.

Erstaunlicherweise erhielt die Army nur etwa 120 Fahrzeuge als Treibstofftransporter und als mobile Träger von Suchscheinwerfern für die Luftabwehr; der Großteil fand bei den Einheiten der Air Force Verwendung. Hier wurden die Ford WOT1 vornehmlich als Funkwagen, als Träger von Fesselballon-Winden, als Löschwagen, Mannschaftstransporter, Ambulanze, fahrbare Fotolabors oder rollende Zahnarztpraxen eingesetzt.

Zu der Gruppe der leichten, wie universell einzusetzenden Armeewagen an Bord der Thistlegorm zählt der Typ Bedford MW, die Vauxhall von 1939 bis 1945 mit einer Stückzahl von annähernd 66 000 produzierte. Die Bezeichnung MW steht für ein universelles 15 cwt-Chassis, auf das man je nach Einsatzart die entsprechenden Aufbauten montierte. Der Bedford MWG war als fahrbare Lafette für leichte Kanonen im Einsatz, MWV stand für einen fest geschlossenen Aufbau, der MWT zog als Schlepper schwere Geschütze, andere dienten als Funkfahrzeuge MWR; das Kürzel MWC verriet Wasserwagen, oder sie transportierten elektrische Schweißgeräte. An Bord ist die Variante MWD zu sehen (D steht für einen universellen Pritschenaufbau). Frühe Modelle besaßen wie der Ford WOT kein festes Verdeck für den Fahrerraum. Zur Ladung der Thistlegorm gehörte auch der Standard-LKW der britischen Streitkräfte, der Bedford OY, ein klassischer Drei-Tonner und zwischen 1939 und 1945 meistgebaute LKW (72 385 Stück). Als die gängigsten Varianten galten der Bedford OYD GS in der Pritschen/Planenversion und der OYC als Tankwagen für Wasser oder Treibstoff mit einer Kapazität von 2 275 l oder mit 3 640 l. Der Vorläufer des OY war die kürzere Version Bedford OX. Frühe Modelle des Bedford OY besaßen an der Hinterachse eine Zwillingsbereifung, die sich später in eine Einfachbereifung änderte. Die technische Ausstattung, wie eine hydraulische Bremsanlage mit einer Vakuum-Servo-Unterstützung, aber auch die äußere Linienführung zeigten bei diesem LKW schon Ansätze modernerer Fahrzeugbaus.

Die britischen Motorräder, die teilweise noch aufgereiht auf den Pritschen der kleinen LKWs stehen, waren vermutlich fabrikneu und für Auchinleck's Truppen bestimmt. (Feldmarschall Auchinleck gilt als glückloser Kommandeur des britischen Afrikacorps von Juli 1941 bis August 1942.

LKWs vom Typ Bedford OYD gehörten mit zur Ladung

Er wurde nach schweren Niederlagen gegen Rommel seines Postens enthoben und von Feldmarschall Alexander ersetzt, dem Vorgänger von Feldmarschall Montgomery.)

Die Maschinen befinden sich heute in einem jämmerlichen Zustand, weil einfach jeder Taucher rücksichtslos etwas zu demontieren versucht. Bisher identifiziert werden konnten drei Hersteller sowie zwei Maschinengrößen. Bei der ersten Gruppe handelt es sich um zweisitzige, für den Wüsteneinsatz vorgesehene 350 ccm Motorräder mit 16 PS vom Typ Matchless G3L. Sie wurden von einem luftgekühlten 1-Zylinder-Motor angetrieben, geschaltet wurde das Vierganggetriebe per Fußraste. Die Maschine besaß eine mechanische Bremse, einen stabilen Rohrrahmen und eine Teleskop-Frontgabel. An dieser Einfachgabel ist das Motorrad auch von den beiden anderen zu unterscheiden, deren Gabel auf beiden Seiten zweigeteilt ist. Von der Matchless G3L wurden zwischen 1941 und 1945 über 63 000 Stück gefertigt. Nach Kriegsende wurde sie in der zivilen Version als „Matchless G3 Clubman"

Heinkel HE 111

Besatzung: 5 Mann
Triebwerk: 2 x 1350 PS Jumo 211F-2 Reihenmotoren
Länge: 16,40 Meter
Höhe: 4,00 Meter
Spannweite: 22,60 Meter
Startgewicht: 14 000 kg
Höchstgeschwindigkeit: 435 km/h
Dienstgipfelhöhe: 9 500 Meter
Reichweite: 1960 km
Bewaffnung: 1 x 20 mm Bordkanone, 2 x 13 mm MG, 4 x 7,9 mm MG, 2 500 kg Bombenzuladung oder, 1 x 2 180 kg FZG-76-Marschflugkörper (V1) oder 1 x Hs-293 Flugkörper oder 2 x Torpedos

mit einer modifizierten Gabel und einigen Detailveränderungen weiter produziert.

Die zweite Gruppe der Motorräder an Bord bilden die 500 ccm BSA Motorräder vom Typ M20. BSA WM20 stand als ein weiteres Kürzel für das gleiche Motorrad. Auch diese Maschinen waren für den Wüsteneinsatz und Melderdienste vorgesehen. Der 496 ccm große Motor leistete 12 PS, die Kraftübertragung erfolgte über das Vierganggetriebe und die Kette. Hier wurde ebenfalls ein robuster Rohrrahmen verwendet, Standardfederung und mechanische Bremsen sorgten für zeitgemäße Sicherheit und Fahrkomfort. Während des II. Weltkriegs produzierte BSA 126 334 Motorräder, hauptsächlich M20-ziger sowie einige 350 ccm große B30. Zum Verwechseln ähnlich sind die ebenfalls an Bord befindlichen 500 ccm Norton 16H mit fast gleichen technischen Daten und Abmessungen. Von der Norton 16H (auch als Gespann beliebt) produzierte man während des Krieges über 100 000 Stück.

Die angreifenden Maschinen Heinkel He-111 waren schwere Bomber und galten in der ersten Hälfte des II. Weltkriegs als die besten und zuverlässigsten Maschinen der deutschen Luftwaffe, die schon im spanischen Bürgerkrieg ihre Feuertaufe erfolgreich bestanden. Als Standardversion wurde die He-111 H in 13 Bombergeschwader und sechs Bombergruppen eingesetzt. Mit besonderen Funkeinrichtungen fand sie als „Pfadfinderflugzeug" und in einer weiteren Version gegen Seeziele Verwendung. Die Maschinen wurden universell an jeder Front eingesetzt. Wegen ihrer robusten Tragflächenkonstruktion war die Heinkel He-111 in der Lage, Torpedos, Hs-293 Flugkörper und Marschflugkörper V1 zu transportieren und gezielt abzuschießen. Als Deutschland im weiteren Kriegsverlauf die strategischen Bombenangriffe einstellte, wurde die He-111 oft als Transport- und Schleppflugzeug für Lastensegler eingesetzt. Über 73 300 Maschinen wurden gebaut, nur wenige blieben bis heute als Museumsstücke erhalten.

Thistlegorm

Schiffsdaten
Länge über alles: 126,50 Meter
Breite: 17,70 Meter
Seitenhöhe: keine Angaben
Tiefgang: 7,45 Meter
Tragfähigkeit: keine Angaben
Vermessung: 4 898 BRT
Schiffstyp: Frachtschiff
Antrieb: Dampfmaschine, 2 Kessel
Leistung: 1850 PS
Geschwindigkeit: 10,5 Knoten
Stapellauf: 9. April 1940
Bauwerft: Joseph L. Thompson & Sons Ltd.
Baunummer: 599
Bauort: Sunderland (in der Nähe von Newcastle)
Land: Großbritannien
Erste Reederei: Albyn-Line – Sunderland (in der Nähe von Newcastle)
Letzte Reederei: Albyn-Line – Sunderland (in der Nähe von Newcastle)
Ladung: Zwei Dampflokomotiven mit Schlepptender und Wasserwagen, Waffen, Munition, Panzer, Fahrzeuge, Motorräder, Flugzeugteile, Versorgungsgüter, Ersatzteile
Besatzung: 39
Passagiere: keine
Sonstiges: Versenkt durch einen Bomber (Typ Heinkel HE-111) des Kampfgeschwader KG 26 (Löwengeschwader) – bei der Bombe handelte es sich um eine 2 000 kg Bombe, die speziell zur Zerstörung von Schiffszielen und anderen befestigten Objekten entwickelt worden war. Unter den 39 Mann Besatzung waren neun Navy-Soldaten, die für die Führung und Wartung der Bordgeschütze zuständig waren
Untergang: 6.10.1941 (morgens gegen 1.30 Uhr)
Ort: Sha'ab Ali – Ägypten
Ursache: Bombardierung durch deutsche Kampfflugzeuge
Verluste: 9 Personen, fünf davon Marinesoldaten

Wrackdaten
GPS-Position: N 27° 48,850' E 33° 55,200'
Maximale Tiefe des Wracks: 30 Meter
Minimale Tiefe des Wracks: 17 Meter
Strömungen: mäßig, bisweilen auch stark
Sicht: mäßig, die beste Zeit ist in den frühen Morgenstunden
Sehenswert: Das Heck mit Kanonen, Mittschiff, Vorderschiff, Bug und Ladung sowie die beiden Lokomotiven, die Schlepptender und die Wasserwagen

Sarah

Historisches

An der nordwestlichen Ecke vor dem Shag Rock liegt das Wrack der Sarah. Woher der Name des alten Dampfseglers stammt und wer ihn zuerst aufbrachte, ist nicht bekannt. Einige nennen ihn auch Sarah H, obwohl diese Bezeichnung fraglich erscheint. Denn zum einen entsprach es in den Jahren vor und um die Jahrhundertwende dem Trend zahlreiche Schiffe – und diese ausschließlich – auf den Namen Sarah zu taufen. So meldete das Lloyds Register für das Jahr 1863/64 allein 36 Sarahs, 1878/79 nur noch elf und im Jahre 1897/98 ganz zwei Schiffe, bis dieser Name fast gänzlich verschwand. Zum anderen war es in den späten Jahren des 19. Jahrhunderts (aus dieser Zeit stammt eindeutig das Wrack) nicht üblich, Schiffen zu ihrem Namen einen weiteren Buchstaben hinzuzufügen. Dieses kam erst viel später in Mode. Daher ist es wahrscheinlich, daß das Schiff nur Sarah hieß und das H aus dem Namen Sara (H) einfach abgekoppelt wurde. Intensive Nachforschungen haben bis zum heutigen Zeitpunkt keinerlei Hinweise auf die eindeutige Geschichte des Schiffs geben können. Gerüchten zu Folge befand sich die Sarah auf dem Weg durch das Rote Meer zum Suezkanal, als sie am Shag Rock scheiterte. Dieses könnte sogar richtig sein, denn die Wrackposition liegt nahe am Sinai. Eine Route, die von den nordwärts fahrenden Schiffen häufig genommen wurde, während die nach Süden segelnden Schiffe (s. Carnatic) die Bereiche um Gubal, Sha'ab Abu Nuhas und Shadwan streiften.

Die Überreste des Wracks weisen sicher auf ein Schiff hin, das aus der Übergangsphase vom Segel- zum modernen Dampfschiff stammt. Davon zeugen die Überbleibsel der ehemaligen Dampfmaschine und die Schiffsschraube. Masten, Juffern, die zur Befestigung von Takelage und Wanten mit dem Schiffsrumpf diente, sowie die niedrigen Zwischendecks und die antiquierte Steueranlage des noch gut erhaltenen Hecks deuten auf eine enge Verwandtschaft mit Segelschiffen hin. Die Sarah ist vermutlich zwischen 1880 und 1910 aufgelaufen und gesunken. Der Bewuchs und besonders die Zerstörungen im Bugbereich unterstreichen die Annahme, daß das Schiff schon lange auf dem Grund liegt. Von den Konstruktionsmerkmalen her ist das Wrack der gleichen Epoche zuzuordnen, wie die Ulysses, das unbekannte Wrack am Sha'ab Danaba, die Dunraven, und mit Einschränkungen auch die Carnatic: dem letzten Drittel des 19. Jahrhunderts.

Das Wrack heute

Die Sarah ist bei vielen Tauchern auch als „Schraubenfrachter" bekannt, da eine große Ersatzschraube markant und eindrucksvoll am Oberdeck des Schiffes liegt. Der etwa 60 Meter lange und ungefähr 10 Meter breite Rumpf ist wundervoll mit Weich- und Hartkorallen bewachsen, so daß sich die ehemaligen Funktionen der

Die Sarah besitzt mittschiffs sehr fotogene Deckstrukturen

Phantastisch – das gut erhaltene Heck der Sarah

Dieses Dampfsammelrohr gehörte zur alten Dampfmaschine

einzelnen Gegenstände an Bord nur noch schwer nachvollziehen lassen. Das Heck ist bis zum Mittschiff recht gut erhalten und stellt mit der dunklen Silhouette einen eindrucksvollen Kontrast zu der hellen Unterwasserlandschaft dar. Auffällig ist am Ende des Achterdecks die Ruderanlage mit dem alten Steuermechanismus. Offensichtlich befand sich hier das Steuerrad, wie es bei Segelschiffen in früheren Zeiten üblich war. Die große, vierblättrige Schraube der Sarah ragt fast ganz aus dem Sandgrund empor – zusammen mit dem Ruderblatt ein beeindruckendes Bild. Das Ruder und die Bronzeschraube erinnern an die „Dunraven" oder die „Carnatic". Dieser Bereich kann, wie auch das restliche Wrack, von Anfängern problemlos betaucht werden (nur 16 Meter tief). Das Wrack steht aufrecht auf dem Grund und steigt dem Riffprofil folgend von achtern über das Mittschiff und den Bug bis in die Flachwasserzone an. Im Heckbereich sind zwei Bootsdavits zu erkennen, die nach innen gestürzt sind. Ob mit ihrer Hilfe einst Menschen ihr Leben retten konnten, ist ungeklärt.

Zur Schiffsmitte hin zeigt die Außenwand des Rumpfes zunehmende Beschädigungen, gleiches gilt auch für die einzelnen Decks. Im vorderen Bereich verliert das Vorschiff an Form und Kontur, es ist völlig zerstört. Hier am Riffdach hat die Brandung bereits ganze Arbeit geleistet. Am Wrack fehlen alle Bullaugen. Daß die Autoren dennoch eines dieser beliebten Objekte stark verkrustet im Heckbereich fanden, dürfte reiner Zufall gewesen sein. Dieser Umstand läßt darauf schließen, daß das Schiff nach seinem Auflaufen noch einige

Zeit auf dem Riff lag und von den einheimischen Fischern mit System abgewrackt wurde, bis es endgültig versank. Denn die Sarah gibt auch sonst keine weiteren Funde preis; lediglich die großen und massiven Gegenstände wie die Ersatzschraube an Deck und der Antriebspropeller wurden vermutlich wegen ihres Gewichts und den damals verfügbaren Techniken nicht geborgen. Weitere Teile wie die Maschine waren für Bergungsversuche nicht zugänglich; sie kamen erst frei, als das Meer Decks und Bordwände zerschlug.

Ein Tauchgang sollte am Heck beginnen und dem Rumpf folgend im Flachwasserbereich enden. Die Deck- und Zwischendeckbeplankungen sind zwar vermodert, viele Träger und Eisenplatten zusammengebrochen und ein Deck tiefer gestürzt, aber die Spanten und die Quer- und Längsträger stellen eine attraktive Kulisse dar. Beim Überqueren des Wracks erhält der Taucher einen umfassenden Einblick in alle Decks bis hinunter zum Kiel. Das Schiff liegt offen dar, als ob es keine Geheimnisse mehr zu verbergen habe. Typisch für die alte Herkunft der Sarah sind die niedrigen Stau- und Stehhöhen der beiden Decks, die kleinen Öffnungen der Ladeluken sowie die hochgezogene Reling, die nur noch aus Bruchstücken besteht. Auffällig ist auch das Mittschiff mit Resten der ehemaligen Aufbauten. In den Öffnungen und Spalten der Trümmer beeindrucken den Taucher faszinierende Lichtspiele. Das Schiff war eine in zeit-

Das Heck kann wegen der Strömungen nur selten abgelichtet werden

 **SHA'AB ALI · SHA'AB DANABA · SHAG ROCK**

Die Schraube der Sarah liegt auf 16 Meter

gemäßer Technik genietete Stahlkonstruktion mit sehr eng stehenden Spanten. Zu Beginn der Dampfschiffahrt gab es Probleme mit dem Gewicht der tonnenschweren Dampfmaschinen und der gewaltigen Kohlenvorräte sowie einer optimalen Gewichtsverteilung im Schiffsrumpf, die die enge Spantenkonstruktion in stark belasteten Bereichen erforderte.

Auf dem Weg zum Bug fällt auf, daß die Bordwände zum Teil zusammengebrochen und nach außen gefallen sind. Völlig frei steht mittschiffs die alte Dampfmaschine mit den beiden Kesseln, Feuerbuchsen und zwei kleineren, aufgesetzten Dampfsammelrohren. Da die Zerstörungen an der Sarah zum Bug hin zunehmen, ist es erstaunlich, daß die Kessel der Kraft von Wellen und Brandung so gut trotzen konnten. Die Antriebswelle von der Maschine zum Propeller ist nicht zu erkennen. Vermutlich liegt sie unter Sedimentablagerungen begraben. Vor den Kesseln türmt sich an Steuerbord unter dem noch teilüberdeckten Bereich des Mittschiffdecks eine mächtige Kette – vermutlich eine Ankerkette, die jedoch so stark verkrustet ist, daß man sie kaum noch erkennt. Festmachpoller achtern und eine große, abgerutschte Winde vor dem Kesselraum, bzw. dem hinteren Laderaum sind weitere Attraktionen an Deck. Vor den Kesseln liegt am Oberdeck der große, ebenfalls vierblättrige bronzene Ersatzpropeller. Ob er wirklich als Ersatz diente oder ein Teil der Ladung war, läßt sich nicht eindeutig belegen. Es war aber zu jener Zeit durchaus üblich, daß Schiffe eine Ersatzschraube mitführten, wie andere Wracks in der Region ebenfalls beweisen. Weiter im Vorschiff an der Steuerbordseite findet sich noch ein „Dead Eye" (Juffer). Sie ist, wie die zwei eisernen Masten mit Ausguck, die achtern und im Vorschiffbereich an Steu-

erbord auf dem Meeresgrund liegen, ein Hinweis darauf, daß die Sarah noch eine Hilfsbesegelung besaß.

Heute ist das Wrack auf dem besten Weg, zu einem eigenen Riff im Riff zu werden. Der große Zerstörungsgrad im Vorschiffbereich, die geringe Wassertiefe, die unmittelbare Nähe zum Riff, das Licht und die Strömungen fördern das Korallenwachstum vor Ort. Es lockt Fische aller Arten an, die hier heimisch geworden sind. Auf jeden Fall sollte man es sich nicht entgehen lassen einen Tauchgang am Schraubenfrachter, wenn möglich, auch einen ganzen Tag an der Sarah zu verbringen.

Sarah

Schiffsdaten
Länge über alles: ca. 60-70 Meter
Breite: ca. 9,60 Meter
Seitenhöhe: ca. 5,50
Tiefgang: ca. 3 Meter
Tragfähigkeit: unbekannt
Vermessung: unbekannt
Schiffstyp: Dampfsegler
Antrieb: Dampfmaschine/Hilfssegel
Stapellauf: unbekannt
Bauwerft: unbekannt
Baunummer: unbekannt
Bauort: unbekannt
Land: unbekannt
Erste Reederei: unbekannt
Letzte Reederei: unbekannt
Beladung auf der letzten Fahrt: unbekannt
Besatzung: unbekannt
Passagiere: unbekannt
Sonstiges: unbekannt
Untergang: vermutlich zwischen 1870 und 1910
Ort: Shag Rock (südl. von Sha'ab Ali)
Hoheitsgewässer: Ägypten
Ursache: unbekannt
Verluste: unbekannt

Wrackdaten
GPS-Position: N 27° 46,648' E 33° 52,373'
Maximale Tiefe des Wracks: 16 Meter
Minimale Tiefe des Wracks: 3 Meter
Strömungen: mäßig, bisweilen auch sehr stark
Sicht: gut, beste Zeit in den frühen Morgenstunden
Sehenswert: Heck mit Schraube und Ruder, Mittschiff mit Ersatzpropeller, Kesseln und den zwei Masten

Unbekanntes Wrack

Das Wrack gestern und heute

Am Südende des Sha'ab Ali, etwas nördlich vom Shag Rock, liegt am sogenannten Sha'ab Danaba ein weiteres, altes Wrack. Es präsentiert sich dem Taucher in Tiefen zwischen 3 bis 14 Metern als eine weit verteilte, flache Anhäufung übereinander geschichteter Eisenplatten. Vom eigentlichen Schiff ist nicht viel mehr zu erkennen – es stürzte wie ein Kartenhaus zusammen. Zudem erschweren es die von Hartkorallen bewachsenen Trümmer, Details zu erkennen.

Die Geschichte des unbekannten Wracks ist bis heute noch nicht eindeutig nachgewiesen. Vermutlich stammt das Schiff aus der Übergangszeit vom Segel- zum Dampfantrieb. Nach einer Quelle aus dem Internet könnte es die „Kingston" sein, die einheimische Fischer „Carina" nannten. Einen Dampfer „Kingston" baute 1881 die englische Werft Oswald. Er versank am 16.2.1891 im Golf von Suez. Der Name Carina ist bei Loyds allerdings nicht verzeichnet, er dürfte eher der Phantasie entsprungen sein. Die Kingston soll sich mit einer Kohlenladung auf der Route von London nach Aden befunden haben, wobei sich diese Nord-Süd-Route nicht mit der Lage des Wracks auf der Westseite des Sinais verbinden läßt. Klarheit könnte nur die eindeutige Identifizierung der Verbunddampfmaschine schaffen. Das Auffinden der Ladung hätte nur wenig Aussagekraft, zumal in jener Zeit alle Dampf-

Deutlich zu sehen – der Ruderquadrant, einst Teil der Steueranlage

UNBEKANNTES WRACK

Die altertümliche Schraube des Unbekannten Wracks

Heck und Ruderanlage sind die Attraktionen am Wrack

schiffe Kohlen mit sich führten und diese oft bis zu 40 Prozent des Nettotransportgewichts ausmachten. Ein Fakt, der neben dem schlechten Wirkungsgrad der Dampfmaschine, schwingungstechnischer und thermischer Probleme, immer als großer Nachteil von Dampfschiffen angeführt wurde.

Das unbekannte Wrack muß ein sehr großes Schiff gewesen sein. Davon zeugen die Ausdehnung der vielen Stahlplatten und die Abmessungen der Kessel und Antriebsaggregate, die verstreut auf dem Meeresgrund liegen. Auch die Größe eines noch zum Teil erhaltenen Rumpfstücks und des Hecks mit dem Ruder sowie die altertümliche, vierblättrige Schraube weisen darauf hin. Die genietete Stahlbauweise und eine hohe Reling sind ein weiteres Indiz für das hohe Alter. Hinzu kommt die alte Bauart der Dampfmaschine, von der noch Einzelteile zwischen 5 und 7 Meter zu sehen sind. Von Zylindern und Pleuelstangen ist nichts mehr zu erkennen. Vermutlich wurden sie abgerissen, von Korallen überwuchert oder von den Eisenplatten zugedeckt.

Drei Kessel mit etwa 3 Meter Durchmesser und 2 Meter Länge liegen dicht beieinander nahe der Maschine. Unförmige, verkrustete Schrauben und grobe Nieten kennzeichnen die Kesselenden. Auf der Oberseite stehen dicke Rohrflansche ab. Ein vierter, gleich großer Kessel liegt etwas weiter an Steuerbord. Einzelne Kondensatorrohre aus den Kesseln sind zwischen den Maschinenteilen zu entdecken. Dem aufsteigenden Riff vom Sha'ab Danaba zugewandt liegt ein fünfter, sehr großer Kessel mit 10 Meter Länge und etwa zwei Meter Durchmesser. Daneben befinden sich die Überreste eines langen, dünnen Schornsteins. Unweit der drei zentralen Kessel erkennt man deutlich ein großes Schwungrad und die Kurbelwelle, die trotz aller Schäden noch immer mit der leicht verbogenen Schiffswelle fest verbunden ist. Die kurz vor der Schraube abgebrochene Welle ruht noch in den Lagern und auf ihren Befestigungen. Das Endstück ragt mit dem in der Kiellinie verdrehten Heck ein wenig in die Höhe. Neben der Schraubenwelle befindet sich auf dem zusammengestürzten Oberdeck an Backbord ein großer Ersatzpropeller, ähnlich wie bei der „Sarah".

Taucht man vom Heck über die Reste des Mittschiffs in Richtung Bug, scheint sich das Wrack aufzulösen – es wird eins mit der umgebenden Korallenlandschaft. Etwas weiter längs der linken Wrackseite fallen auf dem Meeresgrund zwischen Korallenblöcken und Eisenplatten geformte Ziegelsteine auf. Ob sie zur Ladung gehörten, oder ob es nur Ballaststeine waren, ist ungeklärt. Vom Bug erhalten ist noch dessen vorderer Teil, wunderbar mit dicken Hartkorallen überkrustet. Er liegt auf seiner Steuerbordseite und trägt an der Spitze einen eisernen Ring, der den ehemaligen Bugspriet aufnahm und hielt (s. Carnatic). Die Sicht an diesem Tauchplatz unterliegt starken Schwankungen und die bisweilen starken Strömungen machen es nicht unbedingt anfängerfreundlich. Es empfiehlt sich, hier in den frühen Morgenstunden zu tauchen. Was am unbekannten Wrack dominiert und diese Stelle am Sha'ab Danaba so reizvoll macht, ist jedoch die üppige Flora und Fauna.

Unbekanntes Wrack

Schiffsdaten
Länge über alles: ca. 100 Meter
Breite: ca. 10 Meter
Seitenhöhe: unbekannt
Tiefgang: unbekannt
Tragfähigkeit: unbekannt
Vermessung: unbekannt
Schiffstyp: Frachtschiff
Antrieb: Dampfmaschine, Hilfsbesegelung
Leistung: unbekannt
Geschwindigkeit: unbekannt
Stapellauf: unbekannt
Bauwerft: unbekannt
Baunummer: unbekannt
Bauort: unbekannt
Land: unbekannt
Erste Reederei: unbekannt
Letzte Reederei: unbekannt
Beladung auf der letzten Fahrt: unbekannt
Besatzung: unbekannt
Passagiere: unbekannt
Sonstiges: wunderbarer Bewuchs an Hartkorallen an allen noch erkennbaren Wrackteilen
Untergang: unbekannt (vermutl. zwischen 1880 und 1900)
Ort: Sha'ab Danaba
Hoheitsgewässer: Ägypten
Ursache: Kollision mit einem Riff
Verluste: unbekannt

Wrackdaten
GPS-Position: N 27° 47,754' E 33° 51,377'
Maximale Tiefe des Wracks: 15 Meter
Minimale Tiefe des Wracks: 2 Meter
Strömungen: Strömungen können am Wrack zeitweilig sehr stark sein und vor allem plötzlich auftreten
Sicht: Generell gut, die beste Zeit ist in den frühen Morgenstunden
Sehenswert: Maschinenüberreste und diverse Kessel, sowie die Antriebswelle, die Schraube und das gesamte Heck mit Resten der Ruderanlage auf dem Achterdeck sowie mittschiffs ein großer Ersatzpropeller zwischen Korallenblöcken und Schiffsteilen

Die Schraubenwelle des Unbekannten Wracks

Die Insel Shadwan und das Riff von Abu Nuhas

Die graublassen Konturen der Insel Shadwan am Ausgang des Golfs von Suez markieren das Ende der Straße von Gubal, wo sich der Golf zum Roten Meer erweitert. Shadwan ist eine fast unbewohnte, etwa 25 km lange Insel ohne Süßwasserquellen. Schroff und abweisend erheben sich die flachen Hügel und niedrigen Berge. Während der Kriege zwischen Ägypten und Israel war Shadwan vorgeschobener israelischer Außenposten. Noch heute soll es verminte Areale auf der Insel geben. Die Überlebenden der Carnatic entzündeten auf Shadwan Baumwollballen als Rettungssignal, während ihr Schiff vor dem Sha'ab Abu Nuhas im Meer versank.

Etwa fünf Kilometer vor der Insel ragt das gefährliche Hindernis Sha'ab Abu Nuhas aus der stark befahrenen Straße von Gubal. Sieben zum Teil bekannte Wracks versanken dort in den letzten 130 Jahren. Vermutlich liegen dort noch mehrere Wracks auf dem Meeresgrund, blieben jedoch wegen der großen Tiefen bis heute unentdeckt. Das berühmte Wrack der Carnatic wurde erst 1984 zufällig gefunden, obwohl es direkt am Sha'ab Abu Nuhas liegt. Neue Wracks, wie das eines vermutlich kleinen Wasserschiffs, das in Verlängerung der Kiellinie der Kimon M seewärts in etwa 50 Meter Tiefe liegen soll, sind ebenfalls reine Zufallsfunde. Das Britische Hydrographische Institut erhielt in den fünfziger und sechziger Jahren von vorbeifahrenden Schiffen Meldungen, die Wracks oder Überreste per Sichtkontakt oder auf dem Radarschirm am Sha'ab orteten. Berichte von Beinahe-Unfällen, wie das Auflaufen des mit Getreide beladenen

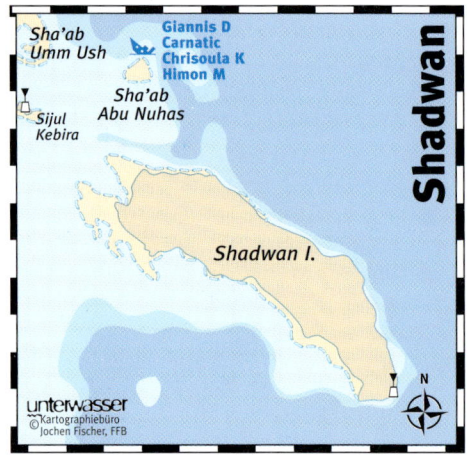

Frachters Bacchis in den späten siebziger Jahren, liegen ebenfalls vor. Erst nachdem man das Schiff um hunderte Fracht-Tonnen erleichterte, kam die Bacchis wieder frei. Nicht mehr zu retten war die Kimon M (Linsenfrachter), die im Dezember 1978 mit 4500 Tonnen Hülsenfrüchte am Sha'ab unterging.

Der Name des Sha'ab Abu Nuhas leitet sich von dem arabischen Wort Nuhas (Kupfer oder Bronze) ab. Vermutlich weist diese Bezeichnung auf die Teilladung der Carnatic (Wein- oder Flaschenwrack) hin, die 1869 hier versank und die ebenfalls hunderte von Kupferplatten transportierte, die später von freitauchenden Beduinen zum größten Teil geborgen wurden. Ein Wrack mit Kupferladung, das in den 70er Jahren am Sha'ab unterging, gibt es nicht.

Das Tauchen in der flachen Brandungszone an der nordwestlichen Kante ist bei Wellengang gefährlich. Dort, wo die rostigen Überreste eines Schiffsbugs und anderes Metall auf dem Riffdach liegen und ein kleines Leuchtfeuer die Schiffahrt vor dem Sha'abs warnt, verhindern Brandung und Dünung selbst bei ruhigem Seegang einen Abstieg. Nur bei spiegelglatter See sind Schnorchelexkursionen im Riffbereich möglich und gewähren einen Einblick auf die zerschmetterten Vorschiffe von zwei Frachtern. Einige Meter seewärts können Taucher in ruhigerem Wasser die Schönheiten der Wracks um das Sha'ab Abu Nuhas genießen.

Von den sieben Wracks sind vier relativ gefahrlos zu betauchen. Von Nordwesten beginnend liegen vor dem Sha'ab die Giannis D (Holzfrachter), die Carnatic (Wein- oder Flaschenwrack), zugleich das älteste und bekannteste Wrack des Sha'abs und die Chrisoula K (Fliesenfrachter), die ehemals den Namen Dora Oldendorff trug.

Gestrandete Wracks am Sha'ab Abu Nuhas (links: Giannis D, rechts: Chrisoula K)

(Manchmal fälschlich als Chris-Uhler oder als Olden bezeichnet). Das vierte Wrack ist die Kimon M (Linsenfrachter), das einzige Schiff ohne erkennbare Ladungsreste. Die Kimon M hieß allerdings, wie früher publiziert, nie Seastar. Der verrostete Bug auf dem Riffdach gehört zum fünften Wrack, von dem außer einigen Metallresten nichts mehr zu finden ist. Name, Herkunft und Geschichte sind komplett unbekannt. Dieser Bug ist bereits auf alten Fotos zu sehen, als die Giannis D, die Chrisoula K und die Kimon M noch weitestgehend unzerstört aus dem Wasser ragten. Daneben liegt ein weiteres Hecksegment eines kleineren, sechsten Wracks, das auf Grund der Bemessungen und winzigen Schraube zu keinem der bekannten Wracks gehören kann. Das derzeit bekannte siebente Wrack ist vermutlich ein Wasserschiff. Solche Schiffe benutzten spezialisierte Reedereien vor der in Ägypten einsetzenden Motorisierung zwischen Suez und Hurghada/Safaga, um die Orte mit Wasser zu versorgen. Dieses Schiff wurde im Spätsommer 1995 von Tauchern entdeckt, die nach zwei verunglückten, bis heute verschollenen Kameraden am Sha'ab suchten. Nach Aussagen einheimischer Kapitäne soll es in der Region noch weitere Wasserschiff-Wracks geben.

Dieser Bug gehört zu keinem der vier bekannten Wracks

Giannis D

Historisches

Das Frühjahr 1983 hat gerade begonnen. Hoch steht die Sonne stand über dem tiefblauen Roten Meer. Der 99 Meter lange griechische Frachter Giannis D befindet sich in der Straße von Gubal auf dem Weg von Rijeka über Jeddah nach Hodeidah, der wichtigsten Hafenstadt des Jemen. In den Laderäumen stapelten sich tropische Hölzer, meist Teakholz. Das 2932 BRT große Schiff fährt unter griechischer Flagge für die Dumarc Shipping & Trading Corporation in Piräus. Schiffseigner ist die Liniea Blanca Compania Naviera S.A.

Die Giannis D lief bereits 1969 im Auftrag der Yamato Kissen KK, Mikame als Shoyo Maru bei der Kurushima Dock Company Ltd. auf der japanischen Insel Shikoku vom Stapel. 1975 wurde das Schiff nach Griechenland verkauft und in Markos umbenannt. Schon fünf Jahre später erwarb sie die Linea Blanca Compania Naviera S.A. Betreiberreederei war die Dumarc Shipping & Trading Corporation aus Piräus, die sie 1980 in Giannis D umtaufte (D am Schornstein für Durmac).

Die Giannis D besaß im Vorschiff zwei Laderäume, achtern befinden sich die Brücke, weitere Aufbauten, Unterkünfte und der Maschinenraum. 12 Winden und zwei große Kräne an Deck ermöglichten schnelles Verladen und kurze Liegezeiten.

Ein fataler Navigationsfehler bringt jedoch das Schiff an jenem schicksalsreichen 19. April des Jahres 1983 vom Kurs ab und läßt es auf das Sha'ab Abu Nuhas

Der mächtige Schornstein der Giannis D in etwa fünf Meter Tiefe

Blick vom Mittschiff auf das Achterschiff

Interessant – die achterlichen Decksaufbauten

Die 6-Zylindermaschine der Giannis D – hier die Ventile

zufahren. Der Aufprall ist heftig und fügte dem Schiff beachtlichen Schaden zu. Alle Versuche, die Giannis D wieder flottzumachen, scheiterten.

Am gleichen Tag passierte ein Boot von Rudi Kneip mit einigen Tauchern aus Hurghada das Sha'ab Abu Nuhas auf dem Weg zum Sinai. Ein Hilfeangebot, die Crew zu übernehmen, lehnte die Besatzung der Giannis D ab. Vermutlich hoffte sie, aus eigener Kraft wieder frei zu kommen. Als die Taucher auf dem Rückweg erneut an der Unglücksstelle vorbeifuhren, hatte sich die Besatzung bereits auf Shadwan in Sicherheit gebracht. Eine Bergung der Giannis D war aussichtslos, denn die Backbordseite war bereits aufgeschlagen und das Wasser stand schon in den Laderäumen. Das Wrack brach in den nachfolgenden Wochen allmählich auseinander und sank schließlich in 27 Meter auf den Meeresgrund. Nur der abgebrochene Bug lag noch lange Zeit auf dem Riffdach bevor auch er unterging.

Mit dem Untergang der Giannis D löste sich ein großer Teil der Edelholzladung und trieb bis nach Shadwan. Dort stapelten sich die Bohlen am Strand bis zu 6 Meter hoch, wie Augenzeugen berichteten. Der Gouverneur versprach den lokalen Fischern eine Bergeprämie, wenn sie die Holzfracht nach Hurghada brächten, woraufhin bald kein einziger Balken mehr an den Stränden von Shadwan lag, die örtliche Holzindustrie und die Schiffsbauer aber verfügten plötzlich über stattliche Edelholz-Vorräte.

Das Wrack heute

Herausragende Merkmale der Giannis D sind das noch gut erhaltene Achterschiff mit der Brücke, der Maschinenraum und die beiden großen Masten am Heck. Nachdem das Schiff auf das Sha'ab auflief,

Attraktiv ist auch das Vorschiff mit seinem Bewuchs

zerbrach es Wochen später in drei große Segmente: den Bug, das Mittschiff und das Heck. Das Achterschiff mit der Brücke und dem noch sichtbaren Ansatz des letzten Laderaums neigte sich dabei um etwa 50° nach Backbord. Dabei kam die Schraube zum großen Teil aus dem sandigen Untergrund hervor; der Propeller verbog durch die lange Zeit auf dem Riff und den Untergang völlig. Durch die Schieflage der Giannis D ist ein Eindringen in das Innere der Brücke, in den Maschinenraum, in die Kajüten und die anderen Räumlichkeiten ein besonderes Erlebnis. Fast waagerecht verlaufende Treppen und schräge Wände vermitteln dabei ungewohnte Perspektiven, die vertraute, räumliche Orientierung fehlt gänzlich.

Anders verhält es sich im Maschinenraum, der von oben über die aufgestellten Luken oder von der Seite erreichbar ist. Haben sich die Augen an das Dämmerlicht gewöhnt, erkennt man die große, 6-zylindrige Maschine der Giannis D. Überdimensionale Ventile mit Ventilfedern auf dem Zylinderkopf, Tanks, Leitungen und andere Versorgungseinrichtungen sind zu sehen; Laufroste unterteilen die einzelnen Stockwerke des Maschinenraums. An einigen Stellen schimmern noch die Reste des Farbanstrichs durch, hier und dort sind alte Schablonenaufschriften zu lesen. Verlassen Taucher den Maschinenraum über die Lüftungsluken am Oberdeck wieder, können sie die große Winde am Heck oder den fast waagerecht ins Wasser ragenden Mast bewundern, ein ideales Umfeld für Filmer und Fotografen.

Weiter zum Riff überquert man die Bruchkante an der Brücke am hinteren Laderaum. Danach folgen viele Trümmer des Mittschiffs. Teile der Bordwände, Laderaumabdeckungen, Rohrleitungen und wenige Reste der ehemaligen Mahagoni- und Teakladung bedecken den 15 bis 20 Meter tiefen Grund. Wesentlich interessanter ist der Bug der Giannis D (10 – 18 Meter). Der vordere Lademast ragt wie am Achterschiff ins offene Wasser. Taue und Seile haben sich darum verfangen – eine phantastische Szenerie! Hier ist ebenfalls noch ein Teil der Holzbalken zu sehen, die zur Schiffsladung gehörten. Aber gerade der Lademast und diese Seile sind zum festen Untergrund für viele Arten von Weichkorallen und anderen Blumentiere geworden. Zudem stehen in den Nischen große Schwärme von Glasfischen. Kapitale Napolenonfische patrouillieren außerdem regelmäßig am Bug entlang.

Die Giannis D brachte nach der Havarie offensichtlich noch den Anker aus, denn von der Steuerbordseite windet sich eine mächtige Ankerkette zum Riffdach. Unterhalb der einstigen Reling an Steuerbord sind die früheren Namen des Wracks zu erkennen. „Markos" steht als aufgeschweißtes Relief auf der Bordwand. Darunter ist in abbröckelnder weißer Farbe der Name „Shoyo Maru" auszumachen.

Die Giannis D bietet die richtige traum- oder geisterhafte, schon fast kitschige Atmosphäre, die sich Taucher von versunkenen Schiffen vorstellen. Zudem ist sie ein Dorado für Filmer und Fotofans. Das Wrack kann auch von Anfängern leicht gemeistert werden, wenn keine Strömungen vorhanden sind und die Sicht stimmt.

Giannis D

Schiffsdaten
Länge über alles: 99,50 Meter
Breite: 16,01 Meter
Seitenhöhe: 7,90 Meter
Tiefgang: 6,52 Meter
Tragfähigkeit: 5 517 t
Vermessung: 2 932 BRT
Schiffstyp: Stückgutfrachter
Antrieb: 2 x 6 Zylinder Diesel (Akasaka Tekkosho K.K. Diesels Ltd., Japan)
Leistung: 3 000 PS
Geschwindigkeit: 12 kn
Stapellauf: 1969
Bauwerft: Kurushima Dock Company
Baunummer: 471
Bauort: Imabari
Land: Japan
Erste Reederei: Yamato Kissen KK, Mikame, Japan
Letzte Reederei: Liniea Blanca Compania Naviera S.A.
Betreiberreederei: Dumarc Shipping & Trading Corporation, Piräus
Beladung auf der letzten Fahrt: tropische Hölzer, vorzugsweise Teakholz und Mahagoni
Besatzung: keine Angaben
Passagiere: keine
Sonstiges: frühere Namen des Schiffs waren: Markos und Shoyo Maru
Untergang: am 19.4.1983 gestrandet, ca. sechs Wochen später zerbrochen und später untergegangen
Ort: Sha'ab Abu Nuhâs
Hoheitsgewässer: Ägypten
Ursache: Kollision mit einem Riff
Verluste: keine

Wrackdaten
GPS-Position: N 27° 34,644′ E 33° 55,391′
Maximale Tiefe des Wracks: 27 Meter
Minimale Tiefe des Wracks: 5 Meter
Strömungen: bisweilen moderate Strömungen. Bei starkem Wind ist am Wrack kein Tauchen möglich
Sicht: recht gut, beste Zeit in den frühen Morgenstunden, Nachmittags aber bessere Lichtverhältnisse
Sehenswert: das gut erhaltene Heck, Maschinenraum, Brücke, Bugsektion, die bewachsenen Masten und die Ladebäume

Ein Foto der Giannis D aus besseren Tagen

Carnatic

Historisches

Es war Sonntagabend, der 12. September 1869. Ein schlanker, etwa 2000 BRT großer Dampfsegler mit Namen Carnatic hatte vor wenigen Stunden den Hafen von Suez mit Ziel Bombay verlassen und Kurs auf die Straße von Gubal genommen. Trotz des neuartigen Antriebs führte die noch als Brigg getakelte Carnatic zwei Masten für eine mögliche Hilfsbesegelung mit. Ihre vierzylindrige Dampfmaschine war von Humphry and Tennant im englischen Deptford entwickelt worden. Die Kiellegung des Schiffs erfolgte zunächst unter dem Namen Mysore*, bevor sie kurz vor dem Stapellauf in Carnatic umbenannt wurde. Das Schiff lief am 8.12.1862 auf der Werft der Samuda Brothers in Poplar vom Stapel. Benannt wurde sie nach der Küstenregion um die ostindische Stadt Madras (The Carnatic). Auf ihren Probefahrten erreichte es Spitzengeschwindigkeiten von fast 14 kn. Wie schnell das Schiff für die damalige Zeit war, beweist die Tatsache, daß es von Southampton bis nach Ceylon um das Kap der Guten Hoffnung nur 49 Tage benötigte. Die Jungfernfahrt führte die Carnatic am 27. April 1863 von Southampton nach Alexandria. Später sollte sie regelmäßig als Frachter und Postschiff von Suez nach Bombay und weiter bis nach China verkehren. Schiffe mit einer Dampfmaschine eigneten sich damals besonders für den Linienverkehr, denn sie garantierten windunabhängig das Einhalten eines festen Zeitplanes.

Die Ladung des Schiffs für Indien und China hatte zuvor der Dampfer „Venetian" aus Liverpool nach Alexandria und weiter nach Suez gebracht, um sie dort auf die Carnatic umzuladen. An Bord der Carnatic befanden sich etwa 230 Passagiere in der ersten und zweiten Klasse sowie die Mannschaft. Einige der Reisenden waren Angehörige der Peninsular & Oriental Steam Navigation Co. (P&O Company), der Reederei, der auch die Carnatic gehörte. Andere waren Angestellte der englischen Regierung, die das Verlegen von Kabeln für eine über 800 km lange Telegraphenverbindung im Persischen Golf überwachen sollten. In den drei niedrigen Decks stauten sich Postsäcke, Pakete, Wein- und Mineralwasserflaschen, Baumwollballen und unbearbeitete Kupferplatten für Münzprägungen sowie das Gepäck der Passagiere. Hinzu kamen über 30 volle Münztruhen im Wert von etwa 40.000 englischen Pfund – ein wahres Vermögen für die damalige Zeit.

Das Unglück geschah am 13. September bei völlig glatter, vom Mond nicht beleuchteter See. Mit voller Kraft rammte das Schiff das Sha'ab Abu Nuhas. Der Zusammenstoß erschien gar nicht so heftig, wie sich später einer der Geretteten, Major J.U. Champain, erinnerte. Es kam auch keine Panik auf, denn die Carnatic saß nur auf dem Riff fest, massive Schäden waren nicht zu erkennen. Die Gäste kannten bereits ähnliche Situationen, denn die Pera, ein Schiff, das sie vor einer Woche nach Ägypten brachte, lief am Samstag, den 4. September, auf eine Sandbank bei Alexandria und lag dort für fast vier Stunden fest, bevor es sich wieder befreien konnte. Der Kapitän der Carnatic, Master P. B. Jones, hoffte auf Rettung durch die Neaera oder den Dampfer Sumatra, ein anderes Linienschiff der P&O Company. Sie sollten am nächsten Tag die Straße von Gubal passieren. Trotzdem begannen erste Versuche, die Carnatic wieder flottzumachen.

---

* Mysore ist eine Stadt und ein Bundesstaat in Südindien, der von 1831 bis 1881 unter direkter britischer Herrschaft stand.

Immer noch schnittig – der Bug der Carnatic

Der Bug und ein Teil des vorderen Kiels keilten sich im Korallengestein fest, die Wassertiefe betrug dort etwa 1 Meter, mittschiffs im Bereich des Maschinenraums lotete man 3 Meter, während das Heck im freien Wasser schwamm. Mit einer leichten Schräglage vom Bug zum Heck krängte das Schiff nach Steuerbord.

Ladung wurde über Bord geworfen und Anker ausgebracht, um den Havaristen mit Winden vom Riff zu ziehen. Major J.U. Champain bemerkte später in seinem Bericht vom 16. Oktober 1869 in The Illustrated London News*, daß ihm und einigen Passagieren dieses Unterfangen sehr gefährlich erschien, denn man vermutete, daß im tiefen Wasser bereits die wenigen Schäden der Carnatic zum Untergang gereichten. Der größte Teil der Passagiere war jedoch der Überzeugung, das Schiff liege so fest auf dem Riff, daß nichts geschehen könnte. Im weiteren Tagesverlauf wurde das Schiff mit zunehmenden Wellen auf dem Riff hin und her gezerrt, schabende Geräusche vom Rumpf ließen bei den Passagieren Unsicherheit aufkommen. Gegen halb sechs am Spätnachmittag sprach der Kapitän zum ersten Mal offiziell zu den Passagieren und regte die Gründung eines Komitees an, dem er die Situation des Schiffes erläutern wollte, damit es weitere Entscheidungen mitbestimmen konnte. Eine schnell gefundene, dreiköpfige Gruppe entschied im Sinne des Kapitäns: bei der ruhigen See erschien die Carnatic sicher genug. Die Kessel standen unter Dampf und die Lenzpumpen konnten das ein-

* „The Illustrated London News", 16.10.1869, S. 390

Die Carnatic im Jahr 1863 am Anleger bei Garden Reach

dringende Wasser bewältigen. Einige Passagiere, die sich schon zu Anfang der Havarie gegen eine Evakuierung aussprachen, saßen im Komitee. Vermutlich wollten sie ihre Wertsachen nicht aufgeben, die sich unter der Ladung befanden.

Zur Stabilisierung warf man einen zweiten Anker auf das Riffdach und beschloß, bis zur Ankunft der Sumatra oder Neaera eine weitere Nacht abzuwarten. Vorsorglich wurden einige Beiboote mit Vorräten und Werkzeugen beladen, die am nächsten Morgen nach Shadwan herüberrudern sollten. Der zögerliche Kapitän ließ die anderen Rettungsboote an den Davits hängen. In der zweiten Nacht verschlechterte sich der Zustand der Carnatic zunehmend. Durch ein Loch im hinteren Salon drang unaufhörlich Wasser ein, weitere Lecks wurden im Laufe der Nacht entdeckt. „Es war etwa gegen ein Uhr in der Nacht", erinnerte sich Major J.U. Champain, als ihn ein Mann in seiner Kabine weckte. „Er sagte mir, daß das Wasser im Schiff weiter gestiegen sei und das Feuer unter dem Kessel gelöscht werden mußte, die Lenzpumpen also nicht mehr arbeiten konnten. Jeder an Bord sollte sich unverzüglich zum Vorschiff begeben. Für uns Passagiere ein wahrlich unbequemer Platz zum Übernachten". Am Morgen des zweiten Tages wurde die Situation dramatischer. Der Wind frischte in der Nacht auf und das Wasser bedeckte bereits das Achterdeck. Passagiere und Besatzung brachten einen weiteren Anker aus und versuchten einige Segel am Vormast zu setzen, die das Schiff weiter auf das Riff drücken sollten, damit es nicht abrutschte und unterging.

Diese Hoffnung erwies sich als trügerisch, denn mit dem Wind wurden die Wellen höher und die Schräglage der Carnatic nahm bedrohlich zu. Bei Flut stand das

Flaschen als Bestandteil der ehemaligen Schiffsladung

Achterdeck bereits bis zu den ersten Niedergängen zu den Kajüten unter Wasser. Einige Passagiere berichtete von einem Durcheinander aus Tischen, Stühlen und Bänken im Salon, das die Wellen verursachten, die nun durch die zerstörten Fenster und Oberlichter schwappten. Am Morgen des 15. September sah auch der Kapitän die Lage als hoffnungslos an. Gegen 10.30 Uhr wurden die sieben Rettungsboote abgefiert und schnellstens versucht, die Passagiere mit etwas Proviant zunächst auf das Riffdach in Sicherheit zu bringen. Drei Frauen und ein kleines Mädchen erreichten als erste die schon ausgebrachten Boote und konnten gerade noch ablegen, als die Carnatic plötzlich um 10.50 Uhr unter lautem Krachen in der Mitte auseinanderbrach.

SHADWAN & ABU NUHAS

Etwas für Kenner – die Deckstrukturen der Carnatic

Das Schiff, das auf dem Riff zunehmend in Steuerbord-Schlagseite fiel, richtete sich durch den Stoß und die Erschütterung wieder auf und kippte komplett nach Backbord über, wie sich Major J.U. Champain später erinnerte.* Die Passagiere an Deck wurden durcheinandergeworfen und ins Wasser geschleudert. Vier unbesetzte Rettungsboote zerschmetterten etwa 80 Meter von der Untergangsstelle am Riff. In der aufgewühlten See begann ein verzweifelter Überlebenskampf, während das Wrack in kurzer Zeit versank. 16 Passagiere und 11 Besatzungsmitglieder ertranken, unter ihnen 15 Europäer. Einige Passagiere schafften es, das Riffdach zu erreichen und standen in hüfttiefem, aber ruhigem Wasser, um dort auf Hilfe zu warten. Andere wiederum, unter ihnen auch Major J. U. Champain, konnten sich auf den noch halb aus dem Wasser ragenden Fockmast retten und an der Saling festhalten. Die Boote, die mit den Frauen und Vorräten zum Riffdach gerudert waren, konnten sie nicht sehen, da ihnen das herabhängende Focksegel die Sicht versperrte. Erst nach zwei Stunden kehrten die drei Rettungsboote wieder zurück und begannen, weitere Passagiere und Besatzungsmitglieder vom Wrack auf das Riff in Sicherheit zu bringen.

Nachdem alle Überlebenden das sichere Riff erreicht hatten, begann die Evakuierung vom Riffdach zum etwa 5 km entfernten Shadwan. Mit viel Mühe wurden die Boote über die Korallen auf die Lee-Seite des Sha'abs gezogen. In den hohen Wellen war dies mit den kippligen Schiffen

* Dieser Umstand erklärt die Tatsache, daß die Carnatic heute mit fast 90° auf ihrer Backbordseite ruht.

über den flachen Korallensaum besonders mühselig. Gegen 20 Uhr waren die letzten Schiffbrüchigen sicher nach Schadwan gerudert. Fehlendes Süßwasser war für die Geretteten das größte Problem auf der Insel, denn fast alle Wasserfässer waren ausgelaufen, da sich in der Enge der Rettungsboote die Spunte gelockert hatten. Die letzten Fässer leerten die afrikanischen Heizer und Kohlentrimmer eiligst aus, um aus den Resten schnell ein paar lebensrettende Flöße zu bauen, wie Augenzeugen später berichteten.

Von Shadwan, so schien es zunächst, konnte man vorbeifahrenden Schiffen wohl kein Signal geben. Deshalb sollte ein Boot mit sechs Personen, unter ihnen der Erste Offizier, in den Kanal zwischen der Insel und dem Sha'ab rudern und dort auf die „Sumatra", die „Neaera" oder ein anderes Schiff warten. Würde dieses fehlschlagen, sollten die Männer zum etwa 35 km entfernten Leuchtturm von Ushruffi rudern, um von dort Wasser zu holen. Die einzige gerettete Seenotrakete deponierte man mit ein paar trockenen Streichhölzern im Boot.

Optimismus verbreiteten Hunderte Ballen fest gepreßter Baumwollstoffe, die, zuvor über Bord geworfen, an den Strand von Shadwan trieben. Aus den noch trockenen Teilen fertigten sich die Schiffbrüchigen notdürftige Bekleidung, sowie Turbane und Unterlagen für die Nacht. Außerdem konnte man daraus ein weit sichtbares Signalfeuer anzünden. Es war gegen 21 Uhr und man versuchte gerade, das Boot zu Wasser zu bringen, als einer der Besatzungsmitglieder plötzlich die Lichter eines Schiffs am Horizont ausmachte, die zunehmend näher kamen. Sofort versuchte man diesem Schiff entgegenzufahren. Nach einer halben Meile drehte sich die kleine Crew – darunter auch Major J.U. Champain – zur Insel um und sah das hell lodernde Signalfeuer, das offensichtlich auch von dem Schiff bemerkt worden war. Dieses war der Zeitpunkt, die Seenotrakete zu starten. Das Schiff dreht bei und hielt auf Shadwan zu. Es war der P&O Dampfer Sumatra auf seinem Weg von Bombay nach Suez. Rettungsboote wurden ausgebracht und eine kleine Flotte ruderte nach Shadwan. Der Transfer der Passagiere und Besatzung zur Sumatra dauerte bis gegen 10 Uhr des folgenden Tages, bevor am Mittwoch den 16. September die Anker aufgingen und man nach Suez umkehrte.

Der Untergang der Carnatic hatte zwar ein behördliches Nachspiel; offiziell aber wurde niemandem ein schuldhaftes Verhalten angelastet. Die mögliche Ursache für die Kollision mit dem Riff war nicht der abgesetzte Kurs. Dieser schien exakt berechnet. Es wird vermutet, daß Strömungen für die leichte Abdrift des Schiffs verantwortlich waren.

Die Bergung der Ladung

Die telegrafische Meldung vom Untergang der Carnatic sorgte beim Versicherer Lloyds in London für Aufregung. Man war daran interessiert, die Goldmünzen vom Wrack zu bergen. Dazu verließ der Spezialist Captain Henry D. Grant von der Royal Navy im Auftrag von Lloyds am 17. September mit zwei Helmtauchern und weiteren Helfern London. Die Reise führte die kleine Gruppe über Marseille nach Suez, wo sie am 25. September eintraf. Trotz pessimistischer Gerüchte, die Carnatic läge in unerreichbarer Tiefe (70 Meter), beschloß das Bergungsteam schon drei Tage später nach Shadwan zu segeln. Vor Ort entdeckten sie mehrere ägyptische Boote, deren Besatzungen offensichtlich versuchten, das Wrack zu plündern. Mit Eintreffen der Engländer ergriffen sie sofort die Flucht, wurden aber von ihnen gestellt. Die Fischer hatten nur einige Ladungsteile und einen Postsack an Bord. Grants Befürchtungen, die Gerüchte über die komplett versunkene Carnatic könnten sich bewahrheiten, verflogen, als er und seine Leute am Sha'ab noch die Rahnock der Carnatic aus dem Wasser ragen sahen. Das Wrack lag nur 18 Meter tief. Zunächst brachten sie Festmachertonnen aus, an denen die Bergungsschiffe ankern sollten. Erste Bergungsversuche wurden jedoch durch einen aufziehenden Sturm vereitelt. Ab dem 20. Oktober war man in der Lage, durchgehend am Wrack zu arbeiten. Der Zustand der Carnatic und die Bergungsaktion wurden später in The Illustrated London News* ausführlich beschrieben:

„...das Schiff lag am Riff, die unbeschädigte Steuerbordseite wies nach oben; die Backbordseite war offensichtlich beschädigt. Der Schornstein fehlte bereits, Vor- und Hauptmast standen aber noch aufrecht. Die Rahnock von Fock- und Vor-Marssegel waren noch zu erkennen, an denen Ankertaue für die Leichter der Bergungsflotte befestigt waren. Die Wassertiefe am Riff betrug im Durchschnitt 12 bis 14 Faden (1 Faden = 2 Yards = 6 engl. Fuß = 1,8288 Meter), die sich um eine Schiffslänge seewärts schon auf 18 Faden und weiter allmählich bis auf 40 Faden erhöhte..."

Die Bergung der Goldmünzen erwies sich als außerordentlich schwierig. Der englische Helmtaucher Stephen Saffrey aus Whitstable hatte viel Mühe, Teile der noch an Bord befindlichen Ladung und andere Gegenstände fortzuräumen, um an den Postraum des Schiffs zu gelangen, in dem die Goldmünzen vermutet wurden. Sein Tauchkollege George Rowden fiel gleich zu Beginn der Bergung mit einer gefährlichen Magenentzündung aus und mußte umgehend nach Suez zurückkehren. Saffrey stieß zu Beginn seiner Arbeit unter Deck auf eine bereits verweste Leiche, die nicht mehr identifiziert werden konnte. Immer wieder versperrten umgestürzte Schränke, Kisten und mit Wasser vollgesogene, schwere Stoffballen den Weg. Am 25. Oktober stieß er im Postraum auf eine weitere Leiche, die fest in einem der Bullaugen steckte. Am 26. Oktober 1869, barg Saffrey die erste Geldtruhe mit Goldmünzen aus dem hinteren Bereich des Postraums. Bis zum 2. November schaffte er weitere 22 Kisten aus dem Wrack, die einen Münzwert von 26 000 englischen Pfund enthielten. Technische Probleme mit dem Pumpen der Tauchausrüstung sowie die Beschaffung von neuem Proviant und Wasser zwangen das Bergungsteam zu einer mehrtägigen Pause. Man verließ die Untergangsstelle, die sofort schwer bewacht wurde und segelte nach Suez. Am 8. November kehrten Captain Grant und seine Leute zur Carnatic zurück und führten die Bergungsarbeiten fort.

Während der Strandung des Schiffs hatten die Passagiere und die Besatzung versucht, den Havaristen zu leichtern. Dabei wurde auch eine große Zahl Kupferplatten über Bord geworfen. Speziell eingestellte, freitauchende Beduinen begannen, die etwa 20 bis 35 kg schweren Platten aus 18 bis 20 Meter zu heben. Dabei entwickelten sie erstaunliche Fertigkeiten. Mit einem Seil am Arm tauchten sie kopfüber ab, nahmen eine der Platten vom Grund auf und ließen sich mit dem Seil an die Oberfläche zurückziehen. 70 bis 90 sek. dauerte in Durchschnitt ein Abstieg, wie Anwesende später berichteten. Insgesamt wurden auf diese Weise 700 Kupferplatten geborgen, die einen beachtlichen Wert darstellten.

* „The Illustrated London News", 27.11.1869, S. 542

CARNATIC

Ein Traumfund: das alte Wappen aus Messing der P & O Company

Von den Tauchern wurden während der gesamten Bergungsaktion Münzen im Gesamtwert von etwa 32.000 Pfund zur Oberfläche gebracht. Der Rest, etwa 8.000 Pfund, blieb bis auf den heutigen Tag verschollen. Vermutlich zahlten sich die Bergungsteilnehmer selbst einen großzügigen Zusatzlohn aus. Monate nach dem Ende der Bergungsaktion, im März 1870, rutschte die Carnatic die Riffschräge hinunter und nahm in 25 Meter Tiefe ihre endgültige Lage ein.

Das Wrack heute

Die Carnatic wurde 1984 zufällig von Tauchern wieder entdeckt. Schwierigkeiten bereitete zunächst die Identifizierung des Wracks. Dabei halfen viele der Fundstücke mit Prägungen und Aufschriften.

Durch Porzellanfunde mit der Reedereiflagge konnte das Schiff nach eingehender Recherche im National Maritime Museum in London als Carnatic identifiziert werden. Den Hauptanteil der Funde stellten viele Flaschen aus meist dickem, grünlichen Glas dar. Viele von ihnen besaßen eine geschwungene Amphorenform und trugen Firmenprägungen und verschiedene Herstellergravuren. Gegenstände des täglichen Gebrauchs wie Metall- und Glasknöpfe, Steck-, Frisier- und Rundkämme aus Horn in vielerlei Größen und Teile von Bleiverglasungen gehörten ebenfalls zu den Entdeckungen. Einige der gefundenen Gürtelschnallen besaßen als Herstellersymbol ein Sonnenzeichen, Teller und andere Keramiken zeigten die Einprägungen „Real Ironstone – China". Man fand neben Kristallstücken eines Leuchters auch Porzellan, Teile eines Silberservice, Messinglampen, ein Fernrohr, große Handlaternen, geschliffene Glasfenster und viel Privatbesitz der Passagiere. Auch Knochenreste, vermutlich von den Leichen, die 1869 von Stephen Saffrey nicht geborgen werden konnten, lagen noch zwischen den Trümmern.

Der Rumpf liegt heute auf der Backbordseite parallel zum Riff und ist seewärts geneigt. Er hat eine Schräglage von etwa 60 Grad und gleicht einem Gerippe aus Spanten, Querträgern und den Überresten der Zwischendecks. Das Vor- und das Achterschiff sind recht gut erhalten. Das Mittschiff mit dem Maschinenraum ist weitestgehend zerstört. Trümmer beherrschen das Bild, Stahlplatten, Reste von Rohrleitungen bedecken den Meeresgrund. Lediglich die hübsch bewachsenen Überreste der Tandem-Verbund-Dampfmaschine und des Kessels sind erkennbar. Genaue technische Zusammenhänge lassen sich aber kaum noch rekonstruieren.

Dieser Ring diente zur Befestigung des Bugspriets

In dem Gewirr von Eisen und Stahl sind Reste des Schornsteins und dicke Festmacherpoller erkennbar. Auf der dem Riff zugewandten Steuerbordseite liegen schwere Bleiplatten, deren ursprüngliche Bedeutung nicht mehr zu bestimmen ist, im Sand begraben.

Besonders erwähnenswert sind Heck und Bug. Beide Abschnitte geben einen aufschlußreichen Einblick in die Konstruktionsweise aus der Zeit des Überganges vom Segel- zum Dampfschiff. Die Querträger der drei Decks vermitteln dem Betrachter eine Perspektive, als tauche er durch eine mittelalterliche Säulenhalle. Die Zwischendecks besaßen früher keine großen Stehhöhen, alles war eng und die Kabinen klein. Von der hölzernen Decksbeplankung ist nichts mehr übrig, so daß das einfallende Licht eine bizarre Atmosphäre schafft. Überall ist der Schiffsboden mit dicken Sedimenten und verkrusteten Kleinteilen bedeckt. Ein ähnliches Bild bietet der Bug. Im vorderen Teil fällt die gewaltige Ankerwinde ins Auge. Sie könnte sogar dampfbetrieben gewesen sein. Dafür sprechen zu- und wegführende Rohrleitungen. Eine dicke Kette weist nach vorn zur Ankerklüse. Von der Winde fällt sie zur anderen Seite dick verkrustet zum Grund hinab. Auffällig ist die eigenwillige Form der Bugspitze. Sie ist weit nach vorn gezogen und besitzt einen Führungsring. Auf der ausladenden Spitze ruhte einst der Bugspriet, der durch diesen Ring gehalten im Schiffsinnern befestigt war. Der Bugspriet und die alte Galionsfigur sind schon lange nicht mehr vorhanden. Vermutlich wurden sie schon bei Grants erster Bergung 1869 an die Oberfläche gebracht. Dafür liegen die beiden, seewärts weisenden Masten noch auf dem Grund. Der Fockmast befindet sich am Ende der Bugsektion, der große Hauptmast im Bereich des zertrümmerten Mittschiffs.

Das Heck mit dem großen Ruderblatt und der gewaltigen, dreiblättrigen Schraube zählt ebenfalls zu den sehenswerten Attraktionen. Leicht zur Seite geneigt vermittelt es mit den Fensterreihen des ehemaligen Erste-Klasse-Salons auf der Backbordseite einen guten Eindruck des alten Postseglers. Die Davits der Rettungsboote ragen noch wie dürre Finger seitlich in die Höhe, Reste der hohen Reling säumen den Rumpf am Oberdeck. Eine große Tischkoralle steht am Stahlträger eines Davits. Im Innern des Schiffes, zwischen den Spanten und den verbliebenen Bordwänden, breitet sich mystisch diffuses Licht aus. Hier und dort liegen einige nicht mehr zu identifizierende Gegenstände am Boden. Feine, sandige Ablagerungen haben den tiefsten Punkt des Wracks überzogen. Hier bedecken unzählige Scherben von Wein-, Champagner- und Sodaflaschen den Boden des untersten Decks. Sie dienten als Vorrat für die Erste Klasse-Passagiere und gaben dem Wrack nach der Wiederentdeckung 1984 zunächst die Namen Weinfrachter und/oder Flaschenwrack.

Der Reiz der Carnatic liegt zum einen in der phantastischen Atmosphäre, die das Schiff verbreitet, zum anderen begeistert es mit herrlichem Bewuchs und, wer weiß – vielleicht auch noch mit verborgenen Schätzen und der Geschichte eines dramatischen Untergangs.

Carnatic

Schiffsdaten
Länge über alles: 98,23 Meter
Breite: 12,70 Meter
Seitenhöhe: k. A.
Tiefgang: 6,16 Meter
Tragfähigkeit: k. A.
Vermessung: 2.014 BRT (1.776 NRT)
Schiffstyp: Fracht- und Passagierschiff/Postdampfer, genietete Eisenplattenkonstruktion, kein Stahl
Antrieb: 4-Zylinder vertikale Tandem-Verbund-Dampfmaschine, Hilfsbesegelung, als Brigg getakelt
Leistung: 1.870 PS
Geschwindigkeit: 12 kn
Stapellauf: 6. Dezember 1862
Bauwerft: Samuda Brothers
Baunummer: keine Angaben
Bauort: Popular
Land: Großbritannien
Erste Reederei: Peninsular & Oriental Steam Navigation Company (P&O-Company)
Letzte Reederei: Peninsular & Oriental Steam Navigation Company (P&O-Company), vorzugsweise eingesetzt auf der Suez-Indien-Route
Beladung auf der letzten Fahrt: Ballen von Baumwolltuch, Kupferplatten, Post, 40 000 englische Pfund in Goldmünzen, privates Gepäck der Passagiere, Wein-, Champagner- und Sodaflaschen der Erste Klasse-Passagiere
Besatzung: 27
Passagiere: 203
Sonstiges: 32 000 englische Pfund und große Teile der Ladung wurden einige Monate später durch Taucher wieder an die Oberfläche gebracht. Die Verluste an Menschenleben wurden durch das zögerliche Verhalten der Schiffsleitung hervorgerufen, die Passagiere rechtzeitig zu evakuieren.
Untergang: 14.9.1869 (aufgelaufen 13.9.1869)
Ort: Sha'ab Abu Nuhas
Hoheitsgewässer: Ägypten
Ursache: Kollision mit einem Riff
Verluste: 27 Personen

Wrackdaten
GPS-Position: N 27° 34,756′ E 33° 55,617′
Maximale Tiefe des Wracks: 25 Meter
Minimale Tiefe des Wracks: 18 Meter
Strömungen: Moderate Strömungen können bisweilen auftreten. Bei starkem Wind ist am Wrack leider kein Tauchen möglich.
Sicht: verhältnismäßig gut, beste Tauchzeit in den frühen Morgenstunden, nachmittags aber bessere Lichtverhältnisse. Bei starkem Nordwestwind ist das Tauchen am Wrack wegen der Wellen und Dünung kaum möglich
Sehenswert: Bug und Heckbereich mit Schraube und Ruder, Ankerwinde und Maschinenüberreste, schöne, große Tischkoralle am Achterschiff auf einem Stahlträger

Chrisoula K

Historisches

Die Geschichte der Chrisoula K begann 1953 auf der Lübecker Werft von Orenstein & Koppel und bei der Lübecker Maschinenbau AG. Auftraggeber zum Bau des Stückgutfrachters (interne Baunummer 467) war die alteingesessene Lübecker Reederei E. L. Oldendorff & CO GmbH. Nach der offiziellen Typenbezeichnung war der Frachter ein Voll-/Shelterdecker. Das neue Schiff mit der Kennzeichnung DKKY wurde am 16.12.1953 beim Stapellauf auf den Namen Dora Oldendorff getauft. Tradition der Reederei war es, alle Schiffe mit dem Nachnamen der Familie zu versehen. Sie unterschieden sich lediglich durch die Vornamen einzelner Familienmitglieder, wie Dora – oder Ludolf Oldendorff. Die erste Probefahrt erfolgte am 27.2.1954. Bis 1970 lief das Schiff unter deutscher Flagge weltweit auf verschiedenen Routen. Am 16.12.1970 wurde die Dora Oldendorff an die Reederei Interocean Shipping Co. SA. in Piraeus verkauft und auf den Namen Anna B umbenannt. Dritter Eigner war die Clarion Marine Co. SA., ebenfalls eine Reederei aus Piraeus, die das Schiff Chrisoula K nannte.

Am 30. August 1981 rammte der Frachter vermutlich wegen eines Navigationsfehlers in voller Fahrt das Sha'ab Abu Nahas. Das Schiff befand sich mit etwa 3 700 t italienischen Bodenfliesen auf dem Weg von Gallipoli am Golf von Tarent in Italien nach Jeddah in Saudi Arabien. Es waren wenig attraktive Standardfliesen mit dunklen Graniteinschlüssen, so wie sie in Industrie- und Geschäftsräumen Verwendung finden. Da das eindringende Salzwasser die Fliesen schnell unbrauchbar machte, unternahm man keine Versuche, die Ladung zu bergen. Kurze Zeit lag das Wrack noch auf dem Riff. Wochen später schlossen sich für immer die Wogen über der Chrisoula K. Lediglich ein Teil der Bugsektion schaute am Riffdach noch für etwa fünf Jahre aus dem Wasser, bis auch dieser schließlich versank.

Das Wrack heute

Taucher nennen die Chrisoula K wegen der noch vorhandenen Ladung oft Fliesen- oder Keramikfrachter. Das Heck befindet sich in einem noch akzeptablen Zustand. Allerdings zeugen der Bewuchs und die rostig-braun verfärbten Wände der Unterkünfte und Arbeitsräume von den Jahren, die das Schiff bereits auf dem Grund liegt. Bevor Taucher so ziemlich alles demontierten, schrieb der UW-Filmer Heinz Swoboda aus Wien, der zwei Monate nach dem Untergang an der Chrisoula K tauchte, in sein Logbuch:

Tauchgang am 29.10.1981

„Das Schiff sieht aus, als wäre es erst gestern gesunken. An dem aus den Wellen ragenden Mast sind noch das Positionslicht und das Radar vorhanden. Unter Wasser bietet sich uns ein phantastischer Anblick, der weiße Gigant steht dort, als ob er gleich abfahren wollte. In 24 Meter Tiefe erreichen wir den Grund und tauchen zunächst zur Schraube. Von hier aus überblicken wir aus einiger Entfernung die rückwärtigen Aufbauten. Es ist ein überwältigendes Bild. Vom Heck aus schweben mindestens 10 dicke Taue zur Oberfläche. Wie Riesenaale wiegen sie sich in der Strömung. An uns vorbei schleppen einige Kollegen das Steuerrad zu einem Sammelplatz an Deck, wo schon ein Hebeballon bereit liegt. Wir kappen mit viel Mühe einige dieser Taue, damit sie zur

Industriegasflaschen aus der Chrisoula K im Flachwasser

Oberfläche treiben, denn unser einheimischer Kapitän Mahoad hat uns darum gebeten. Zudem sollen wir ihm Plastik mitbringen. Was er damit gemeint hat, sehen wir sofort: es sind meterlange Plastikplanen, die zu dem Zeitpunkt als Laderaumabdeckungen dienten. Damit könnte unser Kapitän sein Boot gleich mehrere Male umwickeln. Wir begutachten den Frachtraum. Er ist vollgestopft mit italienischen Bodenfliesen, alles noch Original verpackt. Ob die noch einmal geborgen werden? Weiter geht es zu den oberen Aufbauten. Eigenartigerweise fehlt hier eine ganze Seitenwand und im Inneren ist zum Teil alles zerstört. Diese Beschädigungen können aber nicht beim Aufprall auf das Riff entstanden sein. An der linken Seite liegt ein Rettungsboot auf dem Grund. Es ist noch an seinen Seilen befestigt und total zertrümmert. Was mag sich hier abgespielt haben, konnten sich alle Besatzungsmitglieder in Sicherheit bringen? Im vorderen Drittel weist der Schiffskörper einen dicken, senkrechten Riß und eine Falte auf, die über den gesamten Rumpf verläuft. Es hat den Anschein, daß beim Aufprall der restliche Rumpf den Gesetzen der Trägheit folgte und eben hier, an seiner schwächsten Stelle, diese massiven

Fliesenpakete in einem der Laderäume des Fliesenfrachters

Schäden sichtbar wurden. Der Bug hat sich tief in das Riff gebohrt und das ganze Schiff weist eine leichte Neigung nach Steuerbord auf. Ich dringe ein Stück in das Innere vor. In einem Raum steht noch ein Sack mit Kartoffeln, in einem kleinen Gläschen befinden sich Tabletten, die noch vollkommen trocken sind".

Am 18.3.1983 fand das selbe Taucherteam zahlreiche Kleinteile in einem großen, blauen Koffer, die näheren Aufschluß über die Chrisoula K und ihre Besatzung gaben. Aus den Unterlagen ging hervor, daß der Kapitän der Chrisoula K Theodoros Kannellis hieß. Weiterhin fand man eine Visitenkarte mit dem Namen Dimitri Boutsikaris (Port Kapitän) und mit seiner Adresse in Athen. Eine Impfliste aus Dakar datierte auf den 30.4.1981. Weiterhin lagen ein Ticket (Athen-Rom-Brindisi

Die Chrisoula K lief 1953 als Dora Oldendorff vom Stapel

vom 10.8.1981) auf den Namen des Kapitäns , verschiedene Listen mit Geldbeträgen, (alle am 18.2.1981 vom Kapitän unterzeichnet), eine Rechnung vom Bianca Beach Hotel, diverse Radiotelegramme, ein Brief der Reederei Clarion Marine Co. mit Aviso von drei Seeleuten und eine Auszahlungsbestätigung über DRS 20 000,– in Panama im Koffer.

Heute gibt es nichts mehr aus dem Schiff zu bergen; der Rumpf wird zunehmend von Steinkorallen überzogen. Das Achterschiff liegt um etwa 30° nach Steuerbord geneigt. Die vierblättrige Schraube und das Ruder ragen fast frei ins Wasser (24 Meter tief). Die hinteren, flachen Aufbauten sind, wie die Reling und die leeren Davits der Rettungsboote noch komplett vorhanden. Hinter den Aufbauten beginnt der letzte Laderaum. In diesem Bereich ist der Schiffsrumpf geknickt und stark verdreht. Deshalb verrutschte die in Paketen verstaute Fliesenladung und bildet mit den verbogenen und zerfetzten Metallteilen ein wirres Durcheinander. Vor allem die linke Seite des Laderaums ist stark beschädigt, nach Steuerbord ragt ein Mast mit Ladebäumen ins tiefe Blau. Schön bewachsen sind die Seile, die noch vom hinteren Mast bis auf den sandigen Grund reichen.

Die Chrisoula K besaß nur drei Laderäume. Der hintere Laderaum setzt sich, wie der im Mittschiff, aus zwei Unterabteilungen zusammen. Lediglich der Laderaum am Bug war eine in sich geschlossene Einheit. An den letzten, achterlichen Raum schließen sich an Deck kleinere Aufbauten und Winden sowie Überbleibsel des hinteren Mastes und der Ladevorrich-

Die große, freiliegende Schraube auf 24 Meter Tiefe

Die Schiffskombüse mit ihrem stabilen Elektroherd

tungen an. Danach folgt ein Laderaum, der ebenfalls voll von kleinen, handlichen Fliesenpaketen ist. Im Anschluß daran erheben sich mittschiffs die Überreste der Aufbauten. An der Steuerbordseite in Höhe des Maschinenraums liegt der abgebrochene Schornstein der Chrisoula K auf dem Meeresgrund. Die Brücke weist erhebliche Zerstörungen auf. Von hier kann man durch zwei Oberlichter in den Maschinenraum tauchen, in dem sich ein bizarres Szenario aus Leitungen, Schaltpulten, Kesseln, dunklen Öffnungen und Treppen eröffnet – ein Muß für jeden erfahrenen Taucher. Hier, an der rechten Bordwand befindet sich ein gewaltiger Reservekolben für den Schiffsdiesel in der Halterung. Vom oberen Bereich des Maschinenraums gelangt man links durch eine Tür und über einen schmalen Gang in die Schiffswerkstatt. Hier fallen eine Ständerbohrmaschine, eine Drehbank, Werkbänke mit offenen Schubladen und eine Doppelschleifmaschine auf. Taue, Schläuche, Kabel und nicht identifizierbare Werkzeugteile bedecken den Boden. Wer die Werkstatt in Richtung Bug durch die zerstörten Aufbauten verläßt, erkennt sofort die durcheinander gewürfelte Ladung des sich anschließenden Laderaums. Vor diesem Raum befindet sich wiederum ein umgestürzter Mast mit Ladebäumen und den dazugehörenden Seilwinden. Die rechte Seite dieses Laderaums ist völlig zerstört. Trümmer bedecken den Grund. Dicht unter der Oberfläche liegt der Bug mit dem gestauchten, kaum noch erkennbaren ersten Laderaum. Das Vorschiff ist stark beschädigt und der Kettenkasten liegt zum Teil frei. Die dicken Ankerketten verklumpten zu rostigen Haufen. Viele Industriegasflaschen, die ebenfalls zur Ladung gehörten, ragen eingeklemmt aus den verstreuten Trümmern.

Behauptungen, der auf dem Riffdach sichtbare, rostende Bugrest gehöre zur Chrisoula K, sind falsch. Die Bugsektion gehört zur einem unbekannten, alten Wrack. Dies belegt ein Foto von 1982 aus dem Archiv von Heinz Swoboda. Es zeigt die abgerissene, unbekannte Bugsektion auf dem Riff, im Vordergrund den Bug der Kimon M, des Linsenfrachters, der heute vollständig unter Wasser liegt und daneben die ebenfalls noch aus dem Wasser ragende Chrisoula K. Der Bug der Chrisoula K selbst weist mittlerweile massive Beschädigungen auf, vor allem der Bereich des Vordecks und die Steuerbordseite. Das Vorschiff und der Bugbereich werden wegen der starken Brandung nur selten betaucht- sicherlich ein Grund, warum die Identität der Chrisoula K lange nicht bekannt war. Auf der Backbordseite des Bugs ist wegen des Korallenwachstums nichts mehr von einem oder den anderen Namenszügen zu erkennen. Auf der anderen Seite sind die Bordwandungen zum Teil abgefallen und liegen zwischen den Korallen festgekeilt. Durch Zufall entdeckten die Autoren eine zum Teil zerrissene Stahlplatte in nur 2 Meter Wassertiefe und konnten mit einer Bürste einen Teil des ersten Schiffsnamens freilegen. Was zu erkennen war, las sich zunächst als „Dora Oldend ...". Offensichtlich fehlte das Reststück der Bugplatte mit den letzten Buchstaben. Spätere Recherchen in Deutschland brachten dann den ursprünglichen Namen und somit die ganze Geschichte an Tageslicht.

Heute hat die Natur das Schiff erobert. Kapitale Barsche, Schwärme von Glasfischen, Napoleons und Fledermausfische halten sich am Wrack auf. Von den vier derzeit bekannten Schiffen am Sha'ab Abu Nuhas ist das Wrack der Chrisoula K im Mitt- und Vorschiffbereich am stärksten zerstört. Und dennoch ist das Schiff ein bestechend schönes Wrack.

Chrisoula K

Schiffsdaten
Länge über alles: 101,05 Meter
Breite: 14,84 Meter
Seitenhöhe: 9,00 Meter
Tiefgang: 7,27 Meter (als Volldecker)
Tragfähigkeit: 5 955 t (als Volldecker)
        4 550 t (als Shelterdecker)
Vermessung: 3 807,34 BRT
Schiffstyp: Stückgutfrachter
Antrieb: einfach wirkender 2-Takt MAN Dieselmotor – Typ G 9 Z 52/90 mit Nachladung
Leistung: 1 x 2.700 PSe/136 rpm
Geschwindigkeit: 13,5 Knoten
Stapellauf: 16.12.1953
Bauwerft: Orenstein & Koppel/Lübecker Maschinenbau Gesellschaft
Baunummer: 467
Bauort: Lübeck
Land: Deutschland
Erste Reederei: E.L. Oldendorff. Lübeck-Travemünde
Letzte Reederei: Clarion Marine Co. SA., Piraeus, Griechenland
Beladung auf der letzten Fahrt: Bodenfliesen
Besatzung: keine Angaben
Passagiere: maximal 6
Sonstiges: Bei starkem Wind ist am Wrack kein Tauchen möglich
Untergang: am 30.8.1981 gestrandet, einige Wochen später zerbrochen und untergegangen
Ort: Sha'ab Abu Nuhas
Hoheitsgewässer: Ägypten
Ursache: Kollision mit einem Riff
Verluste: keine

Wrackdaten
GPS-Position: N 27° 34,823' E 33° 55,731'
Maximale Tiefe des Wracks: 24 Meter
Minimale Tiefe des Wracks: 2 Meter (Bugreste an Riffkante)
Strömungen: Bisweilen treten mäßige Strömungen auf. Bei starkem Wind ist am Wrack kein Tauchen möglich. Sicht verhältnismäßig gut, beste Zeit in den frühen Morgenstunden, nachmittags aber bessere Lichtverhältnisse, dafür aber mehr Trübstoffe im Wasser
Sehenswert: das gut erhaltene Heck, Maschinenraum, die Schiffswerkstatt, die bewachsenen Masten und Ladebäume und im Vorschiff die Ansammlung von Gasflaschen

Kimon M

Historisches

Seit vielen Jahren kursierte in der Taucherszene eine Geschichte, die sich in den achtziger Jahren ein deutscher Tauchsportjournalist ausgedachte, um seinem Bericht über den Linsenfrachter am Sha'ab Abu Nuhas mehr Inhalt zu geben. Er nannte das Schiff Seastar und der Kapitän erhielt den klangvollen Namen Adrianopoulos. Selbst das Untergangsdatum, 1976, und das Heimatland Libanon waren frei erfunden. Die erfolgreiche Story vom unbekannten Schiff verwendeten andere Autoren fleißig weiter. Erst eine lange Recherche brachte die Autoren dieses Buches auf eine andere Version, denn bei Lloyds of London war kein Schiff für einen möglichen Untergangszeitraum von 1969 bis 1989 verzeichnet, auf das diese fiktiven Daten gepaßt hätten. Ein Brief an informierte britische Quellen brachte schließlich die Wahrheit minutiös ans Licht: der Linsenfrachter am Sha'ab Abu Nuhas hieß Kimon M.

Die Kimon M lief als MF Brunsbüttel in Hamburg vom Stapel

Der Stückgutfrachter von über 106 Meter Länge und fast 15 Meter Breite besaß, bevor er am 12.12.1978 am Sha'ab scheiterte, viele andere Namen. Gebaut wurde er 1952 als MF Brunsbüttel bei der Hamburger Werft H.C. Stülcken & Sohn. Mit vier Laderäumen, einer Geschwindigkeit von 13 kn bei einer Leistung der beiden, acht Zylinder starken und auf eine Welle gekoppelten Dieselmotoren von fast 3 000 PS, entsprach er einem für die damalige Zeit gängigen Typus mittelgroßer Frachter. Bereits 1953 wurde er auf den Namen Ciudad de Cucuta umbenannt, ab 1964 hieß er Angela, ab 1971 Kimon. 1975 erwarb die panamesische Reederei Janissios Shipping Co. S.A. den Frachter, die ihn auf den Namen Kimon M umtaufte.

Nach Angaben des Britischen Hydrographischen Institutes befand sich die Kimon M mit einer Ladung von 4 500 t Linsen auf Fahrt vom türkischen Iskender nach Bombay. Es war die letzte Fahrt, schrieb H-J. Abert in seinem Buch „Die Deutsche Handelsmarine 1870-1970". Die Kimon M sollte von Bombay zur Verschrottung nach Pakistan weiterfahren. Sie lief aber, so die britische und deutsche Quelle, nicht unmittelbar auf das Riff, sondern rammte ein Wrack am Sha'ab Abu Nuhas. Da es sich 1978 bei diesem ursächlichen Wrack um keines der heute bekannten und betauchten Schiffe handelte (sie gingen alle später unter und die Carnatic lag schon über 100 Jahre auf dem Grund) ist anzunehmen, daß die Kimon M vermutlich genau das Schiff rammte, von dem heute an der äußersten Nordwestspitze nur noch der rostige Bug zu sehen ist. Immer wieder wurde von fünf Wracks an dieser Stelle gemunkelt, bis Fotos 1982 bewiesen, daß diese Annahme nicht nur zutrifft, sondern weitere Schiffe an diesem Riff scheiterten. Es ist

Das Wrack liegt mit 90° auf seiner Steuerbordseite

daher anzunehmen, daß bei dem Aufprall das getroffene Wrack zerrissen wurde. Die Bugsektion blieb bis heute auf dem Riffdach liegen, der Rest rutschte an eine weitestgehend unbekannte Stelle ab. Schnell begann sich die Kimon M mit Wasser zu füllen, sackte über das Heck ab und legte sich auf die Steuerbordseite. Der vordere Rumpf ragte auf dem Riff liegend noch für einige Jahre aus dem Wasser. Das Schiff sackte weiter ab und der Rumpf neigte sich zunehmend zur Seite. Langsam zerschlugen Wind und Wellen das Vorschiff des Wracks, bis die Kimon M in den achtziger Jahren ganz von der Oberfläche verschwand. Für die Fische am Sha'ab bedeutete der Untergang der Kimon M eine Schlemmerei ohne Ende. Denn die gärenden Hülsenfrüchte, die allmählich aus den vermodernden oder von Tauchern zerschnittenen Säcken quollen, waren für sie die Nahrung schlechthin.

Das Wrack heute

Die Kimon M ist heute ein attraktives Wrack. Sie ruht 12-30 Meter tief mit fast 90° auf der Steuerbordseite. Viele Taucher haben dadurch das Gefühl, die Kimon M hat ihre endgültige Lage noch nicht gefunden. Besonders bei starker Dünung sollte man das Wrack mit einer gewissen Vorsicht betauchen. Das Vorschiff weist auf das Riff, vor dem die zerschmetterten Überreste des Vorschiffs und des Bugs den ansteigenden Meeresgrund bedecken.

Ein Tauchgang beginnt am besten am tiefliegenden Heck mit der eindrucksvollen Schraube und dem riesigen Ruderblatt, die beide völlig unversehrt aus dem sandigen Untergrund ragen. Durch die extreme Seitenlage und den frei liegenden Kiel können Ruder und Propeller auch von unten angetaucht werden. Von hier aus schwimmt man am besten rechts um das Heck herum, wo die hinteren Aufbauten der Kimon M beginnen. Zunächst überquert man die großen Winden auf dem Achterdeck und schwimmt dann zu den flachen Schiffsaufbauten und den Davits. Die Räumlichkeiten sind alle sehr eng und es lohnt sich nicht, in sie vorzudringen. Von den Einrichtungen blieb nichts übrig, alles ist leer und von Sedimenten bedeckt. Gleich hinter den Aufbauten liegt eine dunkle Öffnung des letzten Laderaums. Die Lukenabdeckungen sind, gleich den nachfolgenden „Cargo Holds", losgerissen und liegen verstreut neben dem Wrack auf dem Meeresgrund. Der Laderaum weist massive Beschädigungen auf. Zwischen den Trümmern und verbogenen Rumpfteilen fällt auf der rechten Seite ein riesiger Bronzepropeller auf, der zwischen den einzelnen Stahlplatten und verbogenen Trägern festgekeilt ist. Ob es sich um eine Ersatzschraube oder um Transportgut handelte, ist noch nicht geklärt. Sonst hat dieser Bereich nichts Aufregendes zu bieten.

Auch der Laderaum Drei ist uninteressant; die Linsenladung ist völlig verschwunden. Dem Rumpfverlauf zum Riff folgend, gelangen Taucher zu den Mittschiffaufbauten, an die Überreste des Schornsteinansatzes, zum Einstieg in den Maschinenraum und an die sich anschliessende Brücke. Von ihr ist nur noch wenig übriggeblieben, alles wurde vom Meer weggerissen. Nur an den Stahlplatten auf dem Boden lassen sich die Dimensionen der Brückenaufbauten erahnen. Die Masten und Ladebäume für die zwei hinteren Laderäume erstrecken sich weit ins offene Wasser, eine Mastspitze bohrte sich in den Sand. Sie sind schön bewachsen und bie-

Der Zerstörungsgrad an der Kimon M ist unübersehbar

ten interessante Fotomotive. In der Nähe liegt der mächtige Schornstein auf dem Grund. Der Meeresboden ist neben der noch gut erhaltenen, hinteren Hälfte der Kimon M mit den Trümmern der Aufbauten, mit Seilen, Rollen, Gasflaschen und anderen Gegenständen übersät. In der Nähe erhebt sich auf der rechten Seite ein großer, mit Korallen herrlich bewachsener Felsen.

Interessant ist auch der einfach zugängliche Maschinenraum. Man erreicht ihn am besten von der Seite durch das offene Lüftungsdach und folgt den „horizontalen" Treppen bis tief in den Bauch des Schiffs. Dichte Glasfischschwärme bewachen den Eingang, daneben stehen in Nischen regungslos einige kapitale Rotfeuerfische. Direkt voraus zwischen einigen Stahlträgern liegen die beiden gewaltigen, Achtzylinder-Schiffsdiesel, deren Zylinderköpfe schon stark verkrustet sind. Laufroste erstrecken sich parallel zu den Maschinen, große Kreiselpumpen stehen neben Elektromotoren. Rohre und dicke Kabelbäume führen zum Zentrum des alten Frachters. Hier ist auch das Reich der Barsche, Drückerfische und Papageienfische, deren nagendes Geräusche an den schon prächtigen Steinkorallen kaum zu überhören ist. Draußen, am Wrack, patrouillieren Napoleonfische, große Riffbarsche und Schwärme von Fledermausfischen. Sie zeigen dabei eine erstaunliche Zutraulichkeit, Ein weiteres, großes Loch in der Backbordwand verschafft dem Taucher einen zweiten, bequemen Ausgang aus dem Wrack.

Verläßt man den Maschinenraum und schwimmt zum Riff, gelangt man an den zweiten, noch gut erhaltenen Laderaum der Kimon M. Der vordere Bereich ist stark zerstört. Die Backbordseite ist an einer Stelle soweit aufgebrochen, daß man meinen könnte, es handelte sich um die eigentliche Laderaumöffnung. Auch hier ist nichts mehr zu finden, bis auf eine Ausnahme. Die Autoren stießen dort noch im Dezember 1996 einige aufgeplatzte Linsensäcke mit Inhalt, um die viele Fische herumschwammen. Die Säcke aus verrottungsfreier Kunststoffolie waren eingeklemmt und hatten offensichtlich die Jahre schadlos überstanden. Vermutlich rissen sie erst 18 Jahre später durch die Last zusammenbrechender Wrackteile auf.

Im aufsteigenden Riffbereich schließt sich ein riesiges Trümmerfeld an. Das vordere Mittschiff ist bereits in großem Maße zerstört, die Rumpfwände stark deformiert. Weiter zum Vorschiff, wird es schwierig, Details zuzuordnen. Teile des Wrackabschnitts stehen schräg, zum Teil aufrecht im Wasser. Dieser Bereich weist einen schöneren Bewuchs auf, als das Achterschiff mit dem Heck. Die Trümmer bedecken den Grund bis ins Flachwasser, die Kimon M vereint sich hier bereits mit dem Riff. Wer noch ausreichend Luft hat, kann von hier einen Abstecher zur etwa 100 Meter entfernten Chrisoula K machen und dort wieder auftauchen.

Kimon M

Schiffsdaten
Länge über alles: 106,43 Meter
Breite: 14,70 Meter
Seitenhöhe: 9,80 Meter
Tiefgang: 6,75 Meter
Tragfähigkeit: 5080 t
Verdrängung: 3714 BRT
Schiffstyp: Motorfrachtschiff
Antrieb: 2 x 8 Zylinder Diesel auf eine Welle gekoppelt WUMAG GmbH, Hamburg
Leistung: 2940 PS
Geschwindigkeit: 13 kn
Stapellauf: August 1952
Bauwerft: H.C. Stülcken & Sohn
Baunummer: 770
Bauort: Hamburg
Land: Deutschland
Erste Reederei: Willy Bruns GmbH Hamburg
Letzte Reederei: Janissios Shipping Co. S.A. Panama
Beladung auf der letzten Fahrt: Linsen (4500 Tonnen)
Besatzung: keine Angaben
Passagiere: keine Angaben
Sonstiges: Das Wrack liegt auf seiner Steuerbordseite, das Vorschiff mit dem Bug ist sehr stark zerstört
Untergang: Am 12.12.1978 gestrandet, später zerbrochen und gesunken
Ort: Sha'ab Abu Nuhas
Hoheitsgewässer: Ägypten.
Ursache: vom Kurs abgekommen und Kollision mit einem unbekannten Wrack am Riff
Verluste: keine

Wrackdaten
GPS-Position: N 27° 34,900' E 33° 55,813'
Maximale Tiefe des Wracks: 30 Meter
Minimale Tiefe des Wracks: 12 Meter
Strömungen: bisweilen moderate Strömungen in der Tiefe, oft starke Brandung, Dünung im Flachwasserbereich. Bei starkem Wind ist am Wrack kein Tauchen möglich
Sicht: gut, beste Zeit in den frühen Morgenstunden, nachmittags aber bessere Lichtverhältnisse, dafür jedoch mehr Eintrübungen.
Sehenswert: das gut erhaltene Heck, Maschinenraum, die bewachsenen Masten und die Ladebäume

Die Straße von Gubal

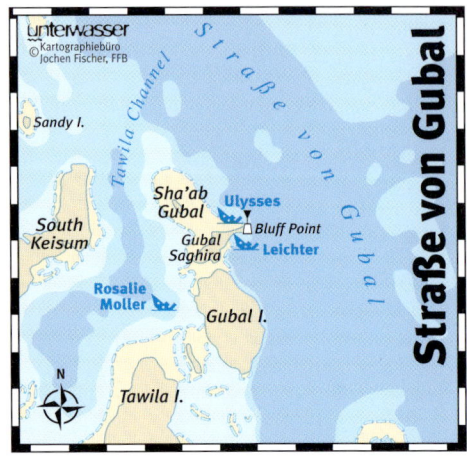

Die Straße von Gubal zählt weltweit zu den schiffsreichsten (ca. 20 000 Schiffsbewegungen pro Jahr durch den Suezkanal) und gleichzeitig gefährlichsten Verkehrswegen. Alle Schiffe, die den Golf von Suez in Richtung Rotes Meer verlassen, müssen dieses Nadelöhr mit vielen Riffen passieren. Gegenüber dem ägyptischen Festland liegen im Westen die Aschrafi Islands, die beiden Keisum Islands, Little Gubal, Gubal Island und Tawila Island als weitere Hindernisse. Anschließend folgen fünf kleinere Riffe mit wunderbaren Tauchgründen. Ein Riff, das weit in das Fahrwasser ragt, ist das Sha'ab Abu Nuhas. Dort scheiterten bereits viele Schiffe, da das Riff von Bord aus schlecht zu erkennen ist. Das letzte Hindernis bildet die Insel Schadwan.

Auf der Ostseite verengen die Ölfelder des Sha'ab Ali und des Shag Rock die Straße von Gubal. Die Tiefen in der Straße von Gubal sind im Vergleich zum Golf von Aquaba nicht besonders groß. Kräftige Strömungen sind allerdings keine Seltenheit und hohe Sedimentationsraten wie an der Rosalie Moller im Westen zählen ebenfalls zu den Merkmalen dieser Region. Bei dem intensiven Schiffsverkehr, der in der Straße von Gubal herrscht ist anzunehmen, bzw. zum Teil auch schon bekannt (Quelle: British Hydrogrphic Office), daß hier noch weitaus mehr Wracks liegen, als bisher vermutet.

Der Leuchtturm auf den Ashrafi Islands

Der Bluff Point ist ein gefährliches Hindernis

DIE STRASSE VON GUBAL

Eine typische Rotmeerszene mit verschiedenen Korallenarten

Ulysses

Historisches

Bis vor kurzem umgaben den Dampffrachter von Gubal Island, fälschlich oft als „Kabelleger" bezeichnet, viele Geheimnisse. Der Name war genauso unbekannt wie Funktion und Aufgaben des ehemaligen Schraubendampfers. Auch die Autoren tappten viele Jahre im Dunkeln. Zufällig fand sich im Internet ein Hinweis auf einen Schiffsnamen. Dieser wurde gezielt weiterverfolgt, bis ein englischer Privatmann den entscheidenden Hinweis und wertvolle Informationen über das Schicksal des Frachter von Gubal lieferte. Das Wrack konnte als die 1949 BRT große Ulysses identifiziert werden. Eindeutig ist auch geklärt, daß das Schiff niemals ein Kabelleger war, obwohl dieses immer wieder behauptet wurde und daß es zudem auch nie den Siemens Brothers in London gehört hat. Einige elektrotechnische Ladungsteile trugen zwar den Firmennamen der Siemens Brothers, bei denen oder für die diese Gerätschaften nachweislich produziert wurden. Auch die Kabelrollen legten den Schluß nahe, es könnte sich um einen Kabelleger handeln. Doch dieser Annahme stehen handfeste Argumente entgegen.

Die Firma der Siemens Brothers verlegte zwar zum Ende des 19. Jh. Telegrafenkabel, aber nicht im Roten Meer, sondern im Persischen Golf. Für diese Zwecke und auch in den späteren Jahrzehnten besaß sie zwei Spezialschiffe. Beide hießen „Faraday". Das erste Schiff lief 1874 vom Stapel. Es besaß zwei Verbunddampfmaschinen und zwei Schrauben. Mit einigen Modifikationen bis 1923 als Kabelleger eingesetzt, wurde es weiterverkauft und als umgebauter Kohlentransporter „Analcoal" gefahren. 1931 schleppte man es über Gibraltar

Der „Kabelleger" von Gubal war der Dampffrachter Ullyses

nach Sierra Leone und baute es dort 1941 zum Marineversorgungsschiff um. 1950 kehrte es zur Verschrottung nach Südwales zurück. Das zweite Schiff wurde nach dem Verkauf der ersten „Faraday" 1923 gebaut und stimmt mit den Abmessungen auf keinen Fall mit dem Wrack von Gubal überein. Es wurde am 25. März 1941 nach Verlassen des Hafen von Falmouth, von deutschen Bomben getroffen, brannte aus und versank nördlich von Sainte Anne's Head. Diese Umstände erklären, warum in den Archiven der Nachfolger der Siemens Brothers in London nichts über das Wrack von Gubal bekannt ist.

Fest steht, daß die Ulysses auf ihrer letzten Fahrt elektrische Materialien, Bunsenelemente, Kabel und Keramikisolatoren transportierte. Am Wrack entdeckten die Autoren stapelweise sechseckige Bodenfliesen, Maschinenteile, Eisenrohre und Fässer. Ein großer Teil der Ladung liegt korallenbewachsen noch heute am Riff des Bluff Points. Die Fracht deckt sich mit den englischer Quellen, nach der die Ulysses mit einer allgemeinen Stückgutladung (general cargo) auf der Reise von London nach Penang war, als sie vom Kurs abkam und mit der Nordspitze von Little Gubal Island kollidierte.

1996/97 fanden die Autoren am Frachter einige mit interessanten Aufschriften versehene Teller und alte Sodaflaschen, die aus der Schiffseinrichtung stammen dürften. Auf der Rückseite des Geschirrs wurde ein Aufdruck des Porzellanherstellers Primavesi mit den Namen der walisischen Städte Newport und Swansee entdeckt, wo das Unternehmen nachweislich seinen Sitz hatte. Die Sherryflaschen und die Mineralwasserflaschen besaßen hübsche Gravuren des irischen Herstellers Wheeler. Die charakteristische Form der Flaschen weist auf die Zeit des letzten Drittel des 19. Jahrhunderts hin.

Die 104 Meter lange, 10,2 Meter breite und über 8 Meter hohe Ulysses, die über eine Schraube von einer zweizylindrigen, 225 PS starken Tandem-Verbunddampfmaschine der schottischen Firma R. Stephenson & Co. aus Newcastle angetrieben wurde, war in Liverpool registriert. Nach dem Stapellauf 1871 auf der schottischen Werft von Andrew Leslie & Co in Newcastle wurde sie vom Auftraggeber, der Ocean Steam Shipping Company in Dienst gestellt. Offensichtlich galt sie als ein unglückliches Schiff, wie aus England berichtet wird. Bestimmt für die Routen nach Fernost lief sie schon auf ihrer ersten Fahrt im Roten Meer auf Grund und mußte wegen gravierender Reparaturen nach Liverpool zurückkehren. Ein Jahr später, 1872, verlor die Ulysses bei Annäherung auf die Reede vor Shanghai den Propeller und wurde mit erneuten Beschädigungen an Land getrieben. Im Jahre 1887 ereilte sie dann vor Little Gubal Island ihr endgültiges Schicksal. Dieses wird auch von Lloyds Register bestätigt. Der letzte Eintrag von 1888–89 vermerkt nur lapidar „Stranded".

Der Havarist lag anfänglich mit dem Vorschiff auf dem flachen Riffdach auf und kam nicht mehr frei. Zur Stabilisierung und Sicherung warf man Anker auf das Riff; einer ist noch heute auf dem Riffdach zu erkennen. Die dazu gehörende Kette am Heck zieht sich riffaufwärts. Vermutlich schwamm das Schiff noch für einige Zeit, in der man versuchte, die Ladung zu bergen, bevor es in der Höhe des Maschinenraums auseinanderbrach. Das Heck und das hintere Mittschiff sackten ab und blieben in 27 Meter Tiefe relativ unbeschädigt auf der Backbordseite liegen. Die vordere Hälfte wurde völlig zerschmettert und die Ladungsteile überall verstreut.

Das Wrack heute

Bei der Ulysses weisen die stark bewachsenen Teile der Maschine, die zwischen den Korallen identifiziert werden können, auf ein altes Schiff aus der Frühzeit der Dampfschiffahrt hin. Das Wrack

Alte Teller und Sodaflaschen wurden 1996 von den Autoren geborgen

begeistert auch deshalb, weil es fast schon zum Bestandteil des Riffs geworden ist und eine bizarre Atmosphäre vermittelt. Fast alle Überreste sind vollständig überwachsen und mit Korallen verkrustet. Nur an wenigen Stellen gibt es erkennbare Konturen des Rumpfes. Gut erhalten ist das Heck mit der altertümlichen, dreiblättrigen Schraube und dem riesengroßen Ruder, das 90° backbord eingeschlagen ist, so als wollte man damals dem Zusammenstoß mit dem Riff im letzten Moment noch ausweichen. Hier beginnt am besten der Tauchgang.

Am Oberdeck sind noch Reste der einst kunstvoll verzierten Reling und der Ruderanlage erkennbar. Am Ende des Wracks liegen eine umgestürzte Badewanne und vielerlei Flaschenscherben. Vermutlich stammen sie aus der Kapitänskabine, die sich also vermutlich am Ende des Achterschiffs befand. In Nähe des offenen Wellentunnels stapeln sich im untersten Decksbereich faßähnliche Behälter, deren Inhalt versteinert zu sein scheint (Zement?), neben Bündeln von nicht identifizierten Stangen sowie dünnen Rohren und andere, nicht eindeutig zuzuordnende Gegenstände. Auffällig ist eine Rollenkonstruktion, die einst wohl zum Fieren von Seilen und Tauen verwendet wurde. Der Heckbereich mit zwei Decks gleicht einer Kathedrale aus Spannten und Deckträgern mit einer fast sakralen Atmosphäre.

Im Bereich des Mittschiffs ist das Trümmerchaos noch ausgeprägter. Es sind der Kessel, Dampfsammelrohre, sowie Reste von Rohrleitungen und Absperrventile erkennbar. Zwischen den Trümmern erhebt sich ein großes Schwungrad – vermutlich ein Bestandteil der ehemaligen Dampfmaschine. Auffällig ist auch ein großer, viereckiger Wassertank mit schönen, kleinen Messingbeschlägen. An den zerbrochenen Bordwänden sind ein paar Juffern zu erkennen, die einst Masten und Wanten fixierten – ein weiterer Hinweis auf die Übergangszeit vom Segel- zum Dampfschiff. Hier im Mittschiff gibt es im Gegensatz zum Heck etliche Nischen und enge, höhlenartige Räume, die durch die zusammengebrochenen Wrackteile entstanden sind und die vielen Meeresbewohnern, allen voran Rotfeuerfischen, Zuflucht gewähren. Vorsicht und ein behutsames Tauchen ist in diesem Bereich des Wracks angeraten.

Am Ende der Riffwand, wo der sandige Meeresgrund beginnt, fällt eine große Dampfwinde mit einer kleinen Spill auf, die vermutlich zum Beladen des Schiffs diente, sowie große, gußeiserne Speichenräder, die halb vom Sand bedeckt sind. Seewärts liegt ein langer und in mehrere Teile zerbrochener Schornstein und zylindrische Behälter, die vermutlich von der Dampfmaschine stammen. Ebenfalls ragt aus dem Mittschiff ein leicht zum Boden geneigter, dünner Mast ins offene Wasser. Diese Wrackteile sind dicht mit Weich- und Hartkorallen bewachsen. Al-

Dieses Schwungrad befindet sich bei der alten Dampfmaschine

lerdings sind sie bei starker Strömung nur schwer zu erreichen und bieten auf ihrer Leeseite wenig Schutz. Riffaufwärts erstrecken sich als Beweis, daß der Frachter vor dem Untergang auf dem Riff festsaß, weit ausgedehnte Trümmerareale. Hier stapeln sich zahllose Rohre einheitlicher Länge in wirrem Durcheinander; die meisten mit einem Durchmesser von etwa 20 bis 30 cm. Diese Rohre mit entsprechenden Verbindungsflanschen gehörten eindeutig zur Ladung des Wracks und waren in der vorderen Hälfte des Schiffs verstaut. Gleiches gilt für die zahllosen Keramikisolatoren und die industriell gefertigten, sechseckigen Fliesen, die zu Stapeln zwischen den weiteren Wracktrümmern, Resten der Kohleladung und den Korallenblöcken liegen. Daneben befinden sich Festmachpoller und große Segmente zusammengebrochener Bordwände, die einst aus massiven Eisenplatten zusammengenietet waren. Auch die Nietenart beweist das hohe Alter des Schiffes. Souvenirs sind allerdings rar. Wie einige Quellen behaupten, ist wohl schon etliches geborgen worden; unter anderem auch Geschirr und kleine Arrak-Flaschen, andererseits sind viele Kleinteile so stark verkrustet oder liegen unter dem Sand, sodaß sie einfach nicht mehr zu finden sind.

Das Tauchen an der Ulysses ist trotz der geringen Tiefen zwischen 15 und 30 Meter nicht ganz einfach. Vor Little Gubal Island herrscht meistens eine starke West-Ost-Strömung. Verfehlt der Taucher das Wrack oder bei der Rückkehr das Tauchboot, treibt er schnell ins offene Meer ab. (Seenotsignale mitführen!) Wegen der Strömungen sind die Sichtverhältnisse am Schiff oft sehr schlecht, daher erhält man nur selten einen Gesamtüberblick vom Wrack. Die stete Strömung vor Gubal Island sorgt für viel Fisch, besonders in den flacheren Bereichen. Kobias, Napoleons, Schwärme von Barrakudas, Haie, Rochen, Zackenbarsche und Schildkröten sind hier keine Seltenheit. Daher sollten ein oder gar mehrere Tauchgänge am Wrack der Ulysses in keinem Logbuch fehlen.

Ulysses

Schiffsdaten
Länge über alles: 104 Meter
Breite: 10,2 Meter
Seitenhöhe: 8,4 Meter
Tiefgang: unbekannt
Tragfähigkeit: 1 843 ts
Vermessung: 1 949 BRT
Schiffstyp: Dampfsegler
Antrieb: Zweizylinder Tandem-Verbunddampfmaschine R. Stephenson & Co. – Newcastle
Leistung: 225 PS
Stapellauf: 1871
Bauwerft: Andrew Leslie & Co
Baunummer: unbekannt
Bauort: Newcastle
Land: Schottland
Erste Reederei: Ocean Steam Shipping Company
Letzte Reederei: Ocean Steam Shipping Company
Beladung auf der letzten Fahrt: allgemeine Ladung, u. a. diverse Rohre, Fliesen, Fässer, schwere Maschinenteile elektrisches Material, Kabel und Kabelrollen, Keramikisolatoren, Bunsenelemente
Besatzung: unbekannt
Passagiere: unbekannt
Sonstiges: Wrack ist im Mitt- und Vorschiffsbereich stark zerstört, aber wunderschön bewachsen
Untergang: 1887
Ort: Little Gubal Island
Hoheitsgewässer: Ägypten
Ursache: Kursverlust
Verluste: unbekannt

Wrackdaten
GPS-Position: N 27° 41,202′ E 33° 48,128′
Maximale Tiefe des Wracks: 30 Meter
Minimale Tiefe des Wracks: 2 Meter
Strömungen: bisweilen heftig, ggf. ist ein „Driftdive" erforderlich
Sicht: Bedingt durch die Strömungen ist die Sicht am Tauchplatz sehr unterschiedlich
Sehenswert: das Heck mit Schraube und Ruder, das Mittschiff mit den Resten der Maschine, der Schornstein, die bewachsenen Spanten und Rumpfreste, sowie das Trümmerareal im Flachwasserbereich. Außerdem Barrakudaschwärme auf den Riffdach

Der Leichter

Historisches

Die Lagune am Bluff Point (Leuchtfeuer auf Little Gubal Island) ist ein beliebter abendlicher Ankerplatz für Safariboote und kleine Fischtrawler. Selbst bei schwerer See bleibt das Wasser in der Bucht ruhig. Dicht unter Land befindet sich im flachen Wasser eine Attraktion, die sich für leichte Abstiege und Nachttauchgänge hervorragend eignet: das Wrack einer ehemaligen Transportschute (Prahms), der „Leichter von Gubal".

Die Überreste des Schleppkahns liegen in maximal 14 Meter Tiefe. Dabei handelt es sich nicht – wie oft publiziert – um ein Kanonenboot der ägyptischen Marine aus dem Sechstage-Krieg von 1967. Das Patrouillenboot (s. S. 154) liegt weiter südlich am Sha'ab Rur, dessen Untergang auch nicht das Ergebnis kriegerischer Handlungen war. Es sank 1962 nach einer Riff-Kollision.

Den Leichter haben die Autoren selbst vermessen. Er ist 38 Meter lang, 6,30 Meter breit und 3,30 Meter hoch. Früher diente er als Transportfahrzeug für Waren und Schüttgut aller Art. Die Laderaumöffnungen sind etwa 3,30 Meter breit und von einem schmalen, an beiden Seiten etwa 1,50 Meter breiten Deckstreifen umsäumt. Die Schute besaß keinen eigenen Antrieb und kein fest installiertes Ruderblatt. Offensichtlich wurde das nicht mehr erkennbare Blatt nur bei Bedarf in eine Führung am Heck gesteckt. Bestimmte Konstruktionsmerkmale des Leichters, wie der geschweißte, aber trotzdem antiquiert wirkende Rumpf, lassen vermuten, daß er aus der Zeit um 1910 bis 1930 stammt. Wie das Schiff hierher geriet, wem es einst gehörte und welchen Namen es führte, läßt sich wohl nicht mehr nachvollziehen. Vielleicht diente es zur Versorgung der alten Bohrstation auf der Insel aus den 20iger und 30iger Jahren, von der noch einige verrostende Überreste am Strand stehen.

Und trotzdem: vier Möglichkeiten wären denkbar, warum er gerade hier unterging. Dabei ist die letzte Möglichkeit vermutlich auch die Realistischste.

Der Leichter wurde von einem Schiff gezogen, das hier am Bluff Point nachts vor Anker lag. Aufgrund seines Alters und des desolaten Zustands drang Wasser in den Rumpf ein, und begann zu sinken, so daß die Besatzung des Schleppbootes das Schiff aufgeben mußte.

Der Leichter befand sich in einem Schleppverband vor Little Gubal. Durch schwere

Der Leichter von Gubal zeigt zunehmenden Verfall

DER LEICHTER 121

Das große Loch am Heck ist nicht zu übersehen

See an der Nordseite der Insel nahm er Wasser. So zog man ihn in die ruhige Bucht vor Bluff Point und hoffte, die Schute am Strand auf Grund setzen zu können und gegebenenfalls wieder abzudichten oder leerzupumpen, was aber mißlang.

Man wollte den altersschwachen Prahm loswerden, modern ausgedrückt: ihn entsorgen. Dafür spräche die Tatsache, daß sich an Bord keine sichtbare Ladung mehr befindet. Der gesamte Leichter scheint leergeräumt zu sein, nicht einmal Seile oder Seiltrommeln sind noch vorhanden, auch nicht das Ruder.

Der Leichter gehörte zur Ölbohrstation auf der Insel und diente zum Entladen der Versorgungsschiffe. Denn diese konnten nur in der geschützten Bucht vor Anker gehen, nicht aber an der wind- und brandungsexponierten Nordseite des Bluff Points. Zudem verhindert das flache Korallenriff in der Bucht, daß Versorger direkt anlegen können. Es wurde daher in jedem Fall eine Schute zum Leichtern der teilweise schweren Maschinen benötigt. Das Verholen des Leichters erfolgte von ihm selbst und von Land aus über handbetriebene Seilwinden, so wie sich noch eine an Bord des Wracks am Bug befindet und diese Annahme unterstreicht. Nach Ende der Bohrversuche in den dreißiger Jahren beließ man das abgeschriebene Teil in der Bucht, wo es sank.

Das Wrack heute

Der Leichter ist in 12 bis 14 Meter Tiefe bei strömungsfreiem Wasser ein ideales Wrack für Anfänger. Er steht aufrecht auf dem Grund. Die Spannten und Querstre-

Das Loch am Heck bei Nachttauchgängen

pitale Moränen suchen Schutz unter Trümmern und Korallenstücken, kleine Gorgonenfächer und Lederkorallen bieten weiterhin reizvolle Fotomotive. Verschiedene Seeigel, unter ihnen einige sehr giftige, halten sich hier genauso auf, wie etliche Rotfeuerfische.

Wer noch nie an einem Wrack getaucht hat, findet vor Little Gubal mit der alten Schute den richtigen Einstieg in das Wracktauchen.

Die Winde am Bug ist mittlerweile in das Wrack gestürzt

ben sind bei glatter See schon von der Oberfläche aus zu erkennen. Am Bug befindet sich eine kleine Verholwinde, die in den Rumpf stürzte. Sonst bedecken Korallen und Sand das Innere des Laderaums. Reste einer Keramikspüle im Schutt stammen wahrscheinlich nicht von der Schute. Sie wurde vermutlich später versenkt. Auffällig sind einige große Löcher an Bug und Heck in der Bordwand, die aber für den Untergang nicht ursächlich erscheinen. Mittschiffs sind einige stärkere Schäden zu erkennen. Das Heck zeigt sich in einem recht intaktem Zustand.

Der besondere Reiz des Leichter ist der Bewuchs mit den vielfältigen Lebensformen. Sepien halten sich in seiner Nähe auf, Falterfische stehen paarweise zwischen den Spanten und das Heck gehört einem großen Glasfischschwarm. Kleine Riffbewohner nutzen die natürliche Deckung der wunderbaren Stein- und Weichkorallen, ka-

Der Leichter

Schiffsdaten
Länge über alles: 38 Meter
Breite: 6,30 Meter
Seitenhöhe: 3,30 Meter
Tiefgang: ca. 2 Meter
Tragfähigkeit: unbekannt
Vermessung: unbekannt
Schiffstyp: Schute/Schleppkahn
Antrieb: keiner (vermutlich Verholwinde)
Stapellauf: unbekannt
Bauwerft: unbekannt
Baunummer: unbekannt
Bauort: unbekannt
Land: unbekannt
Erste Reederei: unbekannt
Letzte Reederei: vermutlich Eigentum der Ölfördergesellschaft auf Little Gubal Island
Beladung auf der letzten Fahrt: keine
Besatzung: keine
Passagiere: keine
Sonstiges: Eine weitere, aber sehr unsichere Hypothese eines ägyptischen Kapitäns besagt, es könne sich auch um ein Wasserschiff gehandelt haben; Wasser wurde damals oft ohne Tanks in die offenen Laderäume gepumpt
Untergang: unbekannt
Ort: Bluff Point, Little Gubal Island
Hoheitsgewässer: Ägypten
Ursache: unbekannt
Verluste: unbekannt

Wrackdaten
GPS-Position: N 27° 40,679' E 33° 48,276'
Maximale Tiefe des Wracks: 14 Meter
Minimale Tiefe des Wracks: 12 Meter
Strömungen: selten; wenn, dann aber stark und nicht ganz ungefährlich
Sicht: durchweg gut, am besten für Nacht- und Dämmerungstauchgänge geeignet, auf Strömungen achten!
Sehenswert: Heck mit Glasfischschwärmen sowie der Bewuchs am ganzen Rumpf, große Muräne im Mittschiff unter den zusammengestürzten Stahlplanken

Rosalie Moller

Das Puzzle

Die Rosalie Moller galt lange Zeit als das Wrack in der Straße von Gubal, von dem niemand so genau wußte, wie es hieß, woher es kam und wie es unterging. Einige Taucher nannten es Francis oder Franced und behaupteten, es sei in der selben Nacht wie die Thistlegorm (6.10.1941) vom deutschen Kampfgeschwader KG 36 bombardiert und versenkt worden. Doch wer garantierte für den Namen und die Richtigkeit der Vermutungen? Auch die ersten Tauchgänge des Autorenteams brachten keine verwertbaren Informationen an die Oberfläche. Nachforschungen in Archiven und Museen ergaben vom Register „British merchant vessels lost or damaged by enemy action during the Second World War" am 6.10.1941 in der Gegend nur den Untergang der Thistlegorm.

Andere Verluste in der Region zwischen 1939 bis 1945 paßten wiederum nicht zum Wrack – außer einem Eintrag. Es gab noch einen weiteren, fast zeitgleichen Angriff auf ein Dampfschiff, das hier vor Anker lag. Er wurde nur zwei Tage später nach dem Angriff auf die Thistlegorm geflogen. Der Name des Schiffes war jedoch Rosalie Moller und die Angabe für den Untergangsort war unpräzise. Doch das Register von Lloyds of London und das Hydrographic Office in Taunton halfen weiter und allmählich nahmen die Nachforschungen Konturen an.

Historisches

Die wachsende Industriegesellschaft in England und Schottland und der florierende weltweite Handel des späten Kolonialismus erforderten immer leistungsstärkere und größere Schiffe. In vielen Häfen boomte der Schiffsbau. Auch bei der Werft Barclay Curle & Co. (Ld.) in Glasgow, wo im Januar 1910 ein mittelgroßes Schiff mit der internen Baunummer 479 vom Stapel lief und auf den Namen Francis getauft wurde. Mit einer Vermessung von 3.699 BRT, einer Länge von etwa 110 Meter, einer Breite von ca. 16 Meter und einem Tiefgang von 8 Meter war sie als Stückgutfrachter mit zwei Decks konzipiert. Der Auftraggeber war die englische Reederei Booth Steam Ship Co. (Ld.), die im Tower Building der Industriestadt Liverpool residierte. Eingetragen wurde das Dampfschiff bei Lloyds of London im Jahrbuch 1910-11 mit der fortlaufenden Nummer 508, die offizielle Registriernummer lautete 128015. Die als Shelterdecker ausgelegte Francis lief mit einer ebenfalls bei der Bauwerft entwickelten dreizylindrigen Dampfmaschine und verfügte über die damals typischen kleinen Ladeluken, einem steilen Bugsteven und einer altertümlichen Ruderanlage. Etwa zeitgleich lief ihr Schwesterschiff, die „Hubert", vom Stapel.

1931 wurde die Francis an die Reederei Moller (nicht Möller) verkauft. Moller war ein angesehenes Unternehmen mit Sitz in der Hankow Road im damals noch britischen Shanghai. Gründer des Unternehmens war Kapitän Nils Moller, der bereits 1855 als Besitzer eines Segelschiffs nach Shanghai kam und eine kleine Reederei aufbaute. Unter Führung von Eric Moller aus Yorkshire, der die Geschäfte am 15. Mai 1890 übernahm, expandierte die Firma sehr schnell. Am 15. Mai 1940 übertrug Eric Moller alle Schiffe, Industriekomplexe und Geschäftsanteile des Unternehmens an seine vier Söhne Eric jr., Lindsay, Ralph und Chris. Die Moller Trust Ltd. war ein beachtliches britisches Unternehmen, das vorzugsweise im fernöstlichen Raum

Unheimlich – der Bug der Rosalie Moller

agierte. In den Kriegswirren zwischen 1940 und 1945 verlor die Reederei von ihrer gesamten Flotte allein 26 Schiffe. Die Francis wurde in Rosalie Moller umbenannt. Es entsprach der Tradition des Unternehmens, seine Schiffe zusätzlich mit dem Vornamen weiblicher Familienmitglieder zu versehen. Durch bauliche Maßnahmen wurde die Verdrängung um fast 300 Tonnen auf 3 963 BRT erhöht und das Schiff vornehmlich für den Schüttguttransport modifiziert. Am Schornstein prangte auf beiden Seiten ein übergroßes M als neues Eigner-Zeichen. Vermutlich hätte man das Schiff, das unter britischer Flagge fuhr, irgendwann einmal auf einer Abwrackwerft verschrottet, wenn es nicht noch für den Transport kriegswichtiger Güter tauglich gewesen wäre. Dazu erhielt der alte Dampfer an der hölzernen Brücke ein schützendes Korsett aus soliden Betonplatten. Auf Bewaffnung wurde verzichtet, da er „nur" Kohlen und Brennstoffe für die Britischen Truppen in Ägypten befördern sollte.

In der Nacht vom 8. Oktober 1941 lag ein englischer Konvoi, darunter auch die Rosalie Moller, in der Straße von Gubal vor Anker. Die Maschinen standen unter Dampf, denn man wollte so schnell wie möglich den Kanal erreichen, um die kriegswichtigen Ladungen zu löschen. Die Schiffe warteten auf die Einfahrt in den Suezkanal, die noch ein anderes Schiff blockierte, das auf eine deutsche Mine gelaufen war. Die Rosalie Moller hatte 4680

Völlig intakt ist das Heck des alten Kohlenfrachters

Tonnen Kohle im südafrikanischen Durban gebunkert und befand sich auf der Fahrt über Aden nach Alexandria. Plötzlich vernahm die Besatzung das dumpfe Dröhnen von Flugzeugmotoren, vermutlich ein deutscher He-111 Bomber, mit dem auch die Vernichtung nahte. Das Schiff war dem Angreifer hilflos ausgeliefert, denn es gab keine Bordkanonen. Eine 2000-kg-Bombe rauschte im flachen Winkel auf die Steuerbordwand zu und verursachte eine Riesenexplosion. Stahl pilzte auf und verbog sich wie Papier. Achtern stiegen zwischen dem dritten und vierten Laderaum Rauch und Flammen empor. Mit dem Feuer verbreitete sich Chaos an Bord. Der Untergang erfolgte noch ehe sich die Flammen richtig ausbreiten konnten. Das Schiff sackte über das Heck weg und blieb in fast 50 Meter Tiefe aufrecht auf dem sandigen Meeresgrund stehen. Bei dem Angriff kam ein Besatzungsmitglied ums Leben.

Kabeltrommeln stehen am Oberdeck

Das Wrack heute

Die Rosalie Moller zählt heute zu den wohl schönsten Wracks im Roten Meer. Sie steht wie geparkt auf dem Grund und ist „tadellos" erhalten. Tauchgänge am Wrack beginnen zunächst mit einem freien Fall in ein blaues Nichts, bevor in etwa 18 Meter Tiefe die Mastspitzen und die Oberkante des Schornsteins erscheinen. Da die Sicht am Wrack meist nur wenige Meter beträgt, erscheinen die Konturen der Aufbauten in einem nahezu gespenstisch diffusen Licht. Ein Gesamtüberblick ist nicht möglich. Die Rosalie Moller muß Tauchgang für Tauchgang erkundet werden.

Wer sich dem Heck nähert, sieht zunächst einmal die völlig intakte und dick mit Korallen verkrustete Reling des Kohlenfrachters. Mittig auf dem aufgeräumten Achterschiff befindet sich unterhalb eines Stahlgerüsts, das offensichtlich mit Planen oder Planken die Steuermechanik schützen sollte, die Ruderanlage. Sie ist wunderbar erhalten – alles sieht fast wie neu aus. Über dicke Ketten und Umlenkrollen wurde eine halbmondförmige Eisenplatte, der Ruderquadrant, von der Brücke aus bewegt und die Drehungen über eine senkrechte Achse direkt auf das Ruder übertragen. Deutlich sind Blöcke und Seile mit den entsprechenden Umlenkrollen in ihrer ursprünglichen Position zu erkennen. Die Steuerketten verschwinden unter den hinteren Aufbauten unter dem Deck und streben der Brücke zu. In diesem Bereich war offensichtlich das gesamte Achterschiff überdacht, wie die Stahlträgerstrukturen erkennen lassen.

Rechts und links der Ruderanlage befinden sich neben der Bordwand weitere Festmacherpoller. Wer achtern über die komplett erhaltene Reling abtaucht, hat einen herrlichen Blick auf das Heck, dessen Form eher an Segelschiffe als an einen alten Dampfer erinnert. Der geschwungenen Heckform schließt sich das Ruderblatt an. Es stellt eine eindrucksvolle Perspektive dar. Die Schraube befindet sich in 43 (!) Meter Tiefe. Warum von der einst vierblättrigen Schraube das rechte Blatt fehlt, bleibt unerklärlich.

Die hinteren Aufbauten beherbergen einige kleine, enge Räume. Schwimmt man an Backbord nach vorn, liegt hinter einer offenen Tür eine kleine Kombüse. Sogar die Töpfe und Pfannen stehen noch an ihrem Platz oder liegen unter den Ablagerungen auf dem Boden. Drei abgebrochene Lüftungsrohre und Rauchabzüge des Kohlenherds, sowie ein mittig angeordnetes Oberlicht mit acht wunderbaren Bullaugen aus Messing kennzeichnen von oben die Position der Schiffsküche. Rechts und links des Achterschiffs befanden sich zwei Rettungsboote, deren Davits jedoch ausgeschwenkt und leer sind. Vor Kopf der hinteren Aufbauten, zwischen einer intakten und einer abgebrochenen Windhutze, vor dem letzten (vierten) Laderaum führt in der Mitte eine schmale Luke in das Innere des Schiffs. Die schmalen Öffnungen der Laderäume (ein Indiz für das Alter des Schiffs) führen in etwa 40 Meter zur Schüttgutladung, den Kohlen des Frachters. Auch das Achterschiff macht einen gepflegten, aufgeräumten Eindruck. Seile liegen aufgerollt am Deck, Fässer stehen umher; die Winden erscheinen fast noch intakt. Zwischen dem dritten und vierten Laderaum steht der zweite Lademast mit den Ladebäumen und vier dazugehörenden Spills. Daran schließen sich die hinteren Aufbauten an. An Steuerbord klafft ein großes Loch in der Bordwand. Verbogene Eisenplatten und Träger ragen in die Höhe, die rostigen Kanten gleichen scharfen, übergroßen Klingen. Es ist der einzige Explosionsschaden und weist auf nur einen Bombentreffer hin, der knapp unter der Wasserlinie die Rosalie Moller schnell sinken ließ.

Unmittelbar an den dritten Laderaum schließen sich die gut erhaltenen Mittschiffsaufbauten an. Deutlich sind Windhutzen, Treppen und Niedergänge zu erkennen. Ausgeschwenkte Davits zeugen davon, daß die Rettungsboote noch vor dem Untergang abgefiert werden konnten. Der gesamte Bereich war überdacht. Rechts und links liegen die Außenbordkabinen, die sowohl von den beiden Durchgängen, als auch von oben durch die fehlenden Planken betaucht werden können. Dort findet man einige metallische Einrichtungsgegenstände, Waschbecken, eine Badewanne und einige Messingarmaturen. Was unter den Ablagerungen liegt, ist noch nicht bekannt. In der Mitte liegen weitere Räume und eine Werkstatt.

Ein großes, mit 12 Bullaugen bestücktes Oberlicht deutet auf den Maschinenraum. Das Dach brach vermutlich beim Aufprall auf dem Grund teilweise ein. Hier gelangt man zur Maschine. Laufroste führen um die Aggregate herum, über die Treppen kommt man bis in das Schiffsinnere zu den Kesseln hinunter. An den

Mit der Rosalie Moller war das Schwesterschiff SS Hubert baugleich

Ein Taucher im oberen Teil des Maschinenraums

Wänden und Rohrleitungen befinden sich alte Dampfmanometer und ein kleiner Maschinentelegraph, der die Maschinisten mit der Brücke verband. Zum größten Teil sind die Eisenteile verkrustet und korrodiert. Man sollte sich hier vorsichtig bewegen, denn die Sedimente wirbeln schnell auf und reduzieren die Sicht. Durch das Oberlicht fallen ständig Sonnenstrahlen ein und sorgen so für ausreichende Helligkeit.

Direkt nach diesen Aufbauten erhebt sich der Schornstein. Die einzigen, sichtbaren Schäden stellen Risse am Schornsteinansatz und einige Knicke und Stauchungen in den Aufbauten und auf dem Oberdeck dar. Sie könnten von der Explosion stammen, wahrscheinlicher aber ist es, daß sie Folgen des heftigen Aufpralls des schwer beladenen Schiffs auf dem Grund sind. An beiden Seiten des Schornsteins prangt ein großes, aufgesetztes M, das Zeichen der Reederei Moller. Ein weiteres Hinabgleiten von hier bringt den Taucher zu einem kleinen Ausguck in der Mitte des Schornsteins, an dem sich die alte Dampfpfeife des Schiffs befindet. Rechts und links davon stehen noch zwei gut erhaltene, kleine Lademasten. An der Schornsteinbasis erreichen Taucher bereits 30 bis 32 Meter Tiefe! Direkt nach dem Schornstein und einem flachen Aufbau mit zwei kleinen Winden schließt sich ein schmaler Kohlenbunker für die schiffseigene Dampfmaschine an. Danach erheben sich die Überreste der Brücke mit zusammengebrochenen, hölzernen Aufbauten. Auch die Decksbeplankungen sind zum größten Teil weggefault. Lediglich ein Gewirr der Betonplatten zur Brückenpanzerung liegt umher. Durch die fehlende Beplankung erkennt man sehr schön die Strukturen der Deckströger.

Bis 1996 stand neben abgebrochenen Windhutzen der alte, braungrün angelaufene Steuerstand aus massivem Messing. Das Steuerrad selbst war verrottet, doch die Metallnarbe noch fest mit der Mechanik verbunden, bevor unbekannte Taucher ihn demontierten. Links davon liegt zwischen den grauen Betontrümmern der umgestürzte Kompaßstand aus dünnem Messingblech. Der Kompaß selbst fehlt. Von hier durch den nicht mehr vorhandenen Boden der Brücke in die darunterliegenden Räume zu tauchen, erscheint sehr gefährlich, denn viele der oberen Betonplatten sind verkantet, liegen auf der Kippe oder hängen äußerst abrutschgefährdet zwischen den Stahlträgern der Brückenaufbauten. In den beiden Kombüsen zeigen Porzellanfunde, daß viel Küchengeschirr aus Japan und China stammte, schließlich hatte die Moller Line ihren Stammsitz in Shanghai. Andere Gegenstände und Maschinen tragen Stempel und Gravuren englischer Zulieferer. Neben dem teilweise herrlichen Bewuchs können auch größere Haie ihre Kreise um die Rosalie Moller ziehen.

Von der Brücke in Richtung Bug kommt der zweite, ebenfalls mit Kohle gefüllte Laderaum. Verwunderlich ist, daß weder im Vor- noch im Achterschiff die Laderaumabdeckungen zu erkennen sind. Es erscheint jedoch zweifelhaft, daß die Explosion sie

Ein Bombertreffer ließ die Rosalie Moller wie ein Stein sinken

über Bord schleuderte. Vermutlich bestanden sie aus Holz und sind wie die meisten Decksplanken vermodert. Rechts und links des Laderaums Zwei liegen vier große Fässer, die offensichtlich der Wasserdruck zerquetschte, sowie vier große Spills und diverse Seiltrommeln. Zwischen dem zweiten und dem ersten Laderaum erhebt sich der vordere Lademast mit dem Krähennest, der besonders schön bewachsen und völlig überkrustet ist und von dem noch die ehemaligen Spannseile zum Schiffsrumpf hinabführen. In diesem Bereich sieht das Deck etwas unordentlich aus; etliche Tampen und Taue liegen herum; abgebrochene Windhutzen und Lüftungen verstärken den Eindruck. Direkt an den ersten Laderaum schließen sich auf dem Vorschiff drei kleinere Aufbauten an: zwei an den Außenseiten und ein etwas größerer Aufbau mit Messingbullaugen in der Mitte. Bevor man die mächtigen Ankerwinden erreicht, passiert der Taucher einen kleinen Verladekran, einige Festmacherpoller auf beiden Seiten des vorderen Welldecks und danach den Bug-Flaggstock am Deck im Bugbereich.

Ein Abstieg am Bug ist ein besonderes Erlebnis. Aus der Distanz betrachtet sieht das Wrack eher bedrohlich aus, vorweg der schwarze Bug mit der mächtigen Ankerkette, darüber das diffus blau schimmernde Wasser. Das Wrack gleicht einem Geisterschiff, das geradewegs abfahren will. Die wunderbar bewachsene Kette des Steuerbordankers fällt leicht schräg ab und kreuzt die Kiellinie nach Backbord, bevor sie im Sand verschwindet (50 Meter). Der Aufstieg empfiehlt sich längs des Bugstevens, der steil und gerade nach oben verläuft. Kurz bevor sich die Bugreling erhebt, starren die großen Klüsen für die Festmachertaue in der Bordwand die Taucher an.

Die Rosalie Moller ist ein einmaliges Erlebnis und eine taucherische Herausforderung für jeden Wrackliebhaber. Wegen häufig starker Strömungen und großer Tiefen ist jedoch ungeübten Tauchern dringend von diesem Wrack abzuraten.

Rosalie Moller

Schiffsdaten
Länge über alles: 110 Meter
Breite: 16 Meter
Seitenhöhe: Keine Angaben
Tiefgang: 8 Meter
Tragfähigkeit: Keine Angaben
Vermessung: 3 963 BRT
Schiffstyp: Stückgut-/Schüttgutfrachter (Shelterdecker)
Antrieb: Dampf
Leistung: PS
Geschwindigkeit: 14 kn
Stapellauf: Januar 1910
Bauwerft: Barclay, Curles & Co. (Ld.)
Baunummer: 479
Bauort: Glasgow
Land: Schottland
Erste Reederei: Booth Steam Ship Co. (Ld.), Liverpool, England
Letzte Reederei: Moller Line (Ld.), Shanghai
Beladung auf der letzten Fahrt: Kohlen
Besatzung: keine Angaben
Passagiere: keine Angaben
Sonstiges: hohe Sedimentationsrate am Wrack, große Tiefe (Bug 50 Meter, Heck 43 Meter, Oberdeck 30 Meter), nur Dekotauchgänge möglich, um das Schiff in seiner Gesamtheit zu erleben
Untergang: 8.10.1941
Ort: Straße von Gubal
Hoheitsgewässer: Ägypten
Ursache: versenkt durch einen deutschen Bomber (vermutlich eine Heinkel He-111)
Verluste: 1

Wrackdaten
GPS-Position: N 27° 39,054′ E 33° 46,296′
Maximale Tiefe des Wracks: 50 Meter (Bug)
Minimale Tiefe des Wracks: 18 Meter (Spitzen von Masten und Schornstein)
Strömungen: bisweilen starke Strömungen
Sicht: mäßig, beste Zeit in den frühen Morgenstunden, am Nachmittag oft schlecht
Sehenswert: das gesamte Schiff, die intakten Aufbauten mit Schornstein, Lademasten, das Innere mit Kombüsen, die Brücke mit Resten des Steuer- und Kompaßstandes, die Einrichtungen und Gerätschaften, die Mannschaftsräume, die Messingbullaugen und -beschläge, der Maschinenraum, Bug und die Ruderanlage am Heck

Die Brother Islands

Die Brothers (ägypt.: Al Akawein), die weltweit zu den hervorragendsten Tauchrevieren zählen, erheben sich wie Felsnadeln aus über 1000 Meter Tiefe. Sie liegen mitten im Meer und werden von einem schmalen Saumriff umgeben. Deshalb können die Brothers auch nur bei ruhiger See im Sommer angefahren werden. Der nächste Hafen Marsa Alam liegt etwa 160 km entfernt.

Die Brothers unterteilen sich in zwei Inseln, den „Big Brother" (400 x 90 Meter) und den kleineren, vegetationslosen „Little Brother". Die Inselgruppe galt schon im 19. Jh. als zentraler und wichtiger Wegweiser für die Schiffahrt im Roten Meer. Am 4. Juni 1883 errichteten die Engländer auf dem „Großen Bruder" einen modernen Leuchtturm, der ein altes Lichtsignal ersetzte. The Illustrated London News berichtete am 22. September 1883 stolz, daß dieser Leuchtturm fast 24 Meter über dem Meeresspiegel liege und sich die Basis 11 Meter über der Hochwassermarke befände. Die Steine zum Bau des Leuchtturms und eines Gebäudes brachen einheimische Arbeiter in einem kleinen Steinbruch an der Nordostseite des „Großen Bruders". Aus dieser Zeit stammt auch noch der einzige Weg, der „Sklavenpfad", auf Big Brother vom Leuchtturm zum Steinbruch. Der Kalkmörtel dazu wurde ebenfalls direkt vor Ort gebrannt, denn die nächste Möglichkeit lag bei Safaga auf dem Festland. Überreste des alten Steinbruchs können noch auf der Insel besichtigt werden.

Die Reichweite der neu konstruierten, in vier Richtungen strahlenden Fresnel-Linse, die mit einem Petroleumlicht beleuchtet wurde, betrug für die damalige Zeit stattliche 12 sm, etwas mehr als 20 Kilometer. Die Drehmechanik, von der Firma Change Brothers in Birmingham gebaut, wurde von einem Gegengewichtsmechanismus in Gang gehalten. Verantwortlich für den Bau des Turms waren der General der Leuchtturm-Verwaltung, seine Exzellenz Morris Pasha, R.N., ein weiterer General namens Hardcastle Bey sowie ein gewisser Mr. Grafton, bei dem es sich vermutlich um jenen Vermessungsingenieur handelte, nach dem die Grafton-Passage an der Ostseite in der Straße von Tiran benannt wurde. Der Leuchtturm auf dem Großen Bruder wurde in den Vergangenheit modernisiert und das nostalgische Leuchtfeuer gegen neuzeitliche Technologien ausgetauscht. Den Turm selbst erhöhte man, und wo sich einst die alten Steingebäude um seine Basis gruppierten, stehen heute zusätzliche, schmucklose Betonbauten. Sie dienen ägyptischen Soldaten als Unterkunft, die hier auf einem

Seit Jahrzehnten im Gebrauch –
der Versorgungssteg am Big Brother

Der Leuchtturm von 1883 auf Big Brother Island

Ein Traum unter Wasser – die Tauchgebiete am Little Brother

verlorenen Außenposten Dienst tun. Sie warten den Leuchtturm und hoffen alle drei bis vier Monate auf Ablösung.

Trotz des markanten Leuchtfeuers scheiterten Schiffe an den Brothers. Zwei Wracks sind derzeit bekannt. Weitere liegen vermutlich zu tief und blieben deshalb unentdeckt, wie ein unbekannter Trimaran, der angeblich 1993 in der Nähe sank und nach britischen Angaben 1200 Meter tief liegt.

Big Brother Island

Bei ruhiger See empfiehlt sich ein Abstieg zur Numidia, dem Eisenbahnwrack an der Nordseite der Insel (10 bis 70 Meter). Den Beinamen erhielt das mittlerweile wunderbar bewachsene Schiff, weil es Eisenbahnräder und Achsen geladen hatte. An diesem Tauchplatz müssen Taucher stets ihren Tiefenmesser im Auge behalten, da die unvergleichlich wundervolle Korallenlandschaft, insbesondere der steilen Schräge nach Südwesten folgend, schnell die Tauchgangsplanung vergessen läßt. Schwarze und Weichkorallen, Fischschwärme in ungeahnten Ausmaßen, Großfisch, alles begegnet dem Taucher. Auf jeden Fall sollte man stets einen Blick ins Freiwasser werfen, wo die ganz großen Fische, einschließlich der Hammerhaie, ihr Revier haben.

Ein zweites Wrack befindet sich nordwestlich, kurz vor der Spitze des Saumriffs. Es ist die Aida, ein Truppentransportschiff der ägyptischen Marine, das 1956 das Riff rammte und kurze Zeit später unterging. Auch dieses herrlich bewachsene Schiff liegt sehr tief – die Schraube in über 60 Meter!

Little Brother Island

Der nur von ein paar Seevögeln bevölkerte „Kleine Bruder" liegt etwa 800 bis 1 000 Meter weiter südlich und bietet unter der Wasseroberfläche atemberaubende Korallenlandschaften. Schwarze Korallen und Riesengorgonen bedecken neben bunten Schwämmen und den verschiedensten Hartkorallen die Drop Offs. Die strömungsexponierte Lage zieht zusätzlich viele verschiedene nahezu magisch Großfische an. Vornehmlich an der Ostseite ziehen fast immer Haie am Riff vorbei. Wracks gibt es am Little Brother leider keine – man kann sich zur Abwechslung einmal wieder ganz den natürlich gewachsenen Unterwasser-Schönheiten des Roten Meeres widmen!

Die Brothers – ob „Großer oder Kleiner Bruder" – sind wegen der häufig starken Strömungen und großen Tiefen allerdings kein Tauchrevier für Anfänger.

Masken-Falterfische
(*Chaetodon semilarvatus*)

Aida

Historisches

Die Aida – nicht Aida II, wie in vielen Berichten beschrieben – ist neben der Numidia das zweite, große Wrack an der Nordwest-Spitze des Großen Bruders, das zu spannenden Tauchgängen in größere Tiefe herausfordert.

Das 1428 BRT große Dampfschiff wurde 1911 bei der französischen Werft Atel & Ch. de la Loires in Nantes auf Kiel gelegt. Auftraggeber war die Administration of Ports & Lighthouses (Obere Seefahrtsbehörde) der ägyptischen Regierung. Eine auf der gleichen Werft gebaute Drei-Zylinder-Dampfmaschine mit 229 PS trieb das in Alexandria registrierte Schiff an. Seine Aufgabe bestand laut Lloyds of London in erster Linie darin, die Versorgung und Wartung aller ägyptischen Leuchttürme und Seezeichen im Roten Meer, aber auch im Mittelmeer sicherzustellen. Obwohl die Aida, die im übrigen nie ihren Namen wechselte, erst 1957 sank, steht der letzte Eintrag im Lloyds-Register bereits 1929/30. Danach tauchte das Schiff nie mehr auf, vermutlich weil es ab 1930 unter dem militärischem Kommando der ägyptischen Marine stand.

Der Untergang wurde von ägyptischer Seite offiziell nie kommentiert. Laut Berichten der London Illustrated News von 1957 rammte die Aida in einem heftigen Sturm am 15.9.1957 die Nordwestspitze des „Großen Bruders" und schlug leck. An Bord befanden sich 157 Personen einschließlich der Crew. Während die Aida allmählich zu sinken begann, übernahm der norwegische Tanker Bergehus, der nach den Notrufen zu Hilfe geeilt war, 77 Schiffbrüchige. Die verbleibenden 80 Personen, einschließlich des Kapitäns, wurden auf die Insel übergesetzt und später zum Festland zurückgebracht.

Nach italienischen Quellen hatte die Aida von Alexandria kommend Soldaten an

Aufgelaufen: Die starke Besatzung der Aida läßt auf eine militärische Nutzung schließen

Bugreste sind schon in 15 Meter Tiefe am Riff zu finden

BROTHER ISLANDS

Die Aida ist ein Dorado für jeden Taucher

Bord, was die Annahme einer militärischen Nutzung und den deshalb fehlenden Eintrag im Lloyds-Register unterstützen. Diese Meldung erscheint auch insofern realistischer, da man zur Wartung und zur Versorgung von Leuchttürmen kaum 157 Personen benötigt hätte. Die zweite Version erklärt die Ursache der Havarie mit dem Gezeitenwechsel, bei dem das Schiff das Riff rammte, weil es falsch festgemacht war. Vermutlich kommen zum Fehlverhalten schlechte Wetterbedingungen hinzu, obwohl ein historisches Bild der London Illustrated News die Aida in ruhigem Wasser dicht unter Land über das Heck untergehend zeigt. Heute liegt sie zwischen 27 bis 60 Meter tief.

Das Wrack heute

Die Aida liegt links der Nordspitze an einer steilen Schräge. Erste zerfetzte Vorschiffsteile und einzelne Stahlplatten befinden sich bereits in 15 Meter Tiefe. Das zerbrochene Wrack beginnt mit dem Hauptsegment des Rumpfs (27 Meter), bestehend aus Mitt- und Achterschiff, und setzt sich bis zur Schraube fort (60 Meter). Im Bereich der relativ glatten Bruchstelle kann man in etwa 27 Meter ins Schiff hineintauchen. Im Bruchbereich verlaufen Rohre und andere Versorgungsleitungen. Die Reste der Reling, die Davits und viele Metallteile sind bereits mit wundervollen Weichkorallen überzogen, wie überhaupt der Bewuchs an der Aida einzigartig ist.

Mittschiffs sind die Reste der Aufbauten, zwei Windhutzen, einige Davits und eine einzelne Winch zu erkennen, die offensichtlich zu einem der Laderäume gehörte. Die Räumlichkeiten unter Deck sind leicht betauchbar, die hölzerne Decksbeplankung ist bereits vermodert. Das Oberdeck an achtern gleicht einem Gerippe aus Quer- und Längsträgern. Im hinteren Drittel des ehemaligen Hauptdecks steht weiter achtern auf Decksmitte eine große Gangspill und am Heck lassen sich die Überbleibsel der früheren Ruderanlage ausmachen. Die vierblättrige Schraube und das Ruder sind verbogen, vermutlich als Folge des Hinabrutschens an der schrägen Riffwand. Wegen der Strömungen und der großen Tiefen ist Anfängern dieses Wrack nicht anzuraten.

Aida

Schiffsdaten
GPS-Position: N 26° 20' 000' E 34° 50, 000'
(aus Seekarte ermittelt)
Länge über alles: 82,10 Meter
Breite: 10,56 Meter
Seitenhöhe: unbekannt
Tiefgang: 7,67 Meter
Tragfähigkeit: 917 t
Vermessung: 1428 BRT
Schiffstyp: Dampfschiff
Antrieb: Dampfmaschine
Stapellauf: 1911
Bauwerft: Atel & Ch. de la Loires Nantes
Baunummer: unbekannt
Bauort: Nantes
Land: Frankreich
Erste Reederei: Egyptian Administration of Ports & Lighthouses (Obere Ägyptische Seefahrtsbehörde)
Letzte Reederei: vermutlich ägyptische Marine
Beladung auf der letzten Fahrt: Soldaten
Besatzung: unbekannt
Passagiere: 157 (inkl. Besatzung)
Sonstiges: Wrack ist im Mitt- und Vorschiffsbereich stark zerstört, die restliche Rumpfsektion ist aber wunderschön bewachsen
Untergang: 15.9.1957
Ort: Brother Island (Nordwestecke)
Hoheitsgewässer: Ägypten
Ursache: vermutlich die Insel in schwerem Sturm bei Festmachmanöver gerammt
Verluste: keine

Wrackdaten
Maximale Tiefe des Wracks: 70 Meter
Minimale Tiefe des Wracks: 30 Meter
Strömungen: bisweilen heftig, nur für routinierte Taucher geeignet
Sicht: bedingt durch die Strömungen ist die Sicht am Tauchplatz sehr unterschiedlich, von sehr gut bis mäßig Sehenswert das Heck mit Schraube und Ruder, das Mittschiff mit den Resten des Oberdecks, die bewachsenen Spanten und Rumpfreste

Numidia

Historisches

Die ehemals als Eisenbahnwrack beschriebene Numidia liegt an der Nordspitze des „Großen Bruders". Die Identifikation war Ergebnis einer interessanten Recherche. Am Heck des Schiffes, das heute 75 bis 80 Meter tief liegt, ist noch der Port of Registration (Heimathafen) zu lesen: „Glasgow". Beim Durchblättern der Verlustregister von Lloyds in der Jahresausgabe 1901 stießen die Autoren auf ein Schiff, das an der Nordspitze des „Großen Bruders" untergegangen war: das in Glasgow registrierte Dampfschiff Numidia. Weitere Recherchen im Wöchentlichen Schiffindex von Lloyds brachten Erstaunliches zutage. In mehreren Ausgaben wurde ausführlich über die Strandung des großen Dampfers der Anchor Line und die vergeblichen Bergungsversuche sowie über das Umladen der wertvollen Fracht auf andere Schiffe berichtet.

Warum die Havarie so viel Aufsehen erregte, darüber lassen sich gleich mehrere Antworten finden. Allein das Lloyds Register gibt schon zwei Erklärungen an die Hand. Die Numidia lief im Jahr 1901 bei der schottischen Werft D&W Henderson & Co. Ld. in Glasgow vom Stapel. Mit einer Verdrängung von 6 399 Bruttoregistertonnen, zwei Decks, einer Länge von 150 Metern und einer Breite von fast 18 Metern war die Numidia Monstrum für ihre Zeit und im Vergleich zu späteren Wracks im Roten Meer sogar wesentlich größer, als zum Beispiel die heute so bekannte Thistlegorm. Hinzu kommt, daß sie wertvolle Fracht transportierte, wie die späteren, hektischen telegrafischen Anweisungen

Einmalig bewachsen ist das Oberdeck der Numidia

Eine prächtige Anemone auf dem vorderen Achterschiff

zwischen London und Suez belegen. Zudem scheiterte sie schon auf ihrer zweiten großen Fahrt. Ihre Jungfernfahrt machte sie nach Angaben der Anchor Line am 28. Februar 1901 von Glasgow über Liverpool nach Kalkutta.

Doch zurück zum Juli 1901. Nachdem die Numidia den schottischen Fluß Clyde verlassen hatte, nahm sie von Liverpool aus über den Atlantik, das Mittelmeer und den Suezkanal Kurs auf das Arabische Meer und weiter in den Indischen Ozean mit Ziel Kalkutta im Nordosten Indiens. Der Frachter war mit einer modernen, ebenfalls bei D&W Henderson gebauten dreizylindrigen Expansionsdampfmaschine ausgerüstet. Die Auftraggeber und Eigner des Schiffs für die Europa-Indien-Route, die Anchor Line (Henderson Bros. Ld.), setzten einen gewissen J. Craig als Kapitän ein, der neben Waren aller Art auch Eisenbahnräder samt Achsen und Schienen nach Indien schiffen sollte. Die Radsätze wiesen exakt eine Spurbreite von 1676 mm auf, die weltweit von allen bekannten Spurbreiten abwich und nur auf dem Indischen Subkontinent Verwendung fand. Ein Faktum, das zur Identifizierung des Schiffs mitbeitrug.

Das Schicksal ereilte die Numidia am 21. Juli 1901. Über die tatsächliche Ursache des Unglücks schweigen sich alle bekannten Quellen aus. Vermutlich war es ein schwerer Navigationsfehler, der das Schiff scheitern ließ. Denn Meldungen der Schiffe, die den Havaristen zuerst erreichten, belegen eine mehrere Tage anhaltende, ruhige See. Zeitungsmeldungen berichteten, daß mehrere Versuche, bei denen Pumpen eingesetzt wurden und Taucher beteiligt waren, scheiterten, das Schiff durch Leichtern zu retten. Die Ladung lud man auf andere Schiffe um, bevor die Numidia wegen des großen Rumpfschadens aufgegeben werden mußte. Wie lange der Dampfer noch auf dem Riff lag, bis er ab-

Die Ruderanlage des Wracks liegt in 80 Meter Tiefe

rutschte, versank, und auseinanderbrach, ist derzeit nicht bekannt. Nach telegraphischen Meldungen aus Ägypten an Lloyds war die Numidia 16 Tage nach der Havarie, am 6. August 1901, noch nicht untergegangen und von weitem sichtbar.

Das Wrack heute

Das Wrack beginnt mit den Bugresten und einem großen Eisenbahnrad bereits im Flachwasserbereich am Riffdach (10 Meter). Der Schiffskörper nimmt ab 15 Meter allmählich Konturen an. Hier und dort ragen auf dem weiteren Weg in die Tiefe zahllose Schienen zwischen den Korallen empor oder bedecken in wirrem Durcheinander die Riffschräge. Dazwischen liegen wundervoll mit Korallen bewachsene Eisenbahnräder und andere Metallteile. Das Wrack liegt an der Riffschrägen und reicht bis zur Schraube weit unter die sichere Sporttauch-Tiefengrenze bis auf 80 Meter hinab.

Etwa im Bereich des Mittschiffs fällt ein großer Mast auf. Der steilen Schräge nach Südwesten folgend entfaltet das Riff ungeahnte und atemberaubende Schönheiten und bietet ein buntes Kaleidoskop mariner Artenvielfalt. Auch das gesamte Wrack ist wunderbar bewachsen und wird von vielen Tauchern als das schönste des nördlichen Roten Meeres bezeichnet. Man sollte sich nur stets der Tiefe bewußt sein, die dieser Tauchplatz ermöglicht. Wer der steilen Schräge nach Südwesten folgt, der wird auf seinem Weg ein Unterwasserszenario zu Gesicht bekommen, wie er es vermutlich noch nie erlebt hat. Weichkorallen, und Gorgonen, Schwarze Korallen, Fischschwärme in ungeahnten Ausmaßen, Großfisch, einfach alles begegnet hier dem Taucher, der entlang der Steilwand gleitet mit stetem Blick ins Freiwasser, wo die ganz großen Fische ihr Revier haben. Hammerhaie und auch Hochseehaie sind hier an der Nordspitze des „Großen Bruders" keine Seltenheit und geben dem Abstieg am Wrack der Numidia erst den richtigen „Kick".

Numidia

Wrackdaten
Länge über alles: 150,00 Meter
Breite: 18,00 Meter
Seitenhöhe: 10,00 Meter
Tiefgang: 6,56 Meter
Tragfähigkeit: keine Angaben
Vermessung: 6 399 BRT
Schiffstyp: Dampffrachtschiff
Antrieb: 1 x 3 Zylinder Dampfmaschine D & W Henderson & Co.Ld. – Glasgow
Leistung: keine Angaben
Geschwindigkeit: keine Angaben
Stapellauf: 1901
Bauwerft: D & W Henderson & Co. Ld. - Glasgow
Baunummer: keine Angabe
Bauort: Glasgow
Land: Schottland
Erste Reederei: Anchor Line (Henderson Brothers), London
Letzte Reederei: Anchor Line (Henderson Brothers), London
Beladung auf der letzten Fahrt: generelles Stückgut und Eisenbahnzubehör, u. a. Räder und Achsen für Lokomotiven/Waggons
Besatzung: keine Angaben
Passagiere: keine Angaben
Sonstiges: Das Schiff lag noch einige Zeit auf dem Riff, während der man Ladung barg und auf andere Schiffe umlud.
Untergang: Am 21. Juli 1901
Ort: Brother Islands (Nordspitze des „Großen Bruders")
Hoheitsgewässer: Ägypten
Ursache: vermutlich Fehlnavigation
Verluste: keine

Wrackdaten
Position: N 26° 19, 000' E 34° 50, 000'
(aus Seekarte ermittelt)
Maximale Tiefe des Wracks: 80 Meter
Minimale Tiefe des Wracks: 20 Meter
Strömungen: bisweilen sehr starke Strömungen, Tauchen ist nur im Sommer (Juni bis August) möglich, da sonst hohe Wellen, Wind und extreme Strömungen vorherrschen
Sicht schwankend, im Sommer aber meistens sehr gut.
Sehenswert: die Eisenbahnräder und Achsen, die Hecksektion sowie der Mast und die herrlich bewachsenen Metalltrümmer. Besondere Aufmerksamkeit sollte man der Natur vor Ort schenken.

Hurghada & Safaga

Hurghada war ehemals ein kleines Fischerdorf, das sich in rasanter Geschwindigkeit zu einem modernen Badeort entwickelte. Auf mehr als 35 km Küstenlinie verteilen sich zwischen Wüste und Meer unzählige Hotels. Der Name von Hurghada ist fest mit dem Tauchsport verwurzelt, wie der von Sharm el Sheikh, Eilat oder Safaga. Täglich kommen Flugzeuge und bringen Gäste aus Luxor, Kairo oder dem nahen Europa ans Rote Meer. Der Küstenort ist nicht nur preiswert, er bietet mittlerweile vom Shopping bis zu gemütlichen Bars und Restaurants herrliche Urlaubsvergnügen mit ganzjähriger Sonnenscheingarantie. Die derzeit zur Verfügung stehenden 12 000 Betten sollen zukünftig auf 20 000 erweitert werden.

Anfänglich reisten fast ausschließlich Taucher (90 % aller Gäste) nach Hurghada, heute hat sich das Verhältnis umgekehrt und vornehmlich Badegäste (90 %) besuchen den Küstenort. Trotzdem kommen jährlich noch zwischen 35 000 und 50 000 Taucher. Im Trend liegen Beginner-Tauchkurse mit hohen Zuwachsraten. Neben den herrlichen Tauchrevieren, die direkt vor Hurghada liegen, lassen sich von dort aus auch zahlreiche Wracks erreichen. Sicherlich leistet diese taucherische Vielfalt einen großen Beitrag zur Beliebtheit Hurghadas.

Eine ähnliche, wenngleich zeitlich spätere Entwicklung setzte im etwa 50 km südlich gelegenen Safaga ein. Allerdings liegen um Safaga nicht so viele Wracks, die auf einer Tagestour zu erreichen wären. Außer der Salem Express, dem Sadana Wrack und den zwei Wracks im Hafen von Hurghada (Excalibur & Minija) gibt es keine nennenswerten Schiffe, die in der Region untergingen. Die Nordwracks und die Brothers sind zu weit entfernt, ebenso die Wracks im Süden. Dafür bestechen jedoch die traumhaften Tauchreviere um Safaga, die in ein bis zwei Stunden erreichbar sind.

Blick auf den alten Hafen von Hurghada

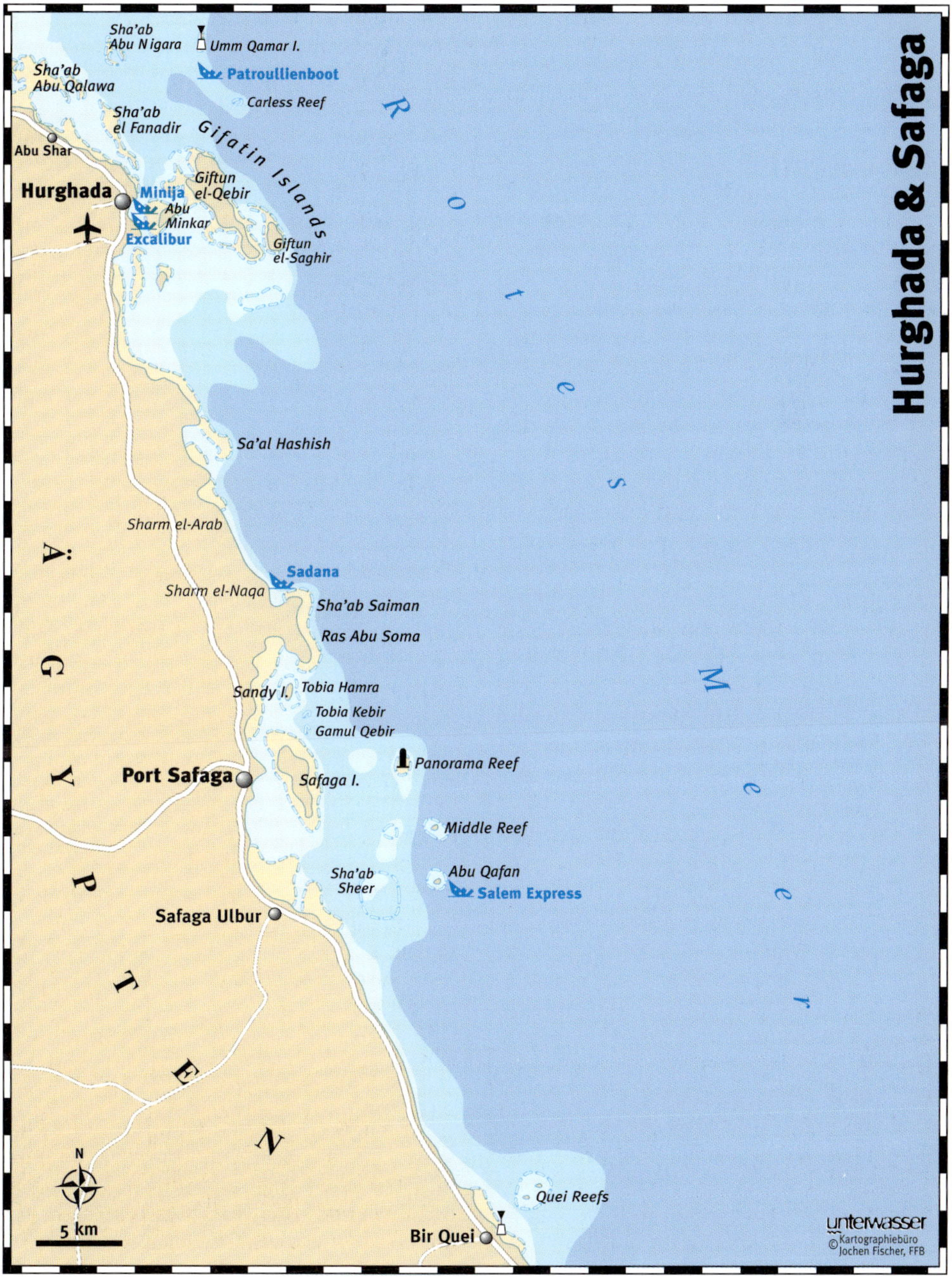
Hurghada & Safaga
Sha'ab Abu Nigara
Umm Qamar I.
Patroullienboot
Sha'ab Abu Qalawa
Carless Reef
Sha'ab el Fanadir
Gifatin Islands
Abu Shar
Hurghada
Minija
Giftun el-Qebir
Abu Minkar
Excalibur
Giftun el-Saghir
Rotes Meer
Sa'al Hashish
Sharm el-Arab
Sadana
Sharm el-Naqa
Sha'ab Saiman
Ras Abu Soma
Sandy I.
Tobia Hamra
Tobia Kebir
Gamul Qebir
Panorama Reef
Port Safaga
Safaga I.
Middle Reef
Ägypten
Sha'ab Sheer
Abu Qafan
Salem Express
Safaga Ulbur
N
Quei Reefs
5 km
Bir Quei
unterwasser
© Kartographiebüro Jochen Fischer, FFB

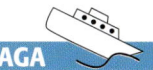

Excalibur

Historisches

„Sie war ein wundervolles Schiff, die Excalibur, beginn Suzanna Wenny im Gespräch mit den Autoren in Hurghada. In ihrer Stimme klangen Trauer und Wehmut mit. Bis zum 14. Dezember 1995 befuhr die Excalibur als schwimmende Tauchbasis und Hotel das südliche Rote Meer. In der Sommersaison kreuzte sie im Mittelmeer. Die Hiobsbotschaft erreichte Suzanna in ihrer Basis in Hurghada gegen 21.30 Uhr. Noch genau erinnert sie sich an den Abend und die folgenden Nachtstunden.

„Mein Mann war in Suez, um einen neuen Anker zu besorgen, da einer der großen Anker des Schiffs unterwegs verloren gegangen war. Plötzlich kam jemand vorbei und berichtete mir von einem Feuer, ganz in der Nähe. Zunächst dachte ich an ein Haus, eine Hütte oder ähnliches, bis der Kapitän der Excalibur, zu dem Zeitpunkt eine Frau, zu mir hereinstürzte und sagte, daß unser Schiff brennen würde. Ich rannte aus dem Haus zum Strand hinunter. Nur einen Steinwurf entfernt leuchtete hell vom Wasser ein Feuer herüber, das achtern, offensichtlich im Bereich des Maschinenraums auf unserem Schiff ausgebrochen war und sich auszubreiten begann. Wie versteinert stand ich an der „Beach", voll verzweifelter Erregung und machtlos zugleich. Bisweilen waren dumpfe Explosionen im Rumpf zu vernehmen, mit denen immer wieder ein gewaltiger Funkenregen emporstieg. Die Feuerwehr von Hurghada war schnell, bereits 20 Minuten später erschien sie vor Ort um festzustellen, daß die Reichweite ihrer Pumpen nicht ausreichte, um einzugreifen. Ein Feuerlöschboot wurde angefordert, das dreieinhalb Stunden später erschien. Angesichts der mittlerweile unüberschaubaren Feuersbrunst konnte die Besatzung mit ihrem Miniaturschlauch sowieso nichts ausrichten. Hinzu kam, daß die Pumpen an Bord wegen fehlendem Diesel nicht ansprangen. Verzweifelt drückten wir einem Polizisten einige Pfund in die Hand, damit er erst einmal Treibstoff für die Pumpen des Bootes kaufen konnte; doch zu retten war eigentlich schon lange nichts mehr".

Am Morgen des 15. Dezembers 1995 gegen 4.30 Uhr versank die Excalibur langsam und aufrecht im ruhigen Hafenwasser von Hurghada.

Die Geschichte der Excalibur reicht nur bis in die späten achtziger Jahre zurück. Ursprünglich handelte es sich um die Rumpfschale einer Serie von 14 neuen Minensuchbooten der deutschen Kriegsmarine, die bis Kriegsende nicht mehr fertiggestellt worden waren. In den folgenden Jahrzehnten lagerte einer der Rümpfe irgendwo, bis eine Interessengruppe aus 13 Anteilseignern 1986 die Schale erwarb und begann, sie zu einem respektablen 35-Meter Schiff aufzubauen. Fachliche Unkenntnis, interne Zwistigkeiten und Finanzierungsprobleme ließen das Projekt zunächst scheitern. Statt eines kleinen, aber luxuriösen Motorseglers, der mit betuch-

Die Excalibur war einst ein wundervolles Safarischiff

Deutlich erkennbar sind die Zerstörungen am Heck

ten Gästen durch die Karibik kreuzen sollte, lag ein halbfertiges Boot im Dock, das versteigert werden mußte. Drei der ehemaligen Eigner ersteigerten das Schiff zurück und verkauften es an Suzanna Wenny und ihren Ehemann Günter. Beide begannen auf der Jöngwerft in Hamburg mit dem weiteren Aus- und Umbau. Der Name leitete sich von dem berühmten Schwert Excalibur des mystischen Königs Arthur ab, wie auch später die einzelnen Kabinen Namen von Rittern aus Arthurs Tafelrunde trugen. Ursprünglich sollte der zweimastige Motorsegler in den Gewässern der französischen und italienischen Riviera kreuzen. Eine Geschäftsidee, die auch Erfolg zeigte, denn das Schiff war gut gebucht. Die verregneten Mittelmeerwinter sollten im südlichen Roten Meer verbracht werden. Diese Idee konnte aber erst nach dem Ende des Golfkrieges realisiert werden, das die Excalibur vor der Küste Maltas abwartete.

Das Wrack heute

Die Excalibur steht in gutem Zustand um etwa 10° nach Steuerbord geneigt auf dem sandigen Meeresgrund. Bei guter Sicht kann man das gesamte Schiff überblicken. Die Schäden an der Excalibur sind bis auf die Explosionsfolgen am Heck und dem abgesägten Hauptmast nicht sofort erkennbar. Das Feuer, das nach einem Kurzschluß zwischen Kombüse und Generatorraum ausbrach, wütete innerhalb des Rumpfes und ließ das Äußere des einst so schmucken Schiffs weitestgehend unberührt.

Ein Tauchgang beginnt am besten am Bug. Mit etwas Abstand kann man den mächtigen Bugspriet mit der noch vorhandenen Takelage, den Ketten und Resten von Netzen am besten überschauen. Alles sieht ordentlich, fast aufgeräumt aus; lediglich die Anker fehlen. Weiter über das Vorschiff mit der Ankerspill, der geöffneten Luke zum Vorpiek und weiteren, kleinen Aufbauten fällt als nächstes der Vormast auf. Er ist völlig intakt und erhebt sich senkrecht bis wenige Meter unter die Wasseroberfläche. Gehalten wird er von Stahltrossen bis hinauf zum Krähennest. Selbst viele Wanten sind noch vorhanden. Direkt auf der Mastspitze hat sich bereits eine wundervolle, fotogene Weichkoralle angesiedelt, daneben steht häufig ein Schwarm großer Fledermausfische.

Nach dem Vorschiff beginnen die Aufbauten des Salons. Die Fenster wurden durch das Feuer oder den entstehenden Überdruck beim Untergang zerstört. Markant stehen auf dem glatten Oberdeck (Mahagonibeplankung) des Salons zwei metallische Lüfter. Weiter nach achtern, am Ende des Decks, beginnt die Brücke. Vor ihr stand einst mittig der starke Hauptmast. Von ihm ist nur noch ein verkohlter Stumpf zu sehen. Unbekannte sägten den Mast nach dem Untergang in Brückenhöhe ab. Heute schwimmt er mit der Spitze und dem Krähennest nach unten weisend neben der Excalibur. Er ragt dabei als sichtbares Zeichen an der Untergangsstelle etwa einen halben Meter aus dem Wasser.

Vor den frontseitigen Fenstern der Brücke liegt ein großes Stück abgerissener Wanten des Hauptmastes. Nach der Brücke

Reste von Wanten aus der ehemaligen Takelage

erstreckt sich das Oberdeck der hinteren Aufbauten. Es diente in der Verlängerung auch als Überdachung und Sonnenschutz des Achterschiffs. Der an der Steuerbordseite ausgeschwenkte Davit zeigt, daß der weibliche Kapitän mit dem Beiboot rechtzeitig entkommen konnte, nachdem Versuche, mit bordeigenen Löschsystemen den Brand zu bekämpfen, scheiterten. Massive Schäden, die vermutlich Explosionsfolgen im Schiffsinneren sind und zum Untergang führten, sind direkt am Heck erkennbar, dessen Spiegel nach oben geknickt ist; darauf weist auch gesplittertes und herausgerissenes Holz hin. Zwischen dem Achterdeck und dem Schutzdach ragt aus dem Schiffsinneren ein stark zerbeulter Tank fast senkrecht empor, den der Explosionsdruck förmlich durch das Deck gedrückt haben muß. Da das Feuer in Maschinenraumnähe entstand, entzündeten sich wahrscheinlich Treibstoffdämpfe und lösten die Explosion aus. Die Hitze im Schiffsinneren läßt sich an einer verzogenen Stahltür an Backbord erahnen.

Wer sich mittschiffs durch eine der engen Türen oder Fensteröffnungen zwängt, gelangt zunächst in den ehemaligen Salon. Im Licht des Scheinwerfers ist das volle Maß der Zerstörungen zu erkennen. Das Feuer erreichte alle Zwischendecks und Kabinen bis zum Kiel, so daß der Rumpf in diesem Bereich ausglühte. Auch der Stumpf des Hauptmasts ist bis auf Armstärke abgebrannt. Gleichermaßen sind die ehemalige Kombüse und die Brücke, in die man von unten oder seitlich hineintauchen kann, zerstört. Außer Kabelfetzen, verbogenen Leitungen und nicht identifizierbaren Trümmern ist von der ehemaligen Einrichtung nichts mehr zu erkennen. Vom Versuch, in den Maschinenraum zu gelangen, wird wegen der räumlichen Enge abgeraten, wie man sich auch wegen der vielen Sedimente vorsichtig im Schiffsinneren bewegen sollte.

Insgesamt ist die Excalibur (max. 22 Meter tief) ein einfach zu betauchendes Wrack, das auch Schnorchler bei guter Sicht gerne von der Wasseroberfläche bestaunen.

Excalibur

Schiffsdaten
Länge über alles: 35 Meter
Breite: 7 Meter
Seitenhöhe: ca. 3,50 Meter
Tiefgang: ca. 2,20 Meter
Tragfähigkeit: unbekannt
Vermessung: unbekannt
Schiffstyp: Motorsegler (Zweimaster, Mastlänge über 20 Meter)
Antrieb: 1 Dieselmaschine, 300 PS (Cummings)
Geschwindigkeit (max.): 8,5 kn (unter Motorkraft)
Stapellauf: September 1988
Bauwerft: Jöngwerft
Baunummer: unbekannt
Bauort: Hamburg
Land: Deutschland
Erste Reederei: Privatschiff (Eignergemeinschaft 1986)
Letzte Reederei: Privatschiff unter deutscher Flagge (Suzanna und Günter Wenny 1988)
Beladung auf der letzten Fahrt: keine, Schiff machte Zwischenstop in Hurghada und war auf dem Weg zur Werftüberholung in Suez
Besatzung: 6-7 Mann
Passagiere: 16 (maximal)
Sonstiges: das Schiff war ein typisches lifeaboard boat für Taucher, unter Segel wurde nur wenig und maximal bis Windstärke 3 bis 4 gefahren
Untergang: 15. Dezember 1995 (4.30 Uhr morgens)
Ort: Hafen von Hurghada
Hoheitsgewässer: Ägypten
Ursache: Feuer nach Kurzschluß
Verluste: keine

Wrackdaten
GPS-Position: N 27° 12,950' E 33° 50,668'
Maximale Tiefe des Wracks: 22 Meter
Minimale Tiefe des Wracks: 5 Meter
Strömungen: keine bis mäßig
Sicht: wechselnd, beste Zeit in den frühen Morgenstunden
Sehenswert: das ganze Schiff in seiner Situation als Wrack mit seinem Vormast, dem Bugspriet, den Decksaufbauten, den Innenräumen, dem zerstörten Heck und dem neben dem Wrack senkrecht im Wasser treibenden Hauptmast

Minija

Historisches

Es war die Zeit des kalten Krieges und die ägyptische Führung unter Präsident Nasser suchte in jenen Tagen eine verstärkte Annäherung an den damaligen Ostblock, vorzugsweise an die Sowjetunion. Eine Politik, die sicherlich nicht nur vor dem Hintergrund Nasser's Vorliebe für sozialistisches Gedankengut zu verstehen war. Vielmehr konnte man sie als eine Abkehr Ägyptens vom Westen, als Reaktion auf die Gründung und Stützung des Staates Israel durch die USA und ihrer Verbündeten, aber auch auf die Haltung des Westen während der Suezkrise sehen. Als Ergebnis eines Militärabkommens zwischen beiden Ländern, das während Nassers Besuch am 24. September 1955 in Moskau unterzeichnet wurde, lieferte die Sowjetunion im folgenden Jahr vier moderne Minenräumboote der T-43 Klasse mit einem Auftragswert von US$ 120 000 000 an Ägypten. Diese Boote mit den Namen Bahaira, Charkieh, Garbia und Minija, waren die logische Konsequenz aus dem Gedanken, daß bei einem zu erwartenden militärischen Konflikt zwischen Israel und Ägypten der Suezkanal als Haupteinnahmequelle des Landes als erstes von den Israelis vermint werden könnte.

1969 begann Ägypten einen politischen Zermürbungsfeldzug gegen Israel, der zum einen in der militärischen Rückeroberung des Sinai enden sollte, den man im Sechs-Tage-Krieg 1967 verloren hatte. Zum andern war die völlige Eliminierung des Staates Israel das Hauptziel Ägyptens und der arabischen Welt. Die Antwort der Israelis auf diese Provokationen ließ nicht lange auf sich warten. Man begann mit gezielten Luftschlägen militärische und industrielle Ziele in Ägypten anzugreifen. Als militärische Hauptziele galten vornehmlich Radaranlagen wie die Einrichtungen in der Nähe des Flughafens von Hurghada. Diese Aktionen gipfelten später im Yom Kippur-Krieg von 1973.

Zurück ins Jahr 1970. Der Suezkanal war seit dem Sechs-Tage-Krieg gesperrt, der Sinai von Israel erobert. Noch herrschte kein erneuter Kriegszustand zwischen beiden Ländern, doch kam es immer wieder zu Provokationen, Attacken und Scharmützeln zwischen Israelis und ägyptischen Streitkräften. Am 6. Februar 1970 befanden sich israelische Mirage III- und Ouragan-Bomber im Anflug auf Hurghada. Ziel waren vermutlich die Radaranlagen in der näheren Umgebung. Ein Angriff mußte aus geringer Höhe vorgetragen werden, um dem gegnerischen Radar zu entgehen. Die Trümmer einer zerstörten Radarstation am Fuße eines Hügels bei Hurghada deuten darauf hin, daß der Angriff von Seeseite, vorzugsweise aus der Richtung von Sharm el Sheikh, erfolgte. Zu diesem Zeitpunkt war die Minija* in Hurghada stationiert und lag im Hafen vor Anker. Mit ihrer

* Die Minija wurde noch im Herbst desselben Jahres durch die Sinai ersetzt; hinzu kamen zwei weitere T-43 Boote, die Ägypten aber schon zu Anfang des Jahres 1970 erhalten hatte. Die Sinai und die Charkieh sind heute außer Dienst gestellt; sie wurden ausgeschlachtet und dienten danach nur noch als Übungsziele.

Minenräumer der sowjetischen T-43 Klasse

Die Minija mit ihren unverhältnismäßig kleinen Rudern

Bewaffnung stellte sie daher eine große Gefahr für die Maschinen da, denn das Schiff befand sich genau in der Einflugschneise der anfliegenden Bomber. Binnen weniger Minuten wurde sie das Opfer der israelischen Bord-MGs sowie der Bordraketen und versank, ohne einen Schuß abgegeben zu haben. Bei dem Angriff kam nach ägyptischen Quellen angeblich niemand ums Leben.

Das Wrack heute

Die meist schlechte Sicht taucht die 30 Meter tief liegende Minija in ein nahezu gespenstisches Licht. Verstärkt wird die geisterhafte Atmosphäre durch die abgestorbenen Korallen in der Umgebung des etwa 600 Meter entfernt liegenden alten Hafen von Hurghada. Ohne Tauchplatzmarkierung wäre die Minija verhältnismäßig schwer zu lokalisieren. Am besten folgt man direkt dem Bojenseil am Wrack und erkennt in etwa 20 Meter die ersten Konturen des Schiffs. Die Minija liegt fast 100° geneigt auf der Backbordseite. Wer in der Schiffsmitte mit der Wrackerkundung beginnt und nach achtern schwimmt, sieht zunächst die Mittschiffsaufbauten mit den Resten der Brücke. Von den Aufbauten, die sich über zwei Decks erstreckten, ist nicht mehr viel zu erkennen. Der obere Bereich ist völlig zerstört. Nur das darunterliegende Deck kann betaucht werden. Vor den Aufbauten stehen zwei zum Himmel gerichtete Zwilling-MGs, so wie sie in Stellung gebracht worden waren, als die israelischen Bomber kamen. Die Aufbauten zeigen etliche Beschädigungen. Zum einen sind dies Stauchungen und Verformungen durch den Beschuß der angreifenden Flugzeuge, zum anderen durch den heftigen Aufprall auf dem Grund. Gleich dahinter erhebt sich der kurze, dicke Schornstein, der sich zum Teil in den Meeresboden gebohrt hat. Dort bedecken etliche Trümmer den Grund, vor allem größere Geschützmunition, Kartuschen und eine Gasflasche. Die großkalibrige Munition, zum Teil befindet sie sich noch in 15er-Magazinen, gehörte zum feuerbereiten 37-mm-Heckgeschütz, dessen Rohr heute zum Korallengrund weist. Vor dieser Kanone befinden sich zwei weitere Zwilling-MGs. Oberhalb des Mittschiffs lagern nahe der Bordreling drei

Vier Maschinengewehre dieses Typs hatte das Schiff an Bord

Räumottern in ihren Halterungen, die zum Kappen von Ankertauminen verwendet wurden. Sie ähneln etwas zu dick geratenen Torpedos oder Bomben. Da das Schiff an beiden Seiten gleich ausgerüstet und bewaffnet war, ist anzunehmen, daß sich backbord ebenfalls Räumottern befanden, die heute aber nicht mehr erkennbar sind.

Die Minija ist ein typisches Kriegsschiff mit vielen, sehr engen Räumlichkeiten, die aber von herausgerissenen Kabeln und Rohren blockiert sind. Sie stehen fast alle offen und lassen erahnen, daß die Besatzung panisch das sinkende Schiff verließ. Ins Schiff hineinzutauchen erscheint sehr gefährlich und ist obendrein unattraktiv! Geschoßfunde außerhalb des Wracks machen es wahrscheinlich, daß sich in der Minija weitere scharfe Munition befindet. Man sollte daher von solchen Exkursionen Abstand nehmen und das Wrack nur von außen erkunden.

Betrachtet man das Wrack aus der Distanz, ist das niedrige Achterdeck deutlich zu erkennen, das tiefer angeordnet ist, als das Hauptdeck des Vorschiffs. Ein typisches Baumerkmal der T-43 Klasse. Am Oberdeck sind dicke Seiltrommeln zu sehen, die zum Schleppen des Minenräumgerätes benötigt wurden. Zum Wegfieren und Bergen dienten der kleine Hydraulik-Kran und die Stahlrollen am fast geraden und rechtwinklig verlaufenden Heckspiegel des Schiffs. Hier gibt es keine gravierenden Schäden, doch weist der Rumpf in Höhe der beiden dreiflügligen Schrauben und der zwei, nach Backbord eingeschlagenen Ruder eine mächtige Delle auf. Vermutlich ist diese Deformation die Folge einer gewaltigen Explosion nahe des Schiffsrumpfs.

Abgerissen wurde der Antennenmast der Minija, der sich mittschiffs befand. Ein größeres Teil davon liegt heute etwa 30

Meter hinter dem Heck. Die eigentliche Ursache des Untergangs kann man direkt hinter dem Heckspiegel sehen. Hier liegt ein langes, verbogenes Eisenteil, das zu keinem Konstruktionsmerkmal des Achterschiffs zu passen scheint. Wer um seine Herkunft wissen will, der braucht nur den verbogenen Schlingerkielen des Schiff bis an den Bug folgen. Hier klafft an Steuerbord kurz hinter der Ankerspill ein riesiges Loch im Rumpf – das Ergebnis des Luftangriffs. Die Rakete muß also, betrachtet man die Aufpilzungen des Stahls, die Minija von links kommend getroffen haben. Dabei wurde die Steuerbordwand bis tief unterhalb der Wasserlinie aufgerissen. Der Treffer zerstörte nicht nur die Bordwand, auch Teile des Oberdecks und des Vorschiffs wurden bis zur Vertikalachse der Ankerspill bis zum Kiel hinunter weggerissen. Aus diesem überdimensionalen Loch stammt auch das große Trümmerstück hinter dem Heck. Der Beschuß durch die gegnerischen Maschinen zeigt sich aber auch an anderen Stellen des Wracks, überall sind kleinere Einschläge des Geschoßhagels zu sehen, der den Schiffsstahl wie Pergament zerfetzte. Wer dem flachen Schiffsboden längst des Kiel zum Bug folgt, wird im vorderen Viertel eine eiförmige Wulst entdecken, das ehemalige Bordsonar. Die flache Bauweise des Rumpfes ist ein typisches Merkmal für schnell laufende Boote, die sich auch für den Einsatz in flachen Gewässern eignen. Direkt am Bug ist der Steuerbordanker noch aufgezogen, während sich die Kette des Backbordankers über den Grund zum Korallenriff windet.

Ein wichtiger Hinweis: Finger weg von allen umherliegenden Munitionsresten! Selbst bei der kleineren MG-Munition sollte man sich zurückhalten, denn die Expolosivgeschosse sind durch die bereits verschwundene Farbkennung nicht mehr von der Leuchtspurmunition zu unterscheiden. Diese „Tracer" enthalten Phosphor und bei Korrosion der Geschoßhülle neigen sie in Verbindung mit Luftsauerstoff zur Selbstentzündung! Taucher, die noch nicht an der Minija getaucht sind, sich aber im Vorfeld schon einmal einen Überblick vom Wrack verschaffen möchten, brauchen nur beim Passieren des Militärhafens einen Blick auf den großen Minensucher werfen, der hier häufig vor Anker liegt. Es ist ein annähernd baugleiches Schiff zur Minija.

Minija

Schiffsdaten
Länge über alles: 58 Meter
Breite: 8,40 Meter
Seitenhöhe: keine Angaben
Tiefgang: 2,1 Meter
Tragfähigkeit: keine Angaben
Vermessung: 580 BRT
Schiffstyp: Hochsee-Minensucher (ehemalige sowjetische T-43 Klasse)
Antrieb: 2 Turbo Diesel
Leistung: 2 x 2.200 PS, 2 Antriebswellen
Geschwindigkeit: 14 kn
Stapellauf: 1955
Bauwerft: keine Angaben
Baunummer: keine Angaben
Bauort: keine Angaben
Reichweite: 3 000 sm bei 10 kn
Land: ehemalige Sowjetunion
Erster Betreiber: Ägyptische Marine
Letzter Betreiber: Ägyptische Marine
Beladung auf der letzten Fahrt: keine Angaben
Besatzung: 65
Passagiere: keine
Bewaffnung: 4 x Bord-MG, 1 x 3,7 cm Kanone bewaffnungsfähig für zusätzlich 20 Minen
Untergang: 6.2.1970
Ort: Reede von Hurghada
Hoheitsgewässer: Ägypten
Ursache: Israelischer Luftangriff
Verluste: keine Angaben

Wrackdaten
GPS-Position: N 27° 13,566' E 33° 50,815'
Maximale Tiefe des Wracks: 30 Meter
Minimale Tiefe der Wracks: 19 Meter
Strömungen: bisweilen leichte Strömung aus Nord
Sicht: 15 Meter oder weniger, da Hafenbereich

Patrouillenboot

Historisches

Das Patrouillenboot zählt nicht zu den herausragenden Wracks und ist deshalb nur einen kleinen Abstecher wert, wenn man am Sha'ab Rur taucht. Doch hinter dem Untergang verbirgt sich eine interessante Geschichte, die weit in die Anfänge der sechziger Jahre zurückreicht.

Man schrieb das Jahr 1962. Zu den ersten Pionieren am Roten Meer gehörten die deutschen Unterwasserfotografen Gerhard Lauckner und Ludwig Sillner*. Zusammen mit seiner Frau und einem Freund, Ortwin Sacher-Woenkhaus, machte Sillner eine Reise nach Hurghada und Port Safaga. In Hurghada schlossen sich zwei weitere Tauchkollegen aus Norddeutschland, Gerhard Lauckner und Frithjof Rendtel, an. Man tauchte an den verschiedensten Plätzen zwischen den kleinen Fischerdörfern von Hurghada und Safaga, fotografierte und filmte und erregte dabei eine Riesenaufmerksamkeit bei den Einheimischen. Taucher waren damals am Roten Meer noch weitestgehend unbekannt. Insgesamt dauerte Sillners Reise 42 Tage. Am letzten Tauchtag, bevor es mit dem VW-Käfer wieder nach Suez und dann nach Europa gehen sollte, gerieten sie durch Zufall an den Kapitän eines ägyptischen Patrouillenbootes in Hurghada, der der Gruppe anbot, sie mit Gästen aus ägyptischen Militärkreisen für einen Tagestörn zum Tauchen und Fischen nach Shadwan hinauszufahren.

Beim Patrouillenboot handelte es sich ein Küstenwachboot. Es wurde von zwei Sechs-Zylinder-MAN-Motoren mit Turboladern angetrieben, war etwa 30 Meter lang, sehr schmal und besaß einige leichte Flugabwehrkanonen. Der Kapitän des Schiffs erschien sehr ängstlich, wie sich Sillner erinnerte, denn er war Armeeoffizier und vorher kaum zur See gefahren. Statt direkt vor Shadwan zu ankern, ankerte der Kapitän bereits 200 Meter vor der Insel in 50 Meter tiefem Wasser. Die Taucher und anderen Gäste verbrachten einen abwechslungsreichen Tag an der Insel bevor wieder Kurs auf den heimatlichen Hafen genommen wurde. Gegen sechs Uhr abends erschütterte auf dem Heimweg ein heftiger Stoß das Schiff. Das Boot hatte bei voller Fahrt ein flaches Riff gerammt, das die unerfahrene Besatzung bei der tief stehenden Sonne und dem spiegelglatten Meer nicht rechtzeitig erkannte. Sillners Äußerung in seinem Buch „Kleiner Sprung ins Große Meer", man sei auf das Carless Reef aufgelaufen (der ägyptische Bootsnavigator behauptet dies), ist sachlich falsch. In Wirklichkeit rammte das Schiff das nahe gelegene Sha'ab Rur.

Das Patrouillenboot saß bewegungslos fest, obwohl die Motoren noch liefen. Während sich der Bug mit dem Kupferkiel fest in die Korallen bohrte, hing das Achterschiff etwa 10 Meter weit frei über tiefem Wasser, wie Sillner bei einem kurzen Tauchgang schnell feststellte. Der Funker sandte pausenlos SOS-Rufe. Die einsetzende Ebbe verhinderte jeden Versuch frei zu kommen. Das Patrouillenboot krängte langsam nach Backbord. Der Kapitän beorderte alle Anwesenden auf die entgegengesetzte Seite, um die Lage wieder zu stabilisieren. Langsam begannen sich die spitzen Korallen in den dünnen Holzrumpf zu bohren. Gegen 22 Uhr trafen die ersten Schiffe aus Hurghada am Havaristen ein. Sillner und die anderen Gäste wurden von

---

* Ludwig Sillner kam am 18. Februar 1973 zusammen mit dem Tauchlehrer Peter Kopp auf der Heimfahrt vom „Bubblemakerball" (einem ehemals großen VDTL-Tauchertreffen im Harz) bei einem tragischen Verkehrsunfall ums Leben.

PATROUILLENBOOT

Die Maschine des Patrouillenbootes in 38 Meter Tiefe

Ein weiteres, großes Wrackteil liegt am Fuße des Riffs

einem der Boote übernommen. Die Taucher aus Norddeutschland blieben weiterhin an Bord, um bei den Freischleppversuchen am nächsten Tag zu helfen. Mit Fendern und Reifen gelang es ihnen tatsächlich, den Rumpf vor den Korallen abzupolstern. Gerhard Lauckner, der nach Sillners Abreise für weitere 10 Wochen in Hurghada blieb, verhandelte mit dem Gouverneur des Distriktes über eine mögliche Bergung des Wracks. Lauckner schrieb:

„...tatsächlich lag der Havarist am äußersten Ende des Riffs, d. h. an Steuerbord dehnte sich über eine 200 Meter lange Riffplatte aus, während es an Backbord nach weniger als 12 Meter ins Bodenlose ging. Zudem war dieser Teil des Riffsaums überhängend, so daß man ihn leicht in kleinen Portionen unter dem Boot hätte wegsprengen können. Dynamit gab es an den Erdölbohrstellen der Rotmeerküste mehr als genug. Das Sprengen hätte ich wohl sehr schnell gelernt. Deshalb schlug ich dem Gouverneur vor, mir die Bergung zu überlassen. Er willigte ein, aber ich verlangte die vorherige Überweisung eines an sich mäßigen Geldbetrages (an die Summe kann ich mich bei bestem Willen nicht mehr erinnern) auf ein Schweizer Sicher-

Das Patrouillenboot lief mit fast halber Bootslänge auf das Riffdach auf

heitskonto. Diese Überweisung kam nicht zustande und deshalb ließ ich auch Wrack Wrack sein. Nur schade um die beiden kurz vorher generalüberholten MAN-Schiffsdiesel, die wirklich wie ein Uhrwerk liefen".

Alle Bemühungen, das Schiff mit Hilfe von kleineren Fischerbooten wieder flottzumachen, scheiterten in den nächsten Tagen. Ein Kreuzer, den man extra aus Suez orderte, riß das Boot schließlich in zwei Teile auseinander. Das Heck versank sofort, während der Bug auf dem Riff liegenblieb. Der Kapitän, den man später zur Rechenschaft ziehen wollte, berichtete schlicht und ergreifend, das Schiff sei bei der Verfolgung von Schmugglern auf das Riff von Sha'ab Rur gelaufen.

Über die tatsächliche Herkunft des Patrouillenbootes kann nur spekuliert werden. In den fünfziger und sechziger Jahren wurden aus politischen Gründen keine Rüstungsgüter aus Deutschland an Ägypten geliefert, das Boot aber war mit deutschen Maschinen ausgerüstet. Es liegt daher die Vermutung nahe, daß es sich beim Patrouillenboot um ein Schiff aus den Beständen der deutschen Kriegsmarine handelte und das den Ägyptern möglicherweise von den Engländern als Beutefahrzeug überlassen worden war.

Das Wrack heute

Das Wrack befindet sich heute in einem recht jämmerlichen Zustand. Es versanken nur das Heck und einige Teile des Mittschiffs. Die Bugsektion auf dem Riffdach zerstörten Wind und Wellen komplett. Der ansteigende Grund vor Sha'ab Rur ist von 38 Meter Tiefe – dort liegen das Heck und die Motoren – bis in die flachen Bereiche mit Trümmern bedeckt. Verstreut liegen hier Bodenteile des Rumpfs, der Kiel, sowie die Überreste der zwei Motoren und einige Tanks. Von den Maschinen schraub-

ten Unbekannte die Zylinderköpfe ab, beim Steuerbordmotor fehlt der Turbolader. Weiterhin sind noch einige Hydraulikleitungen, Rohre, Kabelbäume und andere Versorgungsleitungen auszumachen. Vom Bootskörper aus Holz und etwas Aluminium ist ebenfalls nicht mehr viel zu erkennen. Decks und Aufbauten fehlen genauso wie die zwei Maschinengewehre. Auch die zwei Schiffsschrauben wechselten bereits die Besitzer, nur die beiden Ruderblätter können noch besichtigt werden. Das Patrouillenboot ist ein uninteressantes Wrack, das allein aufzusuchen sich nicht lohnt. Ein Argument jedoch spricht für den Tauchplatz, das Riff von Sha'ab Rur.

Patrouillenboot

Schiffsdaten
Länge über alles: ca. 25 Meter
Breite: ca. 4 Meter
Seitenhöhe: keine Angaben
Tiefgang: ca. 0,8 Meter
Tragfähigkeit: keine Angaben
Vermessung: keine Angaben
Schiffstyp: Schnellboot
Antrieb/Leistung: 2 x 6 Zylinder MAN-Diesel mit Turbolader
Stapellauf: keine Angaben
Bauwerft: keine Angaben
Baunummer: keine Angaben
Bauort: keine Angaben
Land: keine Angaben
Erste Reederei: keine Angaben
Letzte Reederei: Ägyptische Kriegsmarine
Ladung: keine Angaben
Besatzung: 4-5
Passagiere: 5 tauchende Gäste, 7 weitere Militärgäste
Sonstiges: keine Angaben
Untergang: Sommer 1962
Ort: Sha'ab Rur
Land: Ägypten
Ursache: durch Unachtsamkeit auf Riff gelaufen
Verluste: keine

Wrackdaten
GPS-Position: N 27° 20,100' E 33° 54,850'
Maximale Tiefe des Wracks: 38 Meter
Minimale Tiefe des Wracks: 25 Meter
Strömungen: selten in der Tiefe
Sicht: allgemein gut
Sehenswert: Teile des Hecks und Mittschiffs, Motoren

Sadana-Wrack

Historisches

Wir befinden uns in der zweiten Hälfte des 18. Jahrhunderts. Ein Lastenschiff mit gerefften Segeln kämpft gegen die hohen Wellen des Roten Meeres an, die von Norden heranrollen. Das Boot ist voll beladen und liegt tief im Wasser. Obwohl man dicht unter Land segelt, ist die See wild und unberechenbar. Plötzlich taucht an Backbord voraus eine Landzunge auf, die sich weit ins Meer erstreckt und durch die schäumende Gischt nicht auf ganzer Länge zu sehen ist. Der Süden der Landzunge, man wird sie später Ras Abu Soma nennen, bietet bei diesem Wetter einen ruhigen Ankerplatz. Doch das Schiff hat bereits die Spitze des Ras passiert und gerät auf der Nordseite in noch turbulentere See. Mächtige Wellen rollen auf das Saumriff zu; das Meer drückt das Schiff immer dichter auf das Land und den Riffsaum zu, ein Entkommen ist nicht mehr möglich. Krachen von zersplitterndem Holz zeigt an, daß der Rumpf hart auf die Riffkante aufschlägt. Splitterndes Holz, gurgelndes Wasser und Schreie der hilflosen Besatzung schallen ungehört bis ans nahe Land. Es dauert nur eine kurze Zeit, bis sich über dem schwer beladenen Schiff die Wogen schließen und es die letzte Fahrt entlang der Riffwand zum Grund antritt..

So könnte sich der erfundene Hergang zugetragen haben, denn es ist nicht bekannt, wie und warum das Schiff in diesen Hexenkessel aus unberechenbaren Strömungen und Wellen geriet. Selbst in heutiger Zeit herrschen am Ras Abu Soma oft so starke Strömungen, daß ein Ankern nicht möglich ist. Selbst motorisierte Boote, die es an diese Stelle verschlägt, können sich nur mit laufender Maschine an einer Stelle halten und ihre Gäste nach einem Tauchgang nur wieder einsammeln. Das Schiff, man wird es Jahrhunderte später das Sadana-Wrack* nennen, befand sich nach Meinung von Archäologen vermutlich auf der Fahrt vom Jemen nach Norden. An Bord stapelten sich neben Amphoren unterschiedlichster Größe und Form chinesisches Porzellan, das offensichtlich für den Markt im Mittelmeerraum bestimmt war. Ob der Golf von Suez oder die Straße von Tiran angesteuert werden sollte, ist nicht bekannt.

Das Wrack heute

Etwa 250 Jahre blieb das Schiff unbeachtet, bevor 1994 im Rahmen einer Erfassung möglicher historischer Wracks im Roten Meer erste offizielle Tauchgänge an der Untergangsstelle erfolgten. Federführend war das amerikanische Institut für Maritime Archäologie (Institute of Nautical Archaeology = INA) in Dallas, Texas mit einer Zweigstelle in Alexandria. Schon die ersten Tauchgänge bestätigten, daß das Sadana-Wrack bereits von Plünderern heimgesucht worden war. Etliche Amphoren waren freigelegt und für eine spätere

Nördlich von Safaga sank die Sadana

* Der Name Sadana-Wrack leitet sich von der Halbinsel des Ras Abu Soma ab, die auch als „Sadana Island" bezeichnet wird.

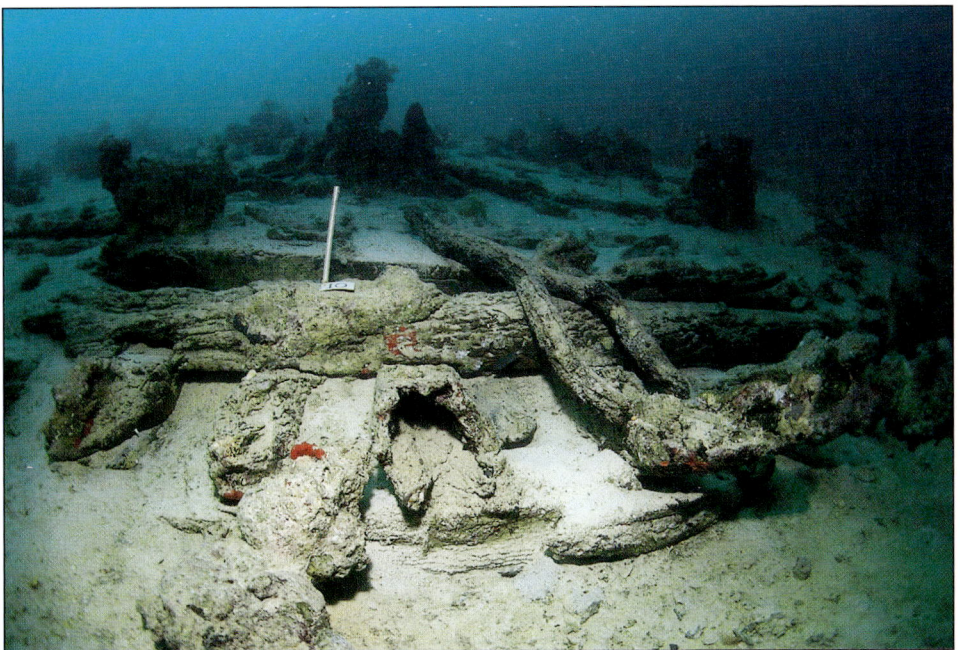

Archäologen haben die Wrackreste in Vermessungsfelder unterteilt

Bergung vorbereitet. Die Spur ließ sich über chinesische Porzellanstücke und kleinere Amphoren am Strand bis in verschiedene Souvenirshops in Hurghada verfolgen, die bereits einige Fundstücke feilboten. Für die Wissenschaftler bedeutete dieses aber einen schweren Verlust wertvoller historischer Informationen.

Im Rahmen der weiteren Erforschung startete im Sommer 1995 die erste große Expedition zum Sadana-Wrack. Mit den ersten Ausgrabungen unter der Leitung der amerikanischen Archäologin Professor Cheryl Haldane sollte das Wrack und die Untergangsstelle kartiert, vermessen und protokolliert werden. Maßnahmen zum Schutz gegen weitere Plünderungen sollten weitere Ausgrabungen 1996 ermöglichen. Zunächst wurden alle oberflächlichen Fundstücke aus Porzellan und kleinere Funde bei der ersten Expedition geborgen. Parallel dazu legten andere Taucher Gräben am Wrack an, um die ehemaligen Abmessungen des Sadana-Wracks zu bestimmen. Die Teilnehmer der ersten Expedition waren auch ägyptische Archäologen, ein Vertreter der Marine, Hilfspersonal der INA und einige amerikanische Studenten von der University of Texas in Dallas. Da das Wrack dicht unter Land am Fuße eines 27 Meter hohen Korallenriffs liegt, errichteten die Wissenschaftler ihr Camp direkt am Strand. Bis 1998 waren die meisten Fundstücke von dem inzwischen etwa 1300 m² großen Ausgrabungsareal geborgen und die Forscher immer tiefer in den Meeresgrund eingedrungen, um weitere Informationen über die Konstruktion des Schiffes zu erhalten.

Einer der Anker des antiken Lastenseglers

Ende 1998 stand fest, daß nur noch bis 1999, höchstens aber bis zum Jahr 2000 am Sadana-Wrack weiter gegraben wird. Danach sind alle wissenschaftlichen Vorhaben beendet und an das Wrack wird wieder die Ruhe zurückkehren, die es mehr als zweihundertfünfzig Jahre gehabt hatte. Sporttauchern sei nur gesagt: zu finden gibt es dann hier nichts mehr. Nur noch einige Holzreste, vielleicht die drei Anker mit ihren je vier Scharen und das Gefühl an einer historischen Stelle zu tauchen, die nebenbei auch noch ein hübsches Saumriff zu bieten hat.

Die Ladung

Die Ladung des Sadana-Wracks bestand nach wissenschaftlicher Analyse aus Gläsern, chinesischem Porzellan, aus Kupfergefäßen zum Kochen sowie aus mehr als 1000 Krügen und Flaschen. Zusätzlich transportierte das Schiff Pfeffer aus Indonesien, Kaffeebohnen aus dem Jemen, Weihrauch, Koriander und Kokosnüsse. Das chinesische Porzellan, von dem mehr als 300 Einzelstücke von 20 verschiedenen Arten gefunden wurden, stammt aus der Zeit um 1700 und war für den Export und den weiteren Handel im Mittelmeerraum bestimmt. Die damaligen Handelsrouten führten aus Fernost und China über den Indischen Ozean, die Malediven, weiter durch das Arabische Meer und das Rote Meer bis zum alten Hafen von Quseir oder nach Suez. Von hier transportierte man die Waren mit Karawanen zum Nil (...über die östliche Wüste...), um sie dann weiter nach Alexandria zu verschiffen. Einige Porzellanfunde wiesen nach chemischer Behandlung noch Spuren von Ornamenten auf. Dieses deutet auf einen vermutlich moslemischen Käuferkreis hin, da der Islam keine bildlichen Darstellungen kennt, sondern nur dekorative Ornamentik.

Dennoch wurde 1995 auch eine Tasse mit Tiermotiven entdeckt, was darauf schließen läßt, daß es an Bord weiteres Porzellan gegeben haben muß, das für den Weiterverkauf im nicht-islamischen Mittelmeerraum bestimmt war. Es ist bekannt, daß damalige chinesische Manufakturen Porzellan speziell nach den Vorgaben ihrer Kunden produzierten. Nähere Untersuchungen datieren diese Funde, ob mit oder ohne Ornamente, in die Zeit von 1670 bis 1740. Daß das Sadana-Schiff auf dem Weg nach Norden war, dafür sprechen neben den Funden auch Aufzeichnungen eines zeitgenössischen Reisenden. Er berichtet, daß zu jener Zeit französische und andere europäische Händler verschiedene Produkte aus ihren Ländern, wie roten Karminfarbstoff, Papier, Münzbarren und diverse Nahrungsmittel gegen Kaffee, Myhrre, Weihrauch, Gewürze und andere Drogen, aber auch gegen indische Baumwolltuche, chinesische Seide und Porzellan tauschten.

Interessant ist dabei der Fund eines kupfernen Kochtopfs, der die arabische Jahreszahl 1169 trägt, was nach unserer Zeitrechnung dem Jahr 1755/56 entspricht. Dieses belegt zum einen die Beliebtheit chinesischen Porzellans eines bestimmten Typs über einen sehr langen Zeitraum hinweg, zum anderen engt es gleichzeitig das mögliche Untergangsdatum weiter ein. Weiterhin konnte die Jahreszahl 1762 auf einem Serviceteller entdeckt werden. Das Wrack sank also nicht vor 1762. Bei der Kupferladung handelt es sich in erster Linie um Kochtöpfe, einen Krug, Teller und dreibeinige Gestelle zum Abstellen der Töpfe. Besonders wertvoll sind auch kleinere Glasgefäße mit rundem oder eckigem Querschnitt, zum Teil ver-

ziert als Parfümfläschchen oder kleine Likörgefäße. Funde, die organischer Natur waren, wurden in Zillas (amphorenähnlichen Transportbehältnissen) im Bereich des Stauraums achtern hinter dem Mittschiff gefunden. Dazu zählten Rosinen, Haselnüsse und Oliven. Man fand auch ein zusammengeknotetes Ledersäckchen sowie Knochen von verschiedenen Tieren, wie die von einer Ziege und einem Lamm. Hackspuren an den Knochen belegen, daß die Tiere vermutlich als lebender Proviant mitgeführt wurden.

Das Schiff

Auf einem der Geschirrstücke konnte die arabische Inschrift „Sidi Ibrihim Khoderi" entziffert werden – vielleicht der Na-

Ladung und Wrack haben der Wissenschaft neue Erkenntnisse gebracht

me des Schiffseigners oder des Kapitäns. Doch diese Entdeckung gibt bis heute keinerlei Aufschluß über die Herkunft des Sadana-Wracks, dessen Bauart weder mittelmeertypisch, noch europäischen, arabischen oder asiatischen Ursprungs ist. Die Archäologen hatten mit dem Sadana-Wrack Glück, da es beim Untergang sauber auf dem Kiel aufsetzte und in dieser Position langsam zerfiel. Das vereinfachte die Bestimmung der Abmessungen, der Tonnage und des gesamten Schiffsaufbaus. Es maß mehr als 53 Meter, war etwa 17 Meter breit und vermutlich auch so hoch. Es ist anzunehmen, daß das für die damalige Zeit riesige Frachtschiff bis zu 900 t Ladung aufnehmen konnte. Gebaut wurde es aus sehr massivem Holz, das mit relativ leichten Eisenbeschlägen verbunden war. Verbindungen aus Seilen, die sonst das Grundgerüst eines Schiffes in jenen Zeiten zusammenhielten, gab es beim Sadana-Wrack offensichtlich nicht. Vermutlich besaß das Schiff drei Decks, wie die Forscher aus Stütz-, Quer- und Längsfalten erkannten. Die Beplankung des Rumpfes und der Decks war sehr grob und zahlreiche Zwischenräume mußten entsprechend ausgeglichen werden.

Die Größe der Handelsschiffe aus jenen Tagen verdeutlichen die interessanten Reiseberichte des Deutschen Forschungsreisenden Carsten Niebuhr (1733 – 1815) aus Cuxhaven von 1762. Niebuhr bemerkte unter anderem, daß auf den Werften in und um Suez Schiffe aus Holz, Eisen und Seilen gebaut wurden und die Materialien aus Kairo oder aus Alexandria stammten. Diese typischen Schiffe des Roten Meeres konnten bis zu 1000 t laden oder wahl-

Amphoren und Amphorenreste an der Untergangsstelle

Hölzerne Wrackteile ragen aus dem sandigen Meeresgrund

weise bis zu 600 Menschen aufnehmen, vorzugsweise Mekka-Pilger für die Überfahrt von Suez nach Jeddah. Ein anderer Zeitgenosse berichtete auch, daß zu jener Zeit etwa 30 bis 40 Schiffe indischer Bauart das Rote Meer befuhren und ebenfalls Pilger nach Jeddah brachten. Bei 15 bis 20 von diesen Schiffen handelte es sich nach seiner Aussage um Boote von über 900 t. Diese Schiffe waren aber nach seinen Feststellungen in der Beschaffung wesentlich teurer als vergleichbare Boote vom Nil oder aus dem Mittelmeerraum.

Trotzdem gibt es noch viele Rätsel um die Herkunft des Sadana-Wracks. So wird vermutet, daß das Schiff wohl doch indischen Ursprungs sein könnte. Denn es gibt historische Dokumente, die indische Schiffe im Roten Meer beschreiben und die auf das Schiff zutreffen könnten. Doch konnte bis heute kein weiteres, vergleichbares Wrack gefunden werden. So werden erst in näherer Zukunft chemische und physikalische Untersuchungen der hölzernen Rumpfreste Klarheit über die Herkunft des Baumaterials geben. Über eines sind sich die Archäologen bereits einig. Obwohl das Sadana-Schiff Waren aus dem fernen Osten geladen hatte und es sich eindeutig auf Nordroute befand, verließ es nie das Rote Meer. Das beweist das Fehlen von Kanonen oder anderer Bordbewaffnung. Denn jedes weiterfahrende Handelsschiff wäre außerhalb der Gewässer des Ottomanischen Reiches schutzlos gewesen und hätte eine entsprechende Bewaffnung mit Kanonen gehabt, zumal Piraterie in den Gewässern des Arabischen Meeres und des Indischen Ozeans an der Tagesordnung war. Deshalb liegt die Vermutung nahe, daß die Reise des Schiffes irgendwo im Roten Meer begann (vermutlich im Jemen), bis sie bei Sharm el Naga am Ras Abu Soma endete.

Sadana

Wrackdaten
Länge über alles: ca. 53 Meter
Breite: ca. 17 Meter
Seitenhöhe: ca. 17 Meter
Tiefgang: unbekannt
Tragfähigkeit: ca. 900 t
Vermessung: unbekannt
Schiffstyp: Transportsegler
Beladung auf der letzten Fahrt: Keramiken, Chinesisches Porzellan, Kupferwaren, Gewürze, Amphoren
Untergang: vermutlich nach 1762
Ort: Ras Abu Soma bei Sharm el Naga (Nordseite)
Hoheitsgewässer: Ägypten
Ursache: vermutlich Sturm und Kursverlust

Wrackdaten
GPS-Position: Zum Schutz der noch laufenden Ausgrabungen keine Angabe
Maximale Tiefe des Wracks: 25 Meter
Minimale Tiefe des Wracks: 42 Meter
Strömungen: mäßig stark
Sicht: je nach Wind und Strömungsrichtung ca. 20 – 40 Meter Sehenswert: zur Zeit noch Tauchverbot; nach Abschluß der Ausgrabungen dürften noch Spanten, Balken und ggf. die drei Anker zu sehen sein

Salem Express

Historisches

Die fast 4 800 t große und 110 Meter lange Salem Express lief am 30.11.1966 als ro-ro-Fährschiff im französischen La Seyne vom Stapel. Sie wurde auf den Namen Fred Scamaroni getauft, den sie bis 1980 behielt. Für den Erstbesitzer, die Compagnie Generale Transatlantique, fuhr sie zunächst auf der Route von Nizza nach Bastia auf Korsika. Danach wurde sie in Nuits St. Georges umbenannt und verkehrte bis 1982 auf den bekannten Kanalverbindungen zwischen Frankreich und England. Das Schiff war beim französischen Bureau Veritas, registriert. 1975 wurde die Fähre modernisiert und erhielt eine computerunterstützte Steueranlage. 1982 erwarb ein ägyptischer Reeder das Schiff. Er ließ es überholen und setzte es unter dem Namen Lord Sinai für zwei Jahre zwischen Aquaba und Suez ein. Bisweilen fuhr das Schiff auf der Route zwischen Suez und Saudi Arabien. Dieser Besitzer betont noch heute, an Bord hätten die Sicherheitseinrichtungen den Vorschriften in vollem Umfang entsprochen. 1984 wechselte die Lord Sinai erneut Namen und Besitzer und hieß nun Al Tahra, bis sie schließlich 1988 von der Samatour Lines in Alexandria erworben wurde. Wöchentlich verkehrte die Fähre jetzt als Salem Express auf der etwa 36 Stunden langen Route von Suez über Safaga nach Jeddah in Saudi Arabien. Das Schiff versah ohne nennenswerte Vorkommnisse den Dienst bis zum tragischen 14. Dezember 1991.

Der Untergang

Es war eine kalte, stürmische Überfahrt. Das Rote Meer zeigte sich von der winterlichen, unfreundlichen Seite. Viele Passagiere waren bereits seekrank, als sie 10 Kilometer vor Safaga die blinkenden Lichter der Stadt sahen – kaum eine Stunde verbleibende Fahrzeit. Plötzlich erschütterte ein schwerer Schlag das Schiff. Obwohl viele beunruhigt waren, schien die Situation nicht dramatisch. Keine Alarmsirene ertönte und auch die Besatzung machte sich scheinbar keine weiteren Gedanken. Das Schiff fuhr noch für eine kurze Zeit weiter, doch eine anfänglich leichte Schlagseite nach Steuerbord nahm nun bedrohliche Ausmaße an. Die Maschinen wurden gestoppt. Eine unheimliche Stille breitete sich aus, die vom Rauschen des eindringenden Wassers abgelöst wurde. Die Neigung des Schiffes verstärkte sich zunehmend; bedrohlich kam das Wasser bereits dem Hauptdeck entgegen. Schlagartig fiel das Licht aus und es herrschte schwarze Nacht am Ort des Geschehens. Einen hundertfachen Schrei des Entsetzen und der Panik gab es nicht. Noch bevor sich die meisten Menschen der Situation bewußt wurden, schlossen sich die Wellen über der Stelle, wo vor zehn Minuten noch ein Fährschiff mit vermutlich mehr als 1000 Menschen geschwommen war.*

Bericht einer Augenzeugin:**

„Ich befand mich mit einer Gruppe von acht Gästen auf einer Tauchkreuzfahrt. Es war Samstgabend, der 14. Dezember 1991, als wir am Sha'ab Sheer vor Anker lagen. Gegen 23.00 Uhr sahen wir in einiger Entfernung die hellen Lichter der uns bekannten Fähre auf ihrem Weg von Jeddah nach Safaga. Als plötzlich die Lichter

---

* Für den Zeitraum vom Zusammenstoß bis zum Untergang der Salem Express wird in britischen Quellen eine Spanne von weit unter 20 Minuten angegeben. Informierte, aber inoffizielle ägyptische Kreise sprechen von 7 bis maximal 10 Minuten.
** Die Deutsche Sue Hasenpflug war zum Zeitpunkt des Unglücks Tauchlehrerin in Safaga.

Aufgeklappt – das Bugvisier der Salem Express

Unheimlich – die Brückenaufbauten der versunkenen Autofähre

nicht mehr zu sehen waren, dachten wir, das Schiff habe seinen Kurs geändert und wir gingen schlafen. Obwohl unser Funkgerät ständig auf „Stand By" stand, war kein Notruf zu hören. Am Morgen des 15. Dezember lichteten wir den Anker und steuerten das Riff von Abu Kafan für die nächsten Tauchgänge an. Dabei müssen wir die Untergangsstelle passiert haben und sind vermutlich auch an einigen Überlebenden vorbeigefahren. Unser Steuermann hatte aber nichts gesehen und der Rest der Besatzung und die Gäste befanden sich zum Frühstück unter Deck. Auch bis zu diesem Zeitpunkt hatten wir per Funk keinerlei Meldung von dem Unglück erhalten. Als wir gegen 17 Uhr zum geschützten Sha'ab Sheer für eine weitere Nacht zurückkehrten, konnten wir im Wasser nichts bemerken. Auch jetzt hatten wir noch immer keine Ahnung, was geschehen war.

In der Nacht von 15. auf den 16. Dezember hatte ich schlecht geschlafen und saß schon vor Sonnenaufgang am Deck und suchte aus Langeweile das Wasser mit einem Fernglas ab. Etwas weiter südlich entdeckte ich plötzlich einen orangefarbenen Punkt auf dem unruhigen Wasser, der auf- und abtanzte. Da ich nicht erkennen konnte, um was es sich handelte, weckte ich den Kapitän. Wir fuhren zu dieser Stelle. Bei dem Punkt handelte es sich um eine aufgeblasene Rettungsinsel, die mit einem Seil irgendwo unten am Riff befestigt zu sein schien. Diese Insel wollten wir näher inspizieren und ankerten in unmittelbarer Nähe. Bedingt durch die hohen Wellen und den auffrischenden Wind war Schnorcheln unmöglich und ich sprang mit dem Tauchgerät ins Wasser und tauchte zum Riff. Dort bot sich mir ein Bild des Grauens. Direkt unter mir lag ein riesiges Schiff auf der Seite und überall lagen Tote, ihre Koffer und andere Habseligkeiten auf dem Grund. Ich betone nochmals: bis zu diesem Zeitpunkt hatten wir keine Ahnung von dem Geschehen gehabt. Von der Oberfläche aus konnten wir jetzt auch das Wrack schemenhaft als einen hellen Fleck erkennen. Zudem trieben Tampen und Öllachen auf dem Wasser. Mit einem kleinen Fischerboot als Wrack hatte ich als Möglichkeit gerechnet, aber nicht mit einem vollbesetzten Fährschiff".

Der Zusammenstoß der Salem Express mit einem Korallenblock am Sha'ab Jean Francois ist offensichtlich auf menschliches Versagen zurückzuführen. Normalerweise hätte der Kurs weit nach Nordwest abgesetzt sein müssen, um dann in einem Bogen nach Westen auf den Hafen von Safaga zuzuführen. Die Schiffsführung entschied sich jedoch für einen kürzeren Weg durch das Riffgebiet um das Sha'ab Sheer. Der Vorteil lag zum einen in 30 Minuten Zeitersparnis, zum anderen führte diese Abkürzung unterhalb der Küste durch wesentlich ruhigeres Wasser. Es war aber ungewöhnlich, diese Route zu befahren, da sie in den Seekarten nicht verzeichnet ist und als recht problematisch galt. Nach Aussagen einer ägyptischen Quelle hatte das Schiff schon in Jeddah Probleme mit einem der vier Motoren. Der Schaden wurde angeblich noch vor Ort behoben und verzögerte die Abfahrt. Auf hoher See traten erneut Maschinenprobleme auf. Vielleicht entschied sich der Kapitän auch deshalb für den kürzeren Weg. Vermutlich trafen zwei weitere Faktoren zusammen. Der als erfahren eingeschätzte Kapitän Hassan Chalil Moro aus Alexandria befand sich nicht auf der Brücke. Er hatte sich für kurze Zeit in seine Kabine zurückgezogen. Er vertraute auf die Kompetenz seines ersten Offiziers, der dem Rudergänger wohl zur Seite stand. Der zweite Faktor waren der Kurs und der Wind. Die Salem Express mußte, so wird vermutet, direkt zwischen zwei großen Korallenhindernissen hindurchfahren, die bis dicht unter die Oberfläche reichten. Es ist anzunehmen, daß sich das Schiff in diesem Kanal auf richtigem Kurs befand. Doch der starke Nordwind versetzte die Fähre leicht, so daß sie – von der Brücke unbemerkt – auf das südliche Riff zulief und es mit hoher Geschwindigkeit rammte. Erst nach dem Zusammenstoß erschien der Kapitän wieder auf der Brücke, um das Geschehene zu beurteilen.

Unmittelbar nach der Kollision kam eine junge Krankenschwester auf die Brücke und erkundigte sich bei einem Offizier nach den Hintergründen des Schlages. Der Brückenoffizier sagte ihr, es sei nichts Besonders vorgefallen und sie solle

Das Wappen der Samatour Linies am linken Schornstein

in ihre Kabine in Oberdecknähe zurückkehren. Diesem Vorschlag folgte sie nicht, denn das Schiff begann sich bereits nach Steuerbord zu neigen. Ohne lange nachzudenken sprang sie geistesgegenwärtig in das nächtliche, schwarze Wasser. Die Krankenschwester hatte Glück, dem sinkenden Schiff noch rechtzeitig zu entkommen. Sie fand ein Stück Treibgut, an dem sie sich in der Dunkelheit festklammerte, bis sie am nächsten Tag in der Nähe von Safaga an den Strand getrieben wurde. Die Fähre sank vermutlich in 7 – 10 Minuten. Die Besatzung fand weder Zeit, die automatischen Rettungsflöße ins Wasser zu werfen, noch die zehn Rettungsboote (acht davon mit Ruder und zwei mit eigenem Motor ausgerüstet) wegzufieren. Diese Zeit hätte auch nicht gereicht, da nach den Plänen der Konstrukteure eine komplette Evakuierung unter optimalen Bedingungen wenigstens 30 Minuten dauerte.

Wenn man sich den Ablauf der Ereignisse vor Augen hält und dazu die Schäden am Wrack vergleicht, bleiben etliche Fragen offen. Die Salem Express rammte in voller Fahrt das Riff. Das belegen der verbogene Vordersteven sowie die wellenförmig gestauchten Stahlplatten am Bug im unteren Backbordbereich des Kiels. Die sichtbare Folge könnte der etwa 10 bis 12 Meter lange und an einigen Stellen bis zu 50 cm breite Riß in Kielnähe an Steuerbord sein. Dieser Riß erstreckt sich fast parallel zu den (geplatzten?) Schweißnähten und verläuft nicht wie ein glatter Schnitt. Doch reichten diese Beschädigung überhaupt aus, ein Schiff so schnell sinken zu lassen? Einer der ehemaligen Eigentümer bezweifelt dieses. Das Schiff

Die Steuerbordschraube der Salem Express

verfügte über 11 wasserdichte Schotten unterhalb des Fahrzeugdecks. „Ein Loch dieses Ausmaßes hätte nie ausgereicht, die Fähre nachhaltig in Schwierigkeiten zu bringen", meint er. Ob es zusätzliche Schäden an Steuerbord gibt, läßt sich nicht feststellen, da die Fähre auf dieser Seite liegt und dort nicht betauchbar ist. Vielleicht waren die Schotten auch nicht geschlossen, wie zum Beispiel das große Bugvisier des Wracks. Allerdings ist die Rampe zum Fahrzeugdeck nach wie vor verriegelt, ein Eindringen in das Fahrzeugdeck ist von dieser Seite nicht möglich. Der frühere Besitzer glaubt auch nicht, daß das schwere Bugvisier durch den Aufprall aufspringen konnte. Vielleicht hatte die Schiffsführung in der ausweglosen Lage versucht, die Klappe und möglicherweise auch die Heckrampe zu öffnen, um einen Fluchtweg über das Fahrzeugdeck zu ermöglichen. Scheiterte dieser Versuch möglicherweise daran, daß der notwendige Strom für die Hydraulikpumpen zu schnell ausfiel? Fragen, die nicht mehr beantwortet werden können.

Die mißlungene Rettung

Nicht alle Entscheidungen zur Rettung der Passagiere wurden sofort und zügig getroffen. Die Salem Express meldete sich noch kurz vor der Kollision beim Hafenmeister von Safaga, gab die Position durch und avisiert ihre Ankunft. Kurz darauf rief die Brücke den Hafen nochmals an und berichtete von einer Kollision mit einem unbekannten Hindernis. Während dieses Gesprächs riß plötzlich der Funkkontakt ab. Nachdem das Schiff nicht planmäßig in den Hafen einlief und auch per Funk nicht mehr zu erreichen war, machte sich Unruhe breit. Die in Safaga stationierten Marineeinheiten mußten jedoch bis zum nächsten Morgen auf eine Genehmigung zum

Einblick in eine Passagierkabine, aus der es für Niemanden ein Entrinnen gab

Auslaufen vom Oberkommando in Alexandria warten. Zu dem Zeitpunkt trieben bereits die ersten Überlebenden an die Küste. Am Vormittag des 15. Dezember trafen die ersten Schiffe der ägyptischen Marine und andere Boote im vermeintlichen Untergangsgebiet ein. Der Hafenkommandant von Hurghada hatte aus Mangel an weiteren Booten einige der ansässigen Tauchbasen gebeten, Schiffe und Tauchlehrer zur Rettung und Bergung der Opfer abzustellen. Das Angebot der US-Navy*, mit der Fregatte Aubray Fitch, Hubschraubern und einem Flugzeug (P-3 Orion U-Bootjäger) bei der Suche in den ägypti-

---

* Zu jener Zeit kontrollierten die Amerikaner und Australier mit anderen internationalen Marineeinheiten das gesamte Rote Meer, um die Einhaltung des Embargos gegen den Irak als Folge des Golfkrieges zu überwachen.

Das aufgesprungene Bugvisier der Todesfähre

schen Hoheitsgewässern mitzuhelfen, wurde abgelehnt. Ebenfalls eine Absage erhielt die australische Fregatte Sydney.

Die Passagiere

Um den Untergang der Salem Express begannen sich schnell Gerüchte und Spekulationen zu verbreiten. Das Schiff war nicht komplett von Pilgern ausgebucht, wie es von religiösen Kreisen gern behauptet wird. Den größten Passagieranteil stellten ägyptische Gastarbeiter aus Saudi Arabien, die sich auf Heimatbesuch befanden, sowie einige Frauen und Kinder. Es gab auch nicht jenen ominösen, hermetisch abgeschlossenen Raum, in dem sich angeblich 500 ägyptische Gastarbeiter befanden, die die Saudis des Landes verwiesen hatten, da sie keine Arbeitsgenehmigung besaßen. Den Gerüchten zufolge sollten diese erst in Safaga wieder freigelassen werden und seien deshalb alle ertrunken. Dies ist sachlich falsch. Denn auf der ägyptischen Salem Express hätte sich verständlicherweise jeder Ägypter, selbst wenn er aus Saudi Arabien ausgewiesen worden war, frei bewegen können.

Über die Zahl der Toten gibt es neben den offiziellen Zahlen nur Spekulationen. Die Wahrheit liegt vermutlich in der Mitte bei etwa 15 % Überlebenden und 85 % Toten. 1200 Opfer erscheinen allerdings genauso unrealistisch wie die offiziellen Zahlen von 448 Toten bei insgesamt 654 Passagieren. In den folgenden Tagen stiegen die Angaben von 450 auf fast 500 Opfer, während die Zahl der anfänglich 261 Überlebenden auf 178 sank. Auch die offizielle Passagierliste der Salem Express aus Saudi Arabien (649 Personen) ist kritisch zu betrachten. Wie auch britische Stellen vermuten, befinden sich häufig weit mehr Menschen als offiziell registriert an Bord. Laut letzten Presseveröffentlichungen kamen etwa 500* Menschen ums Leben. Etwa 180 Passagiere und Crewmitglieder überlebten. Es ist aber zu vermuten, das sich die realen Verluste zwischen 800 und 1000 Toten bewegen, wie es in vielen Gesprächen mit informierten Quellen vor Ort geäußert wurde. Damit zählt die Salem Express-Katastrophe neben der Titanic, der Gustloff, der Dona Paz und der Estonia zu den größten Schiffsunglücken der Seefahrtsgeschichte.

Das Wrack heute

Abstiege an der Salem Express vermitteln angesichts der schrecklichen Tragödie vielen Tauchern ein bedrückendes Gefühl – sicherlich, weil der Untergang noch nicht lange zurückliegt. Die Atmosphäre verstärkt sich in den Nachmittagsstunden zusätzlich, wenn der Sonnenstand große Teile des Wracks in den Schatten taucht. Die zur Oberfläche weisende Backbordseite beginnt in 12 Meter Tiefe. Von dort kann man entlang der Fensterreihen am Oberdeck bis zum Heck schwimmen und an der noch immer verschlossenen Heckklappe zu den beiden Schrauben und zum Ruder abtauchen. Der vierblättrige

---

* Beim schwersten Unglück zur See in der Menschheitsgeschichte, dem Untergang der philipinischen Fähre Dona Paz am 20. Dezember 1987 in der Sibuyan See (Philipinen) starben offiziell 4 386 Menschen (inoffiziell weit über 5 000), nur 26 überlebten. Das Schiff war mit dem Öltanker Victor"der US Firma Caltex zusammengestoßen und binnen kürzester Zeit gesunken. Hier wird angenommen, daß die Dona Paz zu weit über 100 % überbucht war.

Es gab keine Zeit mehr, die Boote abzufieren

Steuerbordpropeller hat Grundkontakt, die zweite Schraube steht im freien Wasser. Hier kann man unter dem Heck, das mit dem Endteil einen kleinen Korallenblock berührt, hindurchtauchen. Im Bereich des Vorschiffs ist an Steuerbord neben dem Kiel ein großer Riß erkennbar. An der breitesten Stelle kann man sogar in das Schiffsinnere zu einer Werkstatt oder Art Lagerraum blicken. Mehrere umherliegende Neonröhren versperren weitere Einblicke. Direkt am Bug sind die Schäden am Vordersteven und die vom Aufprall gewellten Rumpfplatten zu sehen. Der hochgeklappte Bug, die Bugspitze und der aufgezogene Backbordanker sind interessant zu erkunden, weniger dagegen das Bugstrahlruder im Vorschiff, das in Häfen als Manövrierhilfe diente.

Wer den zerschlagenen Fenstern an Backbord zum Bug hin folgt, kann durch etliche dieser Öffnungen einen Blick in das Innere werfen. In der hinteren Hälfte befand sich einst ein großer Speiseraum mit immer noch am Boden verschraubten Tischen und Stühlen. Die Einrichtung beginnt sich, wie auch in den Passagierkabinen, langsam aufzulösen. Kojen und Matrazen, Sitze und Polster sowie einige Kleidungsstücke und Koffer sind noch erkennbar. Die Kabinen am Oberdeck besaßen größere Fenster, die unteren Decks nur Bullaugen oder keine Öffnungen. Durch die Bullaugen ist kaum etwas zu erkennen, grünliche Ablagerungen verhindern dieses. Im Bereich des Mittschiffs befindet sich an Backbord eine Ladetür, die offensichtlich erst nach dem Untergang geöffnet wurde.

Die Salem Express – ein Bild aus glücklicheren Tagen

Sie ist aus ihren Angeln gehoben und liegt zum Teil auf der fast ebenen Bordwand. Von hier könnte man zum Fahrzeugdeck gelangen. Es wird allerdings strikt davon abgeraten, in die Salem Express hineinzutauchen! Denn neben Pietätsgründen ist die Gefahr, den Rückweg nicht mehr zu finden, sehr groß.

Unterhalb dieser Tür befindet sich in der Bordwand eine der hydraulischen Trimmklappen der Salem Express, die zum Zeitpunkt des Unterganges eingefahren war. In Höhe des hinteren Mittschiffs liegen die beiden schlanken Schornsteine, auf denen noch das Reederei-Wappen und der Schiffsname stehen. Die Davits der Rettungsboote an der Reling sind leer. Die Boote rissen vermutlich beim Untergang ab oder wurden später geborgen. Fünf der zehn Boote liegen steuerbord auf Grund. Eins wurde vom gewaltigen Rumpf zerdrückt. Die kleinen hohlen Fenster der gewaltigen Brücke, die bis etwa 15 bis 30 Meter hinabreicht, scheinen gespenstisch in die Umgebung zu starren. Von hier erstrecken sich ein Mast und diverse Funkantennen ins offene Wasser. Der Meeresgrund ist mit Trümmer und vielen, privaten Gegenständen übersät. Elektrogeräte, Radios, Reste von Kleidungsstücken und Polstern, ein Kinderdreirad, Spielzeug und leergeräumte, zum Teil aufgeschlitzte Koffer sind stumme Zeugen der Katastrophe.

Die Salem Express wird nicht von allen Tauchbasen angelaufen, denn viele einheimische Besatzungen der Tauchschiffe hatten Freunde und Verwandte an Bord des Unglücksschiffs, die sie noch betrauern. Bis hier Tauchgänge mit einem entkrampften Gefühl durchgeführt werden können, wie zum Beispiel an der Carnatic, die ebenfalls etliche Menschen ins Verderben riß, werden noch viele Jahrzehnte vergehen.

Salem Express

Wrackdaten
Länge über alles: 115,00 Meter
Breite: 17,08 Meter
Seitenhöhe: 11,10 Meter (bis Promenadendeck)
Tiefgang: 4,92 Meter
Tragfähigkeit: 1 105 t
Vermessung: 4 771 BRT
Schiffstyp: ro-ro-Fähre, geschweißt & genietet, 3 Decks, 11 Schotten
Antrieb: 4 x 8-Zylinder Diesel (Pielstick MK 8 PC 2L), gekoppelt auf zwei verstellbare Schrauben, sowie 1 Bugstrahlruder
Leistung: 14 880 PS (500 rpm)
Geschwindigkeit: 19,5 kn im Tagesbetrieb, 15,5 kn bei Nachtfahrt
Kiellegung: Juni 1964
Stapellauf: 30.11.1964
Auslieferung: Mai 1966
Bauwerft: Forges & Ch. de la Mediterranee
Baunummer: keine Angaben
Bauort: La Seyne
Land: Frankreich
Erste Reederei: Compagnie Generale Transatlantique, Marseille, Frankreich
Letzte Reederei: Samatour Lines, Alexandria
Fahrzeugdeck: 105 Meter
Fahrzeuge Pkw: 142
Fahrzeuge Lkw: 16 LKWs a maximal 26 Tonnen
Besatzung: 66
Passagiere: 1 384 (max.)
Sonstiges: gerettet wurden nur etwa 15% der Passagiere und der Besatzung
Untergang: 14.12.1991 – Untergang binnen 7 bis 10 Min.
Ort: südlich von Sha'ab Sheer am Sha'ab Jean Francois (Hyndman Reef)
Hoheitsgewässer: Ägypten
Ursache: Kollision mit einem Riff
Verluste: Offiziell um 500**, inoffiziell zwischen 800 und 1.000***

Wrackdaten
GPS-Position: N 26° 38,367' E 32° 03,665'
Maximale Tiefe des Wracks: 30 Meter
Minimale Tiefe des Wracks: 12 Meter
Strömungen: kaum
Sicht: die Sicht ist relativ gut, am besten Vormittags bei vollem Sonnenlicht tauchen. Nachmittags liegen etliche Bereiche des Wracks im Schatten.
Sehenswert: das Heck, die Aufbauten, sowie das geöffnete Bugvisier

* Diese technischen Angaben beziehen sich auf Angaben der Herstellerwerft, als das Schiff noch unter dem Namen „Fred Scamaroni" fuhr.
** Offizielle Zahlen wurden den Autoren trotz mehrfacher Anfrage von den ägyptischen Behörden nicht genannt.
*** Diese Angaben stützen sich auf Schätzungen von Kennern der Szene und der Hintergründe.

Der Süden Ägyptens

Die Region südlich von El Quseir und Marsa Alam bis zum Sudan war in der Vergangenheit touristisches Niemandsland. Noch weiter südlich, im Bereich der alten Hafenstadt Port Berenice gab es außer einigen wenigen Safaribooten ebenfalls keine Tauchtouristen, denn je dichter die sudanesische Grenze naht, um so mehr militärische Sperrgebiete gibt es, verbunden mit entsprechenden Tauchverboten. Heute wird El Quseir langsam für den Tourismus erschlossen und bei Marsa Alam ist ein neuer Flughafen in der Planung.

Für Taucher ist die über 300 km lange Küste des Südens sehr interessant, denn sie macht etwa ein Drittel der gesamten ägyptischen Rotmeerküste aus, vor der herrliche, noch weitestgehend unberührte Korallenlandschaften liegen. Leider erschweren militärische Bestimmungen die Tauchvorhaben dort erheblich. Für Wracktaucher ist die Südküste mit den vorgelagerten Riffen ein Dorado. Zusätzlich meldet das British Hydrographic Office in Taunton einige Wracks, die bisher aber noch nicht gefunden wurden. Tauchkreuzfahrten im südlichen Ägypten vermitteln also immer auch ein wenig Goldgräberstimmung! Denn in den letzten 4000 Jahren kamen Ägypter, Phönizier, Griechen, Römer, Osmanen, Kreuzritter und arabische Händler in den Süden und segelten bis in den Sudan. Auch die Engländer nutzten mit dem beginnenden Kolonialismus und später mit Öffnung des Suezkanals verstärkt das Rote Meer für ihre Handels-, Post- und Passagierschiffahrt. Folglich hatten alle Seefahrtnationen in diesem Gebiet Schiffsverluste zu beklagen.

So liegt in der Region u.a. der bekannte Schlepper von Abu Galawa, der vermutlich Tientsin hieß und in Shanghai registriert war. Es finden sich auch die Amphorenfelder der Fury Shoals, die Reste des Orca Katamarans und des unbekannten Segelschiffs, wie auch das von den Autoren kürzlich entdeckte Wrack der Adamatia K, der Hadia oder das des Styrodurfrachters Hamada bei Abu Ghosun. Auf offener See warten Inseln und Riffe wie Elphistone, die Brothers, Zarbagad, die Rockys, das Daedalus Reef und die Fury Shoals mit ihren Wracks und Traumriffen auf den Besuch von Tauchern aus aller Welt.

Die »Spatzen des Roten Meeres« Rotfeuerfische (*Pterois volitans*)

DER SÜDEN ÄGYPTENS

Südliches Rotes Meer

- Marsa Abu Dabbab
- Elphistone Reef
- Ras Egela
- Marsa Tarafi
- **Marsa Alam**
- Ras Samadai
- Marsa Tundaba
- Dacca (unentdeckte Wracks)
- Daedalus Reef (Abu El Qizan)
- El Sharm
- Sha'ab Ghadeira
- Wadi Gimal
- Ras Baghdadi
- Sharm Luli
- Ras Honkorab
- **Hamada**
- Small Reef
- **Bir Ranga**
- Qulan Islands
- Geziret Siyul
- Geziret Showarit
- Mahabis I.
- Ras Qulan
- Marsa Wadi Lahami
- Schlepper von Abu Galawa
- Adamantia K
- Amphorenfeld der Fury Shoals
- Fury Shoals
- Kira el Hartiwai
- Reef Point
- **Port Berenice**
- Ras Banas
- North Channel
- Mikauwa I.
- Middle Channel
- Horseshoe Reef
- South Channel
- White Rock
- Foul Bay

ÄGYPTEN

Rotes Meer

10 km

unterwasser
© Kartographiebüro
Jochen Fischer, FFB

Adamantia K

Historisches

Anfänglich wußten die Autoren gar nichts über ein Wrack, das sie nur durch Zufall in den Fury Shoals am Erg Harni entdeckten. Verbogenes Metall, zerschmetterte Stahlplatten, sowie ein gut erkennbarer Bug, das Heck, die freistehende Dampfmaschine mit zwei Boilern, zwei Lademasten und die Schraubenwelle waren alles, was zu identifizieren war. An einem der beiden Boiler aber fand sich ein Typenschild. Nachdem die Verkrustungen behutsam abgeschabt worden waren, ließ sich klar und deutlich lesen: „Stettiner Oderwerke – 1918 – Stettin – NW – Stahlwerke". Unter Wasser war nur noch erkennbar, daß es sich um ein etwa 60 bis 70 Meter langes Dampfschiff gehandelt haben mußte, das mit zwei Kesseln und einer Dreifach-Expansionsdampfmaschine ausgerüstet war und das frühestens 1918 vom Stapel gelaufen sein konnte. Das spitze, langgezogene Heck, die Lademasten und Ladebäume, sowie die noch vorhandenen Winden wiesen auf einen Frachter hin. Die Laderäume waren offensichtlich leer und das Wrack lag vermutlich nach dem Untergang noch einige Zeit sichtbar auf dem Riff der Erg Harni. Diese ersten Informationen waren bescheiden, aber schon eine erste Spur.

Tage später kam ein alter Kapitän an Bord des Tauchsafarischiffs, der die Region seit 60 Jahren kannte. Die Autoren befragten ihn nach dem neuen Wrack. Er hatte es noch lange am Riff liegen sehen, bevor es sank. „Das war vor dem großen Krieg", behauptete er. Welcher Krieg es war, wußte er zunächst nicht, bestimmt aber war es nicht der Zweite Weltkrieg. Mit vielen Fragen und komplizierten Übersetzungen konnten den Zeitraum auf die Jahre zwischen der Suezkrise 1956 und dem Sechs-Tage-Krieg 1967 eingrenzt werden. Dieses deckt sich mit den Seekarten, in denen das Wrack seit den sechziger Jahren bis heute – da noch nicht vollständig korrigiert – als sichtbares Hindernis verzeichnet ist. Nach der Tauchexpedition fanden sich im Deutschen Schiffahrtsmuseum in Bremerhaven weitere Antworten auf alle Fragen.

Die Stettiner Oderwerke, deren Ursprünge bis in das Jahr 1838 zurückgehen, war die größte Werft an der Odermündung, die in ihren besten Zeiten kurz vor dem Zweiten Weltkrieg bis zu 3 600 Arbeiter beschäftigte. Die Firma, die zunächst 1847 mit dem Bau von Dampfkesseln be-

Wracks wie die Adamantia K ziehen Glasfische magisch an

Dieses Kesselschild half bei der Identifizierung

Der auseinandergebrochene Bug des Wracks

gann, fertigte später als Großwerft ihre eigenen Kessel und Dampfaggregate. Deshalb lag die Vermutung nahe, daß das Schiff dort entstand und die Kessel nicht zu einer anderen Werft geliefert worden waren. In der Zeitschrift „Strandgut" fand sich eine Liste der Stettiner Oderwerke, in der alle Schiffe der Werft chronologisch aufgeführt waren. Demnach entstand Ende des Ersten Weltkriegs zwischen 1918 und 1919 durch die Versailler Verträge und die damit verbundenen Reparationsleistungen in Stettin ein Produktionsloch. Unter den sechs danach vom Stapel gelaufenen Schiffen aber gab es mehrere, auf die die technischen Beschreibungen passen konnten.

Das „Verzeichnis der Deutschen Handelsmarine 1870 – 1970" von H. J. Abert grenzte dann ein Schiff genau ein. Die „Marienburg" mit der Baunummer 674, die bei den Stettiner Oderwerken 1918 auf Kiel gelegt und 1920 in Dienst gestellt worden war, sank unter dem letzten Namen „Adamantia K" am 23. Januar 1958 unter Ballast auf der Fahrt von Port Sudan nach Piräus vor Hamada bei Abu Galawa in den Fury Shoals - exakt dort, wo das Wrack gefunden worden war. Die Informationen zur Identität, der Fahrtroute und des Untergangsortes deckten sich mit dem englischen Verzeichnissen der „Marine News" und der „Lloyds Wreck Records" von 1958. Ein historisches Foto der Marienburg aus dem Archiv des Deutschen Schiffahrtsmuseums, auf dem markante Elemente des Rumpfes wie Heck, Bug und Ladevorrichtungen klar erkennbar waren, bestätigte die Nachforschungen.

Der Lebenslauf der Adamantia K ließ sich auch im Register von Lloyds nachlesen. Der Bau des Schiffs mit den zwei La-

DER SÜDEN ÄGYPTENS

Die frei stehende Maschine der Adamantia K

deräumen begann 1918. Das gleiche Jahr stand auch auf dem Typenschild des rechten Kessels. Dampfmaschinen und Kessel wurden vermutlich eingebaut, bevor der Rumpf sich schloß und man die Decks einzog. Durch den Materialmangel in der frühen Nachkriegszeit dauerte der Bau des Frachters bis zum November 1919, bevor er im selben Monat unter dem Namen Marienburg vom Stapel lief. Die Auslieferung an den Ersteigner, die Neue Dampfer-Compagnie Stettin erfolgte im Mai 1920. Für diese Gesellschaft, die 1923 in Stettiner Dampfer Co. AG umbenannt wurde, fuhr das Schiff bis 1926. Im gleichen Jahr kaufte es die Königsberger Kohlen-Import & Poseidon Schiffahrt AG. und benannte die Marienburg in Koholyt um. Vermutlich wurde der Frachter dann vornehmlich für Schüttguttransporte einge-

An dem Wrack finden sich zahlreiche Bullaugen aus Messing

setzt. Für diesen Eigner fuhr das Schiff bis zum Ende des Zweiten Weltkrieges. Das Verzeichnis der Deutschen Handelsmarine meldet, daß die Koholyt im Juni 1945 in Kiel von den Alliierten festgelegt wurde. Ob sie in den letzten Wochen des Krieges

ADAMANTIA K

vielleicht noch Flüchtlinge vor der Roten Armee aus Pommern, Ostpreußen und Schlesien nach Schleswig-Holstein brachte, ist nicht belegt, aber denkbar. Eineinhalb Jahre später, am 3. Dezember 1946 wurde die Koholyt vermutlich als Teil der Reparationsleistungen von den Siegermächten an die griechische Regierung übergeben. Für eine „Entschädigungstheorie" spricht die Tatsache, daß Lloyds für den Frachter, der in Kastoria umbenannt wurde, bis 1948 die griechische Regierung als Eigner und Piraeus als Heimathafen nennt. 1948 wurde das Schiff an einen gewissen Loucas Nomicos in Piraeus verkauft und fuhr mit der 470 PS starken, dreizylindrigen Verbunddampfmaschine, die eine Schraube antreibt, weiter unter griechischer Flagge, allerdings als Teti Nomicos. 1953 erwarb der Reeder Dimitrios Kopsaftis aus Piraeus das Schiff und taufte es Adamantia K.

Am 23. Januar 1958 befand sich der Frachter auf der Fahrt (Ballast) von Port Sudan nach Piraeus. Warum das Schiff Kurs durch das tückische Gebiet der Fury Shoals nahm, ist unklar. Sicherer wäre eine Route durch das offene Meer gewesen, weit von den Riffen entfernt. War es vielleicht Absicht, den fast 40 Jahre alten Dampfer auf einer Leerfahrt sicher scheitern zu lassen? Interessant ist eine Bemerkung des alten Kapitäns, der aussagte, die Adamantia K sei nördlich in den Fury Shoals gegen ein Riff gelaufen, wahrscheinlich bei den Felsen von Omo Gamus oder Omo Sheikh, südlich von Showarit Island. Erst danach trieb das Schiff als Havarist nach Süden ab, bis es endgültig am Erg Harni strandete und dort später unterging.

Das Wrack heute

Die Adamantia K, die wahrscheinlich längs des Riffs von Erg Harni in den Korallen verkeilt gewesen war, ragte vermutlich noch längere Zeit weit sichtbar aus dem Wasser. Deshalb zerstörten Wind und Wellen Großteile des Schiffs, so daß Taucher heute eine ausgedehnte Trümmerlandschaft bis 12 Meter Tiefe vorfinden. Erstaunlicherweise liegen die meisten Wrackteile auf sehr engem Raum im oberen Riffbereich, während auf dem Sandgrund kaum Trümmer auszumachen sind.

Adamantia K

Wrackdaten
Länge über alles: 64,89 Meter
Breite: 9,38 Meter
Seitenhöhe: unbekannt
Tiefgang: 3,72 Meter
Tragfähigkeit: 1250 t
Vermessung: 884 BRT
Schiffstyp: Frachter
Antrieb: 1 x 3 Zylinder Dreifach-Expansions-Dampfmaschine, auf eine Schraube gekoppelt
Leistung: 470 PS
Geschwindigkeit: 9 kn
Stapellauf: November 1919
Bauwerft: Stettiner Oderwerke AG
Baunummer: 674
Bauort: Stettin
Land: Deutschland
Erste Reederei: Neue Dampfer-Compagnie Stettin
Letzte Reederei: Dimitrios Kopsaftis, Piraeus
Beladung auf der letzten Fahrt: Ballast
Besatzung: keine Angaben
Passagiere: keine Angaben
Sonstiges: Schiff traf das Riff etwas weiter nördlich und driftete noch ein Stück nach Süden
Unfallursache: letztlich nicht geklärt
Untergang: 23.1.1958
Ort: Erg Harni, Fury Shoals
Hoheitsgewässer: Ägypten
Ursache: vom Kurs abgekommen und auf Riff gelaufen
Verluste: unbekannt

Wrackdaten
GPS-Position: N 24° 12,531' E 35° 33,627'
Maximale Tiefe des Wracks: 12 Meter
Minimale Tiefe des Wracks: 0 Meter
Strömungen: schwach bis mäßig, bisweilen schwere Dünung
Sicht: gut, ganztägig gute Lichtverhältnisse, auch am frühen Vormittag
Sehenswert: die beiden Kessel, die Maschine, das Achterschiff mit Welle und Heck, diverse Aufbauteile, sowie das Riff am unmittelbaren Untergangsort

Hamada

Historisches

Die Geschichte der Hamada begann im Juli 1965 bei der schottischen Werft J. Lewis & Sons Ltd. in Aberdeen. Hier lief für die britische General Steam Navigation Company Ltd. in London die 654 BRT große Avocet vom Stapel. Angetrieben wurde der kleine Frachter von einem 1470 PS sieben Zylinder Aggregat der British Polar Engines Ltd., das ihn 12,5 Knoten schnell machte. 1976 wechselte der Besitzer. Neuer Eigner war die Euromaster Navigation Co. Ltd. im zyprischen Limassol, die das Schiff auf Afroditi H umtaufte. 1982 wurde aus der Afroditi H die Samarah, die nun unter der Flagge der zyprischen Leghorn Shipping Co. Ltd. fuhr, die ebenfalls in Limassol ansässig war. 1985 erfolgte ein weiterer Verkauf an die Phemios Navigation Co. (Pte.) Ltd. aus Colombo. Sie gab dem mittlerweile betagten Frachter den Namen Hamada. Der manchmal fälschlich angegebene Name „Hamada Colombo" führt darauf zurück, daß der ceylonesische Heimathafen Colombo (Port of Registration) offensichtlich noch eine zeitlang am Heck zu lesen war.

Der kleine Küstenfrachter, der zwei Laderäume (17,6 x 16,3 Meter) und nur ein Deck besaß, scheiterte am 29. Juni 1993. Nach Meldungen des British Hydrographic Office (BHO) in Taunton befand sich das Schiff mit einer Ladung Styrodur-Kunststoffgranulat und anderen Kunststoffen auf der Fahrt von Jeddah nach Suez, als sie unter Land an der ägyptischen Festlandküste ein unbekanntes Objekt ramm-

Ein schönes Motiv – die große Schraube der Hamada

Das Heck vermittelt einen guten Eindruck vom Wracks

te, Schlagseite bekam und sank. Doch in einem Punkt, das Wrack läge in 400 Meter Tiefe, irrt das BHO. Das Wrack befindet sich im Flachwasserbereich dicht unter Land bei Ras Baghdad, südlich des Hafens von Abu el Ghosun.

Das Wrack heute

Die Hamada zu finden, ist relativ einfach. Südlich der Hafeneinfahrt von Abu el Ghosun, erstreckt sich nur wenige Bootsminuten entfernt ein langgezogenes Saumriff mit einer kaum erkennbaren, weit ausladenden Bucht. Hier stehen an Land einige bewohnte, einfache Beton/Steinhütten in Strandnähe. Das Wrack liegt unmittelbar am Riff vor den Hütten – nur wenige Meter vom Strand entfernt. Das Schiff, das von Wind und Wellen seitlich gegen das Riff gedrückt wurde, liegt heute im 90° Winkel auf der Steuerbordseite in 14 Meter Tiefe auf etwas schlammigem Grund. Der leicht angestauchte Bug weist nach Süden. Die Backbordseite ragt bis auf 1,5 Meter unter die Wasseroberfläche. Massive Schäden, die von einer Havarie oder Kollision herrühren könnten, sind bis auf eine kleine Stauchung am Bug nicht zu erkennen. Es ist anzunehmen, daß diese Stauchung eher vom Zusammenprall mit dem Riff herrührt, oder ein Altschaden von einem anderen Unfall ist.

Die Meldungen des British Hydrographic Office, das Schiff habe ein unbekanntes Objekt gerammt, können nach einer schnellen Inspektion der Backbordseite nicht bestätigt werden. Was sich an Steuerbord auf dem Grund verbirgt, ist jedoch nicht einsehbar. Auffällig ist, daß beide An-

Die Aufbauten des Schiffs weisen große Zerstörungen auf

ker noch aufgezogen sind; auch der Steuerbordanker ist von der Seite noch erkennbar. Es bleibt also verwunderlich, warum ein auf die Küste zutreibender Havarist keine Anker notfallen läßt, um ein Stranden zu vermeiden. Ebenso ist es fraglich, warum ein Schiff, das sich laut britischen Quellen auf der Fahrt von Jeddah nach Suez befand, weitab der Routen bei Abu el Ghosun strandete und dann noch an einem Punkt, der dazu gänzlich ungeeignet ist. Diese Fragen sind gewiß entscheidend, sie stellen aber auch das ungelöste Rätsel der Hamada dar.

Der Bewuchs an der Hamada ist noch recht spärlich, lediglich wenige Hartkorallen siedelten sich an. Dennoch lockt das Schiff zahlreiche Fische an, darunter Fledermausfische und große Barsche. Makrofotografen schätzen besonders die Fetzenfische und die zahlreichen Nacktschnecken, zum Teil von unglaublicher Größe. Ihr Auftreten könnte an der starken Sedimentation durch den Phosphatabbau und dessen Verladung in Abu el Ghosun liegen, der offensichtlich zu einer starken Eutrophierung der umliegenden Küstenabschnitte geführt hat. Algenfelder breiten sich überall aus, weswegen der Korallenbewuchs in der Umgebung der Hamada eher dürftig ist.

Ein besonders fotogener Bereich ist zum einen die vierblättrige Schraube, die zusammen mit dem leicht eingeschlagenen Ruderblatt frei im Wasser steht, zum anderen die bis zur Reling noch teilüberdachten, achterlichen Aufbauten. Schöne Motive ergeben der Flaggstock und etwas weiter nach vorn das hintere Deck, wo eine große Spill steht und einige schmale Öffnungen in das Schiffsinnere bis zur achterlichen Piek hinabführen. In den frühen Nachmittagsstunden steht die Sonne für Fotografen am besten, denn am Vormittag liegen die attraktiven Schiffsabschnitte noch im Schatten.

Die zur Riffwand weisende Brücke ist im oberen Bereich stark zerstört. Elektronikschrott, Einrichtungsgegenstände, Metallteile und die Radarantenne bedecken den Grund und die Bereiche der seitlichen Decksabschnitte. Schornstein und Antennenmast ragen riffwärts ins Wasser, während sich die zwei Lademasten und die Ladebäume in das Riff bohrten, bzw. daneben liegen. In den beiden zum Teil dunklen Laderäumen gibt es nicht viel zu sehen, sie sind weitestgehend leer. Von der Styrodur-Kunststoffgranulat-Ladung der Hamada ist nicht mehr viel vorhanden. Einige Säcke trieben mit ihrem linsenförmigen Inhalt auf und hängen jetzt unter der Decke. Nur die Holzpaletten, auf denen die Säcke gestapelt waren, liegen innerhalb der beiden „cargo holds" noch auf dem Grund. Die Laderäume sind offen und frei zugänglich, nur an einigen Stellen stehen noch die großen Laderaumabdeckungen, die verschiebbar auf Rollen lagerten und ziehharmonikaartig zusammengeschoben werden konnten. Das Vorschiff und der Bug liegen dicht am Riff. Hier steht eine fotogene, große Ankerwinde, die vor dem Untergang nicht mehr zum Einsatz kam. Wegen der sehr engen Zugänge eignet sich das Wrack allerdings nicht zum Hineintauchen und Vorsicht ist wegen des Trümmergewirrs zwischen Schiffsrumpf und Riffwand allemal geboten!

Der intakte Bug ist ein beliebter Platz für Fotografen

Hamada

Wrackdaten
GPS-Position: N 24° 26,300′ E 35° 12,787′
Länge über alles: 65,13 Meter
Breite: 11,08 Meter
Seitenhöhe: 6,56 Meter
Tiefgang: 6,75 Meter
Tragfähigkeit: 989 t
Vermessung: 499 BRT
Schiffstyp: Motorfrachtschiff
Antrieb: 1 x 7 Zylinder Polar-Diesel (2-Takt) British Polar Engines Ltd.
Leistung: 11 470 PS
Geschwindigkeit: 12,5 kn
Stapellauf: Juli 1965
Bauwerft: J. Lewis & Sons Ltd. – Aberdeen
Baunummer: keine Angabe
Bauort: Aberdeen
Land: Schottland
Erste Reederei: General Steam Navigation Co. Ltd. – London
Letzte Reederei: Phemios Navigation (Pte.) Ltd. Colombo, Sri Lanka
Beladung auf der letzten Fahrt: 710 Tonnen Styrodur-Kunststoffgranulat
Besatzung: keine Angaben
Passagiere: keine Angaben
Sonstiges: In den Laderäumen schweben noch etliche der Säcke mit ihrem Inhalt unter der Decke (Backbordwand des Rumpfes)
Untergang: 29. Juni 1993
Ort: Abu el Ghosun
Hoheitsgewässer: Ägypten
Ursache: Wasser in Laderaum II genommen, danach an Land gesetzt und nach zunehmender Krängung gekentert
Verluste: keine

Wrackdaten
GPS-Position: N 24° 26,300′ E 35° 12,787′
Maximale Tiefe des Wracks: 14 Meter
Minimale Tiefe des Wracks: 1,5 Meter
Strömungen: keine
Sicht: mäßig
Sehenswert: das Achterschiff, Laderäume und Bugsektion

Schlepper von Abu Galawa Kebir

Historisches

Vieles liegt im Unklaren, was die Geschichte und die Herkunft dieses kleinen Hafenschleppers betrifft. Fest steht nur und darauf lassen die Baumerkmale schließen, daß es ein sehr altes Schiff sein muß. Der Schlepper, dessen Name eventuell »Tiensin«, Tieng Sin oder ähnlich gelautet haben soll, war nach einer Quelle einst in Schanghai registriert. Vom Baujahr her dürfte der Schlepper von Abu Galawa Kebir zwischen 1910 und 1925 vom Stapel gelaufen sein. Diese Vermutung wird durch die Bug- und Rumpfform, aber auch durch die grobe Nietung weiter unterstrichen. Angetrieben wurde das Schiff von einer vierzylindrigen Dampfmaschine mit nur einem Kessel. Dieses Aggregat ist noch sehr schön im engen Schiffsinneren zu sehen. Auf eine lange Zeit im Wasser läßt auch der traumhafte Bewuchs an Hart- und Weichkorallen schließen, der das Schiff fast gänzlich überzieht. Es fällt aber schwer zu sagen, wie lange der Schlepper schon auf der Riffschrägen innerhalb des Riffkomplexes von Abu Galawa Kebir, dem großen Abu Galawa Riff, liegt. Anzunehmen ist wohl ein Zeitraum zwischen 1940 und 1960.

Wie das nach genauen Messungen der Autoren 34 Meter lange und 6,2 Meter breite Schiff allerdings ins Rote Meer kam, ist ungeklärt. Vermutlich aber geriet es wie der Schwimmbagger »Ronald Shay« in Safaga in den Wirren des Zweiten Weltkrieges nach Ägypten. Unklar ist auch, warum sich gerade ein solches Wrack hier im Süden des Landes befindet. Was überhaupt wollte ein Schlepper mitten in den Fury Shoals, geradewegs zwischen den gefährlichen Riffen. Bei normaler Fahrt hätte er sich gewiß in sicherem Fahrwasser befunden. Es sei, das Schiff wäre zu einer Havarie gerufen worden; denn vielleicht war es im nicht zu weit entfernten Port Berenice stationiert? Genau in diesem Punkt böte sich eine Erklärung an. Damit gemeint sein könnte das Wrack der Adamantia K am Erg Hani, die gerade einmal 2,3 Kilometer Luftlinie vom Schlepper entfernt liegt. Es wäre denkbar, daß der Schlepper diesem Schiff zur Hilfe eilen wollte, dabei aber selber strandete, später vom Riff abrutschte und unterging. Dieses könnte sich, wenn auch theoretisch, mit der Aussage eines alten Kapitäns decken, der behauptet, die Adamantia K sei noch für eine gewisse Zeit als Havarist in offener See nach Süden abgetrieben, bevor sie endgültig auf das Erg Hani lief und später sank.

Das Wrack heute

Der Schlepper von Abu Galawa Kebir zählt mit zu den am schönsten bewachsenen Wracks im Roten Meer. Über und über mit Hart- und Weichkorallen aller Art überzogen ist er ein Dorado für jeden Fotografen und zudem ideal für Nachttauchgänge. Denn dieser Platz ist strömungsgeschützt und in unmittelbarer Nähe befindet sich ein beliebter Ankerplatz für Safarischiffe. Das Wrack lehnt mit etwa 40 Grad schräg an einer Riffwand und ist um etwa 20 Grad leicht nach Steuerbord geneigt, wobei die Bugspitze bei ruhigem Wasser noch ein wenig aus dem Wasser schaut, während das rundliche Heck mit der recht großen, vierblättrigen Schraube, die tief im Sand eingespült ist, in etwa 17 Meter Tiefe liegt. Die Dimension der Schraube läßt erahnen, daß der Schlepper für seine Größe und seine Zeit nicht gerade untermotorisiert war. Durch die

SCHLEPPER VON ABU GALAWA KEBIR

Der Schlepper von Abu Galawa Kebir – ein Traumwrack

Schräglage des Wracks kann man unter dem Schlepper im Mittschiffbereich hindurchtauchen. Ein Riß im Rumpf zeigt auch die Untergangsursache an: eine Kollision mit dem Riff. Der Meeresboden in der Umgebung ist eben, sandig und von zahlreichen Korallenblöcken unterschiedlicher Größe durchsetzt. Hinzu kommen in diesem Riffabschnitt zahllose Höhlen, Überhänge und enge Passagen, so daß der Tauchplatz außer dem Wrack noch einige weitere Attraktionen zu bieten hat. Für viele Taucher ist daher der Schlepper von Abu Galawa Kebir das Schlußbonbon nach einem erlebnisreichen Abstieg am Riff.

Am besten beginnt man einen Tauchgang am teilweise offenen, flachen Heck, dessen Beplankung schon lange vermodert ist. Augenfällig sind hier zunächst im hinteren Bereich ein alter LKW-Reifen, sowie zwei U-förmige Eisenrahmen, die das Achterdeck überspannen. Sie dienten einst als Auflage und zur Führung der dicken Schlepptrossen, die an einem massiven Haken befestigt wurden, der direkt an den hinteren Aufbauten erkennbar ist. Dieser Haken war beweglich gelagert und konnte so leichte Kursversätze von geschleppten Schiffen nach rechts oder links ausgleichen. Ein großer Teil des Achterschiffs liegt offen, so daß man bis zur Schraubenwelle und zu den Wassertanks für die alte Dampfmaschine abtauchen kann. Nur das Stützkorsett des ehemaligen Achterdecks ist noch mit seinen dicht bewachsenen Eisenträgern auszumachen. Der Schiffsboden bis zum Kiel ist mit einigem nicht identifizierbarem Schrott bedeckt, hinzu kommen einige Rohrleitungen und Flansche, sowie eine abgebrochene Windhut-

Der Laderaum begeistert jeden durch das Spiel des Lichts

ze von Backbord, während ihr rechts Pendant mit Korallen bewachsen noch aufrecht an Deck steht.

Die sich anschließenden Aufbauten sind noch in ihren Grundstrukturen vorhanden, Details wie beispielsweise die Bullaugen in den leeren Fensteröffnungen fehlen schon seit langem, bzw. sie wurden von den Hartkorallen bereits überwuchert. Man kann mit Fug und Recht behaupten, das Wrack mit seiner altertümlichen Niettechnik ist bereits zu einem großen Steingebilde, zu einem Riff im Riff, geworden. Auf dem Weg nach oben sind an Backbord zwei kleine, herrlich bewachsen Davits auszumachen. Besonders augenfällig sind die umlaufenden ehemaligen hölzernen Fender, bzw. Scheuerleisten des Schleppers an beiden Bordseiten, deren eiserne Führungen teilweise bis auf den Grund hinabreichen. Unmittelbar vor dem Riff liegt an Backbord ein alter Stockanker des Schiffs, dessen grobgliedrige, üppig bewachsene Kette sich stramm bis zum Bug im Flachwasser erstreckt, der sich einst tief in das Riff bohrte. Im Bereich des untertauchbaren Mittschiffs liegen an Steuerbord einige Bleche, Relingsreste und eine weitere Windhutze im Sand, die vermutlich von den oberen Aufbauten im Bereich des Maschinenraums nahe des Schornsteins herabgestürzt ist, von dem hier auch noch einige Fragmente zu finden sind.

Diese einstöckigen Aufbauten erstreckten sich über einen großen Bereich des Hauptdecks, den meisten Räume sind ihren einstigen Funktionen nicht mehr eindeutig zuzuordnen. Mit Ausnahme eines kleinen WC's an Steuerbord im achterlichen Bereich. Oberhalb der Aufbauten, die extrem dicht mit Korallen bewachsen sind, (da sie noch näher zur Oberfläche liegen), fallen zwei Windhutzen, ein Mast und der Stumpf des Schornsteins ins Auge, in dem einen schmale Leiter nach unten führt. Weit vorn befand sich der Steuerstand, vermutlich ohne Überdachung und als Reservesteuerstand gebraucht. Trotz des dichten Korallenbewuchses kann hier noch die alte Mechanik identifiziert werden. Taucht man von hier

Der Bug des Wracks ragt bis unter die Oberfläche

SCHLEPPER VON ABU GALAWA KEBIR

oder über die drei länglichen Fenster der Brücke ins Innere, so erkennt der Taucher zunächst durchbrochene Decksböden, die teilweise den Blick bis zum Kiel freigeben. Nach achtern ist im diffusen Licht zwischen zahllosen Glasfischen die Maschine zu erkennen. Sie ist von Laufrosten umgeben ist und eine Leiter führt rechts am Kessel noch weiter zum Schiffsboden hinab. Man kann sich behutsam in den Maschinenraum zwängen und längs des Boilers mit seinen Sicherheitsventilen vorbei an zwei Druckgasbehältnissen weiter bis zur Maschine vordringen, die sich in einem erstaunlich guten Zustand befindet. Bewuchs ist hier kaum zu finden; dafür aber lockt hier eine herrliche Atmosphäre.

Wird weiter in Richtung Bug getaucht, so sind einige der wenigen Relingsreste zu erkennen, die genauso schön bewachsen sind, wie die kleine Ankerwinde auf dem Vorschiff. Der gerade verlaufende Vordersteven – ein weiterer Hinweis auf das Alter des Schiffs – durchbricht fast schon die Wasseroberfläche. Er ist sehr massiv ausgebildet und unterstreicht den Gesamteindruck eines einst sehr stabilen Schiffs, dessen Rumpf in fünf Schotten unterteilt war. Überhaupt fallen beim Schlepper zwei relativ große Laderäume (Vorschiff und Achtern) auf. Dieses könnte nach Meinung eines spanischen Schiffahrtsexperten, der für Lloyds arbeitet darauf deuten, daß dieses Schiff auch zu einem beschränkten Warentransport benutzt wurde. Tagsüber gibt es am Schlepper von Abu Galawa Kebir nur wenige, kleinere Riffische zu beobachten, dafür aber explodiert in der Dämmerung und in der Nacht das Leben am Wrack und im Riff. Und noch eine hübsche Überraschung hält die Untergangsstelle bereit. Taucht man unmittelbar rechts des Rumpfes auf das Riff zu, so gelangt man in etwa sechs bis vier Metern Tiefe in eine höhlenartige Kaverne mit einer nach oben zum Teil durchbrochenen Decke mit traumhaften Lichtspielen, die die einfallenden Sonnenstrahlen zaubern. Interessanter Weise wird dabei der linke Eingangsbereich der Höhle von der Steuerbordseite des Wracks gebildet.

Noch ist die Geschichte des Schleppers von Abu Galawa Kebir nicht geklärt und wird von vielen Spekulationen getragen. Dennoch sind die Autoren zuversichtlich, in absehbarer Zeit auch diese geheimnisvollen Schleier zu lüften.

Schlepper von Abu Galawa Kebir

Wrackdaten
GPS-Position: N 24" 13,630' E 35" 34,426í
Länge über alles: 34 Meter
Breite: 6,2 Meter
Seitenhöhe: 5,2 Meter
Tiefgang: unbekannt
Tragfähigkeit: unbekannt
Vermessung: unbekannt
Schiffstyp: Hafenschlepper
Antrieb: 4-zylindrige Dampfmaschine, 1 Kessel
Leistung: unbekannt
Geschwindigkeit: unbekannt
Stapellauf: unbekannt
Bauwerft: unbekannt
Baunummer: unbekannt
Bauort: unbekannt
Land: unbekannt
Erste Reederei: unbekannt
Letzte Reederei: unbekannt
Beladung auf der letzten Fahrt: keine
Besatzung: keine Angaben
Passagiere: keine Angaben
Sonstiges: keine Angaben
Untergang: unbekannt
Ort: Abu Galawa Kebir
Hoheitsgewässer: Ägypten
Ursache: vermutlich Riff gerammt und danach gesunken
Verluste: unbekannt

Wrackdaten
GPS-Position: N 24" 13,630' E 35" 34,426'
Maximale Tiefe des Wracks: 17 Meter
Minimale Tiefe des Wracks: 0 Meter
Strömungen: keine
Sicht: in der Regel
Sehenswert: das ganze Wrack mit seinem Bewuchs, Maschinenraum, Höhlen rechts oberhalb vom Schiff im Riff

Amphorenfeld von Sha'ab Sataya

Historisches

Über die Herkunft – und natürlich auch den ehemaligen Inhalt – des Amphorenfeldes von Sha'ab Sataya ist derzeit nur wenig bekannt. Die geschwungenen Doppelhälse und die eindeutige Form der (Wein?) Amphoren lassen mit großer Wahrscheinlichkeit auf römischen Ursprung schließen. Die nahe Hafenstadt Port Berenice war schon zu römischen Zeiten ein wichtiger Handelsposten. Wie das Schiff hierher kam und warum es sank, ist ungeklärt. 1991 entdeckte der italienische Unterwasserfotograf Pierfranco Dilenge zufällig das Amphorenfeld von Sha'ab Sataya (Fury Shoals) am Ostrand eines Riffeinschnittes, als er dort schnorchelte.

Die Ausgrabungsstelle heute

Als Tauchplatz eignet sich das Amphorenfeld von Sha'ab Sataya nur zum Bestaunen der intakten Amphoren und deren Reste in maximal 8 Meter Tiefe. Es befindet sich zwischen einem Riffabschnitt, einigen winzigen Korallenblöcken und einem Mini-Erg, das bereits von der Oberfläche zu erkennen ist. Die Gefäße liegen zum größten Teil auf zwei Haufen direkt unterhalb des Riffabfalls dicht beieinander. Einige liegen lose auf dem Sandgrund, andere sind fest mit dem Grund

Das Amphorenfeld von Sha'ab Sataya

AMPHORENFELD VON SHA'AB SATAYA

Die Amphoren sind wahrscheinlich römischer Herkunft

verhaftet. Der Untergrund besteht aus festem Korallengestein, der nur von einer dünnen Sandschicht überzogen ist.

Die etwa 110 cm großen Gefäße unterteilen sich in zwei Arten. Einige mit schön geschwungenen Doppelgriffen römischer Herkunft sind noch weitestgehend intakt, andere wiederum stärker zerstört. Daneben gibt es zahlreiche Scherben: Trümmer aus Seitenwänden, Hälse, Henkel und abgebrochene Böden. Die Anzahl der Amphoren kann nur erahnt werden. Im Zentrum liegen 20 bis 25 Gefäße, insgesamt könnten es 30 bis 35 sein. Die Amphoren-Trümmer, die wohl aus dem 3. Jh. n. Chr. stammen, liegen weit verstreut, so daß vermutlich noch weitere Teile gefunden werden. Die römischen Galeeren hatten je nach Größe der Amphoren und Fassungsvermögen des Schiffs bis zu 2 000 Amphoren an Bord. Erste Vermutungen, man habe nur zum Leichtern einige der Gefäße über Bord geworfen, entkräften die am Riff erkennbaren, überwachsenen Schiffstrümmer. Vielleicht ergeben wissenschaftliche Studien einmal weitere Aufschlüsse.

Amphorenfeld Sha'ab Sataya

Wrackdaten
GPS-Position: N 24° 09,317' E 35° 41,100'
Maximale Tiefe der Amphoren: 5 Meter
Minimale Tiefe der Amphoren: 8 Meter
Strömungen: keine
Sicht: mäßig
Sehenswert: die Amphorenreste sowie Rumpffragmente der vermutlich dazu gehörenden Galeere

Zabargad

Das gebirgige und von See her schlecht zugängliche Zabargad liegt vom ägyptischen Festland (Port Berenice) etwa 70 Kilometer südöstlich, mitten im Roten Meer. Offizieller Name der recht großen Insel ist Geziret Zabargad, oder wie sie die Engländer nannten, St. John's Island. Die Insel mit der südöstlich davon liegenden, drei Seemeilen entfernten Insel Rocky Island ist in der Vergangenheit trotz Leuchtfeuer immer wieder eine tückische Schiffsfalle gewesen. Denn Zabargad beutet soviel wie „Seenebel" und für diesen ist die Insel berüchtigt. Dieser Bereich des Roten Meeres wird bisweilen von einer meteorologischen Konvergenzzone* berührt, was sich in wechselndem Wetter mit viel Nebel niederschlägt.

Man nimmt an, daß Zabargad das antike Topazos war, das schon Plinius der Ältere erwähnte. Bereits in vorchristlichen Zeiten gruben Ägypter und Römer nach grünen Olivin-Steinen, die sie zu Schmuck verarbeiteten. Die in den vergangenen Jahrhunderten eingestellte Suche in den alten Minen südlich des 230 Meter hohen Inselberges nahmen die Engländer Ende des 19. Jahrhunderts vorübergehend auf – doch die Ausbeute lohnte sich bald nicht mehr und der Abbau wurde wieder gestoppt.

Zabargad ist unbewohnt und heute ein militärischer Außenposten der Ägypter, der scharf bewacht wird. Die Steilwände rund um die Insel, wie auch die Tauchgründe am benachbarten Rocky Island, sind ein wahrer Taucherraum, mit dem in der Region nur noch die Brothers mithalten können. Wieviele Schiffe hier in der Vergangenheit gescheitert sind, kann man nur vermuten. Bekannt sind allerdings der Frachter von Zabargad, dessen Herkunft und Identität aber noch nicht geklärt sind, sowie das Tauchsafariboot Neptuna, das vor der Insel am 29. April 1981 unterging und die Yacht Hawk an der Drop Off-Kante der großen, südlichen Lagune.

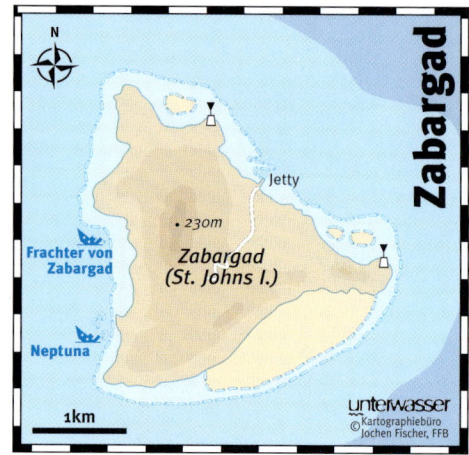

Rocky Island - ein Toptauchplatz, im Hintergrund die Insel Zabargad

---

* Zustand im Strömungsfeld der Atmosphäre, bei dem in einem Gebiet pro Zeiteinheit mehr Luft zu- als abfließt. Infolge aufsteigender Luftbewegung kommt es hier zur Wolken und Niederschlagsbildung.

Zabargad - eine der besten Tauchadressen im Roten Meer

Zabargad Wrack

Historisches

Die Geschichte um den Frachter von Zabargad ist geheimnisvoll und spekulativ. Selbst die Ägypter wissen so gut wie nichts von dem Wrack, das nahe des Anlegestegs in 24 Meter Tiefe liegt. Das 70 Meter lange Frachtschiff muß dem Bewuchs entsprechend in den fünfziger oder frühen sechziger Jahren gesunken sein. Es gibt am ganzen Schiff keine Hinweise auf die Identität – außer einige kyrillische Schriftzeichen, die sofort einige Taucher vermuten ließen, es handele sich um ein russisches Spionageschiff aus der Zeit des Kalten Krieges. Dies trifft bei näherer Inspektion des Wracks sicherlich nicht zu, auch wenn russische Schiffe in jenen Zeiten gern gesehene Gäste in ägyptischen Häfen waren. (Warum nicht auch bulgarischer Herkunft?) Es scheint denkbar, daß dieses Schiff nach einer Kollision oder einer Explosion an Bord den Schutz der Insel suchte und sank. Dafür sprechen die Schäden am Wrack (kleines Leck im Heckbereich, großes Loch am Bug), die eindeutig für den Untergang ursächlich waren. Der Frachter von Zabargad liegt dicht und geschützt unter Land. Die Rettungsboote, von denen noch zwei am Strand direkt vor der Untergangsstelle liegen, wurden rechtzeitig weggefiert. Die Besatzung konnte sich also vermutlich retten.

Das Wrack heute

Das Wrack steht heute mit abgeschertem Bug aufrecht auf dem Grund. Auffällig sind die mittig angeordnete Ankerwinde,

Die exponierte Lage der Insel lockt immer wieder große Makrelenschwärme an

Die Backbordseite des Zabargad Wracks

Die Identität des Schiffs konnte bis heute nicht geklärt werden

zwei rechts und links stehende Seiltrommeln, ein aufgewickeltes Seil sowie der Flaggstock. Die Reling fehlt hier beidseitig. Der Steuerbordanker wurde noch vor dem Untergang herabgelassen. Das Gegenstück liegt unter dem gekippten Bug. Die sich anschließenden Laderäume sind leer und nur von Sediment überzogen, so daß man sich darin mit einer gewissen Vorsicht bewegen sollte, um nicht alles aufzuwirbeln. In diesem Schiffsabschnitt zeigen die Reling wie auch der große Mast im hinteren Mittschiffsbereich einen schönen Bewuchs. Er erhebt sich mit seinem Ladebaum und einem großen Flaschenzug vor dem Schornstein und ist noch mit einem Seil abgespannt, das ebenfalls Weichkorallen einen idealen Siedlungsuntergrund bietet. In der Vergangenheit schaute dieser Mast noch aus dem Wasser und erleichterte so das Auffinden des Wracks.

Die Brücke ist weitestgehend intakt. Sogar die Scheiben sind noch vorhanden. In-

Muränen bevorzugen auch Wracks als Zufluchtsstätte

nen können verschiedene Instrumente entdeckt werden. Ob der Magnetkompaß mit kardanischer Aufhängung noch oben auf dem Brückenhaus steht, ist nicht bekannt. Nachdem das ägyptische Militär im Frühjahr 1996 die äußeren Inseln für Taucher sperrte, konnte der Frachter nicht mehr betaucht werden. Auch das Steuerrad auf der Brücke, das man auch durch ein Loch im Boden von einem unteren Raum schön einsehen konnte, wird eventuell schon demontiert sein. Im oberen Bereich der Aufbauten befindet sich ein Raum mit einem Kartentisch, einem Telefon und einer Funkanlage. Vier Türen führen in verschiedene Abstellräume, wo Ersatzteile für den Schiffsdiesel lagern.

Im hinteren Bereich der achterlichen Aufbauten kann man über offene Lüftungsluken in den inneren Maschinenraum tauchen. Er teilt sich in drei Abschnitte auf. Doch Vorsicht ist angeraten, die Maschinenräume sind sehr eng. Von den Aufbauten mit den leeren Davits, dem Maschinenraumzugang und dem Schornstein führt eine Treppe an Steuerbord auf das Achterdeck. Rechts und links stehen zwei Seiltrommeln, die linke ist leer. Über zwei Türen geht es in die hinteren Räume. Das Achterdeck zeigt neben einer noch intakten Reling und den Festmachpollern in der Mitte eine große Spill, von der zwei Ketten heckwärts verlaufen. Sie verschwinden in dicken Klüsen unter Deck. Seitlich stehen zwei kleinere Lüfter. Neben der Spill liegt ein ausgelegtes Tau. Betrachtet man die Anordnung der Seiltrommeln, von denen sich zwei weitere auf dem Oberdeck der Aufbauten befinden, sowie die große Spill, so könnte man annehmen, dieses Schiff wurde zum Schleppen von größeren Objekten (Netzen?) eingesetzt. Der achterliche Flaggstock ist ebenfalls schön bewachsen. Doch auch er gibt keinerlei Antwort auf die Frage, unter welcher Flagge dieses Schiff einst gefahren ist.

Aber eines ist sicher: nach der langen, sinnlos verordneten Zwangspause dürften Taucher in Zukunft das Wrack von Zabargad noch dichter, noch schöner bewachsen vorfinden, das sich im Licht des Mittags und des frühen Nachmittags besonders fotogen präsentiert. Und ein weiterer Umstand macht das Wrack zusätzlich so attraktiv: seine geringe Tauchtiefe von maximal 24 Metern, die ausgedehnte Exkursionen am Wrack erlaubt.

Zabargad

Schiffsdaten
Länge über alles: ca. 70 Meter
Breite: unbekannt
Seitenhöhe: unbekannt
Tiefgang: unbekannt
Tragfähigkeit: unbekannt
Vermessung: unbekannt
Schiffstyp: Motorfrachtschiff
Antrieb: Diesel
Leistung: unbekannt
Geschwindigkeit: unbekannt
Stapellauf: unbekannt
Bauwerft: unbekannt
Baunummer: unbekannt
Bauort: unbekannt
Land: unbekannt
Erste Reederei: unbekannt
Letzte Reederei: unbekannt
Beladung auf der letzten Fahrt: unbekannt
Besatzung: keine Angaben
Passagiere: keine Angaben
Sonstiges: keine Angaben
Untergang: unbekannt
Ort: Zabargad Island, neben dem Steg an der Ostseite
Hoheitsgewässer: Ägypten
Ursache: unbekannt
Verluste: unbekannt

Wrackdaten
GPS-Position: N 23° 36,000' E 36° 11,000'
(aus Seekarte ermittelt)
Maximale Tiefe des Wracks: 24 Meter
Minimale Tiefe des Wracks: 0 Meter
Strömungen: kaum
Sicht: gut
Sehenswert: das Achterschiff, Laderäume, Aufbauten und Bugsektion

Neptuna

Historisches

Anfang der achtziger Jahre kreuzte im südlichen Roten Meer eine komfortabel ausgestattete Hochsee-Motorjacht, die deutsche MS Neptuna. Sie war speziell für Taucher eingerichtet. An Bord gab es sogar eine „Einmann-Dekokammer". Kurz nach Ostern 1981 checkte eine deutsche Tauchergruppe in Port Sudan auf der Jacht ein, um an einer Süd-Nord-Safari durch das südliche Rote Meer teilzunehmen. Nach einer Ankernacht in Shambaya startete man zu einer längeren Passage zur Insel Zabargad. Am 28. April erreichte die Neptuna das gebirgige Island, das etwa auf Höhe der ägyptisch-sudanesischen Grenze liegt.

Der Schiffbruch

Am frühen Morgen des 29. April frischt der Wind mit Stärken bis zu 5 Bft. auf. Der deutsche Kapitän und Schiffseigner Klaus Dieterich läßt von der sudanesischen Besatzung den Anker lichten, um die Neptuna an eine ruhigere Stelle zu verlegen. Der Versuch, den Motor zu starten, schlägt fehl, der Verbindungsschlauch zu den Preßluftflaschen für den Startvorgang des Schiffsdiesels ist abgebrochen, der Druck in den beiden Flaschen zu niedrig. An Bord bemüht man sich, mit Preßluft aus den Tauchgeräten das Aggregat zu starten, doch auch diese Mühen scheitern. Das Schiff treibt unaufhörlich auf ein Riff zu. Klaus Dieterich weist die Besatzung an, den Anker zu werfen, um das Schiff vom Hindernis fernzuhalten. Der Befehl aber kommt viel zu spät. Gegen 5.30 Uhr, so erinnern sich einige Gäste, drücken die Wellen das Schiff mit einem kräftigen Schlag auf das Korallenriff.

Ein letzter Rettungsversuch wird gestartet. Mit den beiden bordeigenen Schlauchbooten will man den Havaristen von Riff wegdrücken. Die schwere Brandung aber füllt die Boote schnell mit Wasser, so daß die Außenborder versagen. Ein mitfahrender Gast, der Schweizer Tauchlehrer Pit Gsell, wirft sofort einen Heckanker, der fest greift. Mit der Heckwinde hofft man nun, sich vom Riff wegzuziehen. In diesem Moment aber kann der Kapitän den Schiffsdiesel wieder starten und gerät rückwärts fahrend mit dem Ankerseil in die Schraube. Die Maschine muß angehalten werden. Mit einem dritten Schlauchboot versuchen einige Gäste und Pit Gsell, den Heckanker an anderer Stelle zu befestigen, als eine große Welle das kleine

Dramatisch war der Untergang des Safarischiffes Neptuna

Nach kurzer Zeit war das Schiff auseinandergebrochen

„The Last Farewell" – die Neptuna auf ihrem Weg in die Tiefe

Die Neptuna war ein ideales Schiff für Taucher

Dingi überrollt und es unter Wasser drückt. Alle Rettungsversuche sind gescheitert.

Auf Anraten der Passagiere sendet der Kapitän endlich SOS, während die Rettungsinseln ins Wasser gelassen werden und man die wichtigsten Habseligkeiten an sich rafft. Die heftige Brandung bereitet dem Schiff ein schnelles Ende. Die mächtigen Wellen schieben es immer weiter auf das Riff, überall wird nun der Rumpf eingedrückt, die Schlagseite nimmt rapide zu. Ein breiter Riß ist nun quer über das Vorschiff auszumachen. Der letzte Gast hat die Neptuna noch nicht einmal verlassen, als das Wasser vom Heck aus endgültig in das Innere schießt. Alle Scheiben werden durch den plötzlichen Druck mit lautem Getöse herausgedrückt; das Schiff sinkt binnen kürzester Zeit über sein Heck in die Tiefe. Nur der Bug verweilt noch einige Momente an der Oberfläche, auch dann versinkt er in der Tiefe. Viele Wrackteile und eine noch mit dem Schiff verbundene Rettungsinsel weisen noch auf die Stelle, an der es gerade versunken ist.

Es ist 7.10 Uhr, ganze 100 Minuten hat es gedauert, die vom Beginn der Havarie bis zum Untergang der Neptuna. Am Strand von Zabargad aber warteten 23 Passagiere, darunter drei Frauen auf ihre Rettung. Verletzt wurde niemand, nur die Schiffskatze ging mit dem Boot unter. Gegen 9.00 Uhr näherten sich zwei Schiffe, die die Notrufe aufgefangen hatten. Um 12.00 Uhr befanden sich alle Schiffbrüchigen wohlbehalten an Bord des damaligen DDR-Schiffs MS Blankensee aus Rostock und wurden bis nach Suez mitgenommen.

Später, in der Untersuchung des Vorganges vor dem Seeamt in Hamburg, sagte der Kapitän schriftlich aus, daß der Anker erst so spät geworfen wurde, weil die Wassertiefe noch bei 90 Meter lag und man deshalb dichter an das Riff in flacheres Wasser fahren mußte. Als die 1 – 2 Meter hohen Wellen die Neptuna auf das Riff drückten, sprang die Maschine zwar wieder an, brachte aber wegen Überlastung mit einsetzender Rauchentwicklung nur ein Drittel der Leistung. Bei diesem Vorgang geriet auch das Ankerseil in die Schraube, außerdem verfing sich der Anker im Riff und war nicht mehr zu hieven. Die Schuld sehen alle Beteiligten eigentlich bei der Schiffsführung und deren Mißachtung grundlegender nautischer Regeln. Zu einem ähnlichen Ergebnis kam auch die Untersuchungskommission. Es wurde festgestellt, daß den Schiffsführer ein Verschulden trifft, „…weil er diese Reise nicht hätte antreten dürfen. Weder lag für das Schiff ein für Fahrgastschiffe vorgeschriebener Fahrterlaubnisschein vor, noch verfügten der Schiffsführer und die anderen Besatzungsmitglieder über Befähigungszeugnisse nach der Schiffsbesatzung- und Ausbildungsordnung". Die Untersuchung wurde eingestellt. Ein späteres Verfahren vor dem Seegericht sah man ohne Verdacht auf einen „unentschuldbaren Leichtsinn" und ohne den beteiligten Kapitän als unbefriedigend an. Schadensersatzforderungen der Passagiere und des betroffenen Reiseveranstalters gegen den Kapitän konnte bis heute nicht entsprochen werden, da er nicht versichert war.

Das Wrack heute

Bis heute sind also nicht alle Rätsel um das Wrack gelöst. Außerdem liegt es für Sporttaucher außer Reichweite – auf Grund der Sperrung der Außenriffe und der Insel Zabargad für Taucher durch die ägyptischen Behörden im Jahre 1996 konnte das Wrack der Neptuna auch von den Autoren bis zur Drucklegung des Buches leider nicht betaucht werden. Auch gelang es nicht, Taucher zu finden, die die Neptuna vor dem Frühjahr 1996 besucht hatten und weitere Auskünfte über seinen Zustand hätten geben können. Deshalb kann an dieser Stelle leider noch keine aktuelle Beschreibung des Schiffs und seines Erhaltungszustandes geliefert, bzw. Fotos veröffentlicht werden.

Neptuna

Schiffsdaten
Länge über alles: 34,50 Meter
Breite: 6,66 Meter
Seitenhöhe: unbekannt
Tiefgang: unbekannt
Tragfähigkeit: unbekannt
Vermessung: 195,69 BRT (95,49 NRT)
Schiffstyp: Fahrgastschiff (Motorjacht)
Antrieb: Diesel
Leistung: 420 PS
Geschwindigkeit: 9,5 kn
Stapellauf: 1941
Bauwerft: unbekannt
Baunummer: unbekannt
Bauort: Buckie
Land: Großbritannien (Schottland)
Erste Reederei: unbekannt
Letzte Reederei: Privateigner Klaus Dieterich
Beladung auf der letzten Fahrt: Tauchkreuzfahrtschiff
Besatzung: 5
Passagiere: 18
Sonstiges: Das Schiff wurde ursprünglich als Minensuchboot gebaut, Unterscheidungssignal „DAJY"
Untergang: 29. 4. 1981 – 7.10 Uhr
Ort: Zabargad Island
Hoheitsgewässer: Ägypten
Ursache: nach Maschinenausfall, nicht startfähig und auf Grund fehlender Anlaßpreßluft auf ein Riff getrieben
Verluste: keine
Sonstiges: siehe Untersuchung vor dem Seeamt Hamburg in der öffentlichen Sitzung vom 2. Juni 1983, Az. 61/81

Wrackdaten
GPS-Position: keine Angaben
Maximale Tiefe des Wracks: ca. 30 Meter
Minimale Tiefe der Wracks: unbekannt
Strömungen: unbekannt
Sehenswert: unbekannt

Elba Reef

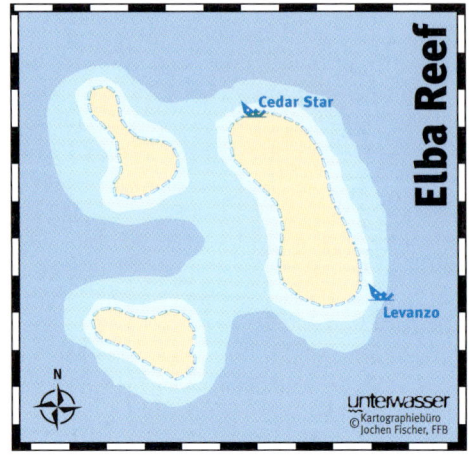

Das Elba Reef ist ein großes, länglich ovales Riff an der nördlichen Sudanküste, ähnlich der Form einer Erdnuß. Allerdings ist es nicht das einzige Riff in der unmittelbaren Umgebung. Zwei weitere liegen im Westen und Nordwesten, ein kleines, kreisrundes im Südwesten. Die Südostspitze des Elba Riffs ist durch sehr große, über- und ineinander verschachtelte Korallenblöcke gekennzeichnet, die 20 bis 25 Meter hinabreichen. Es schließt sich eine durchgehend breite, sandige Fläche an, auf der weitere Korallenblöcke stehen. Seewärts neigt sich das Plateau bis auf 35 Meter und fällt später steil auf über 70 Meter ab.

Wer über das Plateau taucht, kann großen Makrelenschwärmen begegnen. Manta- und Haisichtungen sind keine Seltenheit. Auch Makrofotografen finde hervorragende Motive.

An der Südostspitze ist das Wrack der Levanzo taucherischer Höhepunkt. Der ehemalige italienische Frachter gilt als eines der schönsten Wracks im Roten Meer. Passiert man auf dem Weg von der Untergangsstelle der Levanzo das Elba Reef an seiner Ostseite in nördliche Richtung, so ist im Norden des Riffs ein weiteres Wrack nicht zu übersehen, das der Cedar Star, die gestrandet aufrecht auf dem Riff steht.

Je weiter südlich, um so üppiger wird die Natur unter Wasser

Wracks sind ideal für die marine Flora und Fauna

Levanzo

Historisches

Über die Levanzo, ein geheimnisvolles Wrack am Elba Reef im nördlichen Sudan, war bislang nur wenig bekannt. Das Wichtigste über das Schiff jedoch konnten die Auoren nach dessen zufälliger Wiederentdeckung in spannender Recherche herausfinden. Demnach lief das alte Dampfschiff im März 1901 im italienischen Livorno (früher: Leghorn) bei der Werft Filli. Orlando e.C. als Isola di Levanzo vom Stapel, wurde ein Jahr später aber in Levanzo umbenannt. Der Name stand für eine Ägidische Insel vor der Westspitze Siziliens. Ersteigner war die Reederei Soc. Meridionale di Transporti Marittima aus Palermo.

Die Levanzo war nach Lloyds und dem Registro Italiano Navale in Genua ein 3 875 BRT großes Schiff. Der Antrieb erfolgte durch ein dreizylindriges Dampfaggregat mit zwei Kesseln, das die gleiche Bauwerft lieferte. 296 PS wurden auf eine Schraube übertragen. Das Schiff besaß nur ein Hauptdeck und ein Zwischendeck. Es war mit elektrischem Licht und in den späteren Jahren, zumindest aber zum Zeitpunkt des Untergangs, schon mit einem Funkgerät ausgestattet. Der erste Schiffsführer war Kapitän E. Fileti. Zum Zeitpunkt des Untergangs war die Levanzo am Sitz der letzten Reederei, der Soc. Marittima Italiana. in Neapel registriert. Der Dampfer befand sich nach Lloyds mit einer allgemeinen Stückgutladung auf der Reise von Genua ins südafrikanische Durban, als die

Die Levanzo liegt schräg kieloben am Elba Reef

Der Schornstein der Levanzo rechts neben dem Schiff

Fahrt in den nördlichen Gewässern des Sudans aus bis jetzt noch nicht endgültig geklärten Ursachen abrupt am 14. März 1923 am Elba Reef endete. Das Registro Italiano Navale beschreibt schlechtes Wetter, rauhe See und einen Kursverlust als Unfallursache. Bei der Havarie muß die Levanzo das Elba Reef mit dem Bug gerammt haben, denn am Rumpf sind keine weitere Schäden festzustellen.

Das Wrack heute

Die Levanzo liegt kieloben, fast in einem rechten Winkel, an der Kante einer langen Riffterrasse, die in 18 Meter beginnt und mit einer Neigung von etwa 40° auf über 70 Meter abfällt. Von der Seite sind nur das Heck mit dem Ruder und der Schraube, die über die Terrasse hinausragen, zu sehen; der Rest verschwindet in der Tiefe. Die Levanzo kenterte vermutlich erst beim Sinken, denn im Bereich der Terrasse und des ansteigenden Riffs sind bis zum Riffdach keine weiteren Trümmer zu finden. Es ist daher anzunehmen, daß sie zuerst mit der Steuerbordseite Grundberührung hatte, bevor sie umschlug, da alle großen Schiffsteile wie die Windhutzen, Masten, Ladebäume und der Schornstein zur rechten Wrackseite weggeknickt sind. Auch läßt sich nicht feststellen, ob das Schiff noch für einige Zeit auf dem Riff festsaß. Das Heck mit der großen, vierblättrigen Schraube und dem Ruder liegt mit seinem höchsten Punkt auf 16 Meter, die Reling über dem Grund bei 25 Meter.

Ein Tauchgang beginnt am besten an der Backbordwand und führt über den mit Hart- und Weichkorallen wunderbar bewachsenen Rumpf vom Heck zum Bug.

Die Tiefe nimmt dabei von 16 bis etwa 28 Meter zu. Auf dem Weg zum Bug wird dem Taucher erst bewußt, wie lang dieses Schiff ist. Schon nach kurzer Strecke deuten einige Fässer am Rumpf darauf hin, daß sich ein Abstecher in den achterlichen Laderaum und zu den Trümmern der Aufbauten lohnt. In diesem Bereich, wie auch an anderen Stellen, kann man unter dem Wrack hindurchtauchen. Mit etwas Glück lassen sich unter den Ablagerungen schöne Teller oder bauchige Chianti-Flaschen finden, deren Korbumhüllungen schon lange verrottet sind. Interessant erscheint auch die Ruderanlage am Heck als fotogenes Motiv. Folgt man dem Rumpf weiter in die Tiefe, ergeben sich weitere Zugangsmöglichkeiten zu den leeren Laderäumen und ehemaligen Quartieren. An der Seite des Wracks häufen sich die Trümmer von Schiff und Ladung. Besonders eignet sich der Mittschiffsbereich, um behutsam ins Wrack hineinzutauchen. Auf der Riffschrägen türmen sich weitere Schiffsteile. Nach den Lademasten und Ladebäumen empfiehlt sich eine Erkundung des Mittschiffsbereichs, des dicken, abgebrochenen Schornsteins oder der Windhutzen, die

Wiederentdeckung und Identifizierung

Im Juni 1996 befanden sich die Autoren Stoll und Kefrig an Bord der Polar im nördlichen Sudan. Aus Unterlagen des British Hydrographic Office hatten beide im Vorfeld von der Existenz der Levanzo am Elba Reef erfahren. Doch die Positionsangaben waren falsch, das Wrack konnte mit dem Echoschreiber der Polar nicht gefunden werden. Stoll, Kefrig und Basisleiter Volker Clausen ließen die Taucher an Bord in zwei Gruppen jeweils die vermutete Südwest- und auch die Südostseite des Riffs absuchen, „denn es gab da so ein Gefühl im Magen", das Wrack könnte auch an anderer Stelle liegen. Und sie sollten recht behalten. Kurz vor Ende des Suchtauchganges stießen Stoll und Kefrig als einzige auf die Levanzo, die über die Riffkante herüberragte. Sie lag in der Tat so, wie sie in der britischen Quelle beschrieben, kieloben und längs der Riffschrägen. Es war, so die beiden Spezialisten, „ein tolles Gefühl ein solches Schiff wiederzuentdecken". Doch war das Wrack wirklich die Levanzo?

Nach vielen Telefonaten, Briefen und Faxen mit dem Hydrographischen Institut hatte Stoll herausgefunden, daß die Informationen über das Wrack vor einer Mrs. Hillel aus Eilat stammten. Nach weiteren Telefonaten mit Eilat bestätigte die Dame, daß sie an Bord des Tauchschiffs Lady Jenny die Levanzo betaucht und diese Informationen von einem gewissen Phil Anfield aus England hatte, der seinerzeit Skipper des Schiffs gewesen war. Also galt es nun, Mr. Anfield zu kontakten, was aber wegen seiner langen Abwesenheit im Ausland erst nach Monaten gelang. Mr. Anfield wiederum schrieb sinngemäß: „Wir waren 1987 auf dem Rückweg von Port Sudan nach Sharm el Sheikh, als wir am Elba Reef stoppten, um dort nach Haien zu tauchen. Dabei stießen wir rein zufällig auf das Wrack. Ich tauchte sofort mit meiner Begleiterin längs der Bordwand in die Tiefe, wo ich eine hübsche Karaffe fand. Am nächsten Tag ging es wieder zum Wrack, diesmal zeigte der Tiefenmesser 68,5 Meter am Bug des Schiffs. Dabei entdeckte ich etwas tiefer die verkrustete Schiffsglocke auf dem Grund, konnte sie aber aus Zeitgründen nicht bergen. Sie wurde im folgenden Jahr von einem Bekannten zur Oberfläche gebracht und gesäubert. Auf ihr stand der Name Levanzo, offensichtlich ein italienisches Schiff. Zudem brachte dieser Bekannte noch mehrere Marmorstatuen von kleinen Engeln mit zur Oberfläche, so wie man sie früher gern auf Gräber setzte".

Doch war das Schiff die italienische Levanzo oder eine andere Levanzo und unter welchem Namen ging sie letztlich unter und wann? Stoll setzte sich sofort nach dieser Nachricht ins Deutsche Schiffahrtsmuseum in Bremerhaven ab und wälzte die Lloyds-Unterlagen. Dabei fand er die komplette Geschichte des Schiffs, aber nur bis in das Jahr 1922/23. Danach war der Dampfer nicht mehr aufgeführt. Entweder war er gesunken, abgewrackt oder umbenannt worden. Im letzteren Fall hätte kaum eine Chance bestanden, die Geschichte weiter zu verfolgen, denn es gibt bei Lloyds keine Hinweise auf neue Namen, sondern es werden immer nur rückwirkend die alten aufgeführt. Genauso wie meistens der Name auf der Schiffsglocke der Taufname ist und auch bei einem Weiterverkauf nicht geändert wird. War also die Levanzo erst später in den Wirren des Zweiten Weltkriegs gesunken, so wie die Umbria, die Nazario Sauro oder die Urania, oder schon lange davor? Hier half Sudanspezialist Klaus Melzer von SpiroSub Reisen mit seinen Kontakten zu den Italienern weiter. Denn er leitete eine Anfrage an einen Gewährsmann in Italien, der sich wiederum an italienische Schiffahrtsregister wandte. Und einige Wochen später flatterte tatsächlich die Bestätigung aus Genua auf den Tisch. Die Levanzo war am 14. März des Jahres 1923 in schwerer See und bei schlechtem Wetter im Roten Meer am Elba Reef gesunken.

Die Schiffsglocke brachte Licht in das Dunkel um das Wrack

spitze (72 Meter) liegen bereits weit unter der Tiefengrenze sicheren Sporttauchens! Die andere Wrackseite zeigt nicht so viele Trümmer. Sie weist nach Norden und liegt fast den ganzen Tag im Schatten. Ein Aufstieg kann am Bojenseil beginnen, das am Heck befestigt ist. Eine interessante Alternative zum Seil bietet das etwa 70 Meter westlich gelegene, wunderschöne Riff, vorausgesetzt, der Taucher verfügt noch über ausreichend Luft.

dort liegen. Zerdrückte Relingteile, Lademasten und -bäume, zertrümmerte Aufbauten und weitere, verstreute Schiffstrümmer zeugen von der Gewalt des Aufpralls auf dem Meeresgrund. Rätsel geben die zum Teil leeren Bullaugenöffnungen auf. Ob das Schiff längere Zeit auf dem Riff lag, bevor es versank und dabei Bullaugen entfernt wurden, ist nicht bekannt. Allerdings sprechen die Schäden am Bug eher für einen schnellen Untergang.

Einer scharfen Bruchkante am Rumpf (ca. 45 Meter) folgt das abgescherte Vorschiff, das sich mit 70° längs einer noch steileren Schrägen dem 70 bis 80 Meter tiefen Sandplateau zuneigt. Verbogene Metallträger, aufgepilzte Stahlplatten und einzelne Laderaumebenen zaubern ein Wirrwarr mit geheimnisvoller Atmosphäre. Im Vorschiffsbereich stapeln sich in den Ecken des Laderaums durchgerostete Fässer unbekannten Inhalts und Seile. Es ist auch möglich, in einige der Räume einzudringen, allerdings immer mit dem Gefühl, daß alles auf dem Kopf steht. Doch diese Räume (45 bis 55 Meter) und die Bug-

Levanzo

Schiffsdaten
Länge über alles: 113,15 Meter
Breite: 15,40 Meter
Seitenhöhe: keine Angaben
Tiefgang: 5,74 Meter
Tragfähigkeit: 2 409 t
Vermessung: 3 875 BRT
Schiffstyp: Dampffrachtschiff
Antrieb: 1 x 3 Zylinder Dampfmaschine Fl. Orlando e.C. – Livorno
Leistung: keine Angaben
Geschwindigkeit: keine Angaben
Stapellauf: März 1901
Bauwerft: Filli. Orlando e.C. – Livorno
Baunummer: keine Angabe
Bauort: Livorno (ehem. Leghorn)
Land: Italien
Erste Reederei: Navigatione Generale Italiana, Palermo
Letzte Reederei: Soc. Marittima Italiana – Neapel
Beladung auf der letzten Fahrt: generelles Stückgut, Weinflaschen, Fässer
Besatzung: keine Angaben
Passagiere: keine Angaben
Sonstiges: Das Schiff lag möglicherweise noch einige Zeit auf dem Riff, bevor es umschlug und die Riffschräge hinabrutschte.
Untergang: 14. März 1923
Ort: Elba Reef (Südost bis Südsüdost-Spitze)
Hoheitsgewässer: Sudan
Ursache: Kursverlust durch rauhe See und schlechtes Wetter
Verluste: keine Angaben

Wrackdaten
Position: N 21° 58, 924' E 37° 02, 456'**Maximale Tiefe des Wracks:** 16 Meter
Minimale Tiefe des Wracks: 75 Meter
Strömungen: oft starke Strömungen an der Riffkante
Sehenswert: die zerdrückten Aufbauten, das Oberdeck, der Korallenbewuchs am Rumpf, die Bruchstelle des Vorschiffs, die Schiffstrümmer und das Innere des Schiffs

Sha'ab Suedi

Das Sha'ab Suedi, ein länglicher Riffkomplex (500 Meter breit, 12 bis 14 km lang) mit Nord-Süd-Verlauf, liegt etwa 40 km nördlich von Port Sudan. Die drei Bereiche teilen sich in einen großen, länglichen Südkomplex mit einer kleinen Senke, einem langgezogenen nördlichen Abschnitt und einem sich anschließenden etwa 50 Meter breiten Riffkanal auf. Danach folgen kleinere Korallenformationen. Westlich ist das Sha'ab etwa 30 bis 40 Meter tief, zum 16 km entfernten Festland hin fällt es auf 300 bis 400 Meter ab. Direkt an der Küste erstreckt sich eine flache Lagune, die Marsa Arakiyai. An Land stehen einige Hütten und ein Militärposten zur Bekämpfung des Schmuggels, der in der Region ein einträgliches Geschäft verspricht.

Die Südspitze des Sha'abs wird durch eine Barke auf einem kleinen Riffsockel markiert. Zwischen ihm und vier weiteren kleinen Riffen liegt ein geschützter Ankerplatz, ein weiterer befindet sich 7 km nördlich in einer Bucht am Ende des ersten Riffabschnitts. Im Bereich des zwei-

Typisch für das südliche Roten Meer sind die riesigen Gorgonenfelder

ten Riffabschnitts, an dessen oberem Drittel das Wrack der Blue Belt liegt, gibt es ebenfalls einen ruhigen Ankerplatz. Die Ostseite vom Sha'ab Suedi ist im Bereich der Untergangsstelle der Blue Belt durch einen terrassenartigen Aufbau gekennzeichnet. Er fällt in zwei bis drei Stufen auf etwa 100 Meter ab und erreicht später Tiefen bis zu 800 Meter. Im Detail dominieren gewaltige Korallenformationen mit Steilabbrüchen bis auf 18 Meter. Ihnen folgt eine etwa 80 Meter breite, leicht abfallende Sandfläche mit vereinzelten Korallenblöcken, bevor sie sich schräg auf 30 bis 35 Meter neigt. Die nächste Terrasse liegt zwischen 55 und 65 Meter unterhalb der Sporttauchgrenze. In weiterer Entfernung läßt sich nach einer erneuten Schrägen in 90 bis 100 Metern eine weitere Sandfläche unbekannten Ausmaßes erkennen, die sich aber nach Seekartenangaben alsbald in großen Tiefen verliert.

Für Taucher ist die Korallenwand und die erste Terrasse (18 bis 25 Meter) am interessantesten. Hier begeistern abwechslungsreiche Korallenstrukturen und artenreicher Fischbestand. In der stark zerfurchten Wand finden Korallenfische aller Art sicheren Unterschlupf, während die sandigen Terrassen den Rochen, Napoleons, Barrakudas und Riffhaien gehört. Draußen im Freiwasser tummeln sich große Thunfisch- und Makrelenschwärme. Bekannt wurde das Sha'ab Suedi insbesondere durch das Wrack der Blue Belt (Toyota-Frachter) und die vielen Hochsee-Haie, die vornehmlich in dem etwa 50 Meter breiten Kanal zwischen den beiden großen Riffteilen ihre Kreise ziehen. Wegen der großen Haie sind Dämmerungs- und Nachttauchgänge an der Blue Belt nicht zu empfehlen!

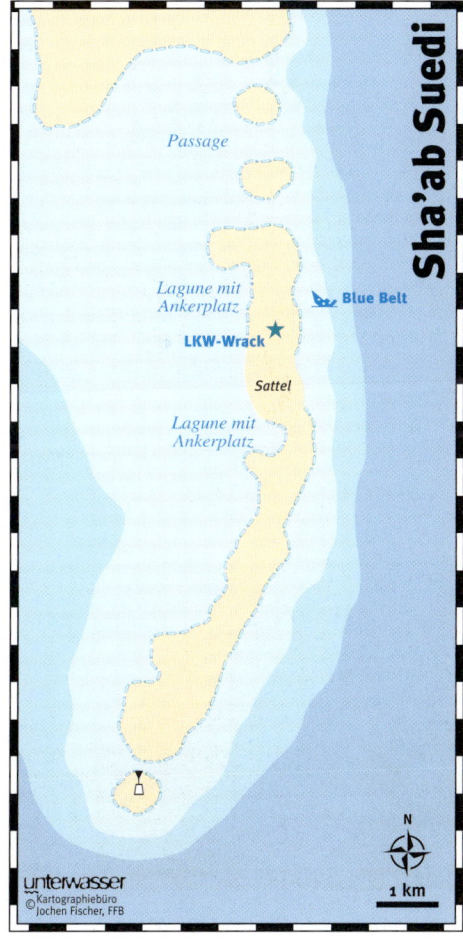

Wracks ziehen oft niedere Lebensformen an

Blue Belt – der Toyota-Frachter

Historisches

Veröffentlichungen über das Toyota-Wrack am Sha'ab Suedi vor der sudanesischen Küste basierten bisher eher auf Gerüchten und Spekulationen, als nachweisbaren Fakten. Die lange verwendete Bezeichnung „Blue Bell" konnte in Zusammenhang mit der Größe und Bauart des Wracks nirgendwo gefunden werden und erwies sich im Nachherein auch als falsch.

Bei diesem Schiff brachten die Spezialisten des Britischen Hydrographischen Instituts die Autoren auf eine neue Spur. Nach ihren zuverlässigen Angaben war der Name des Schiffs nicht Blue Bell, sondern Blue Belt (Blauer Gurt). Es fuhr zum Zeitpunkt des Untergangs unter saudi-arabischer Flagge. Diese Angaben finden sich auch bei Lloyds und dem Deutschen Schiffahrtsmuseum in Bremerhaven bestätigt.

Die Blue Belt lief am 26. November 1950 als die 2 398 BRT große „Hamburg" bei den Howaldtswerken Deutsche Werft AG in Hamburg mit der internen Baunummer 865 als klassischer Frachter vom Stapel. Das Schiff besaß vier Laderäume und zwei fünfzylindrige, 1600 PS starke Sulzer-Dieselmaschinen aus Schweizer Produktion, deren Kraft auf eine Schraube übertragen wurde. Bis zum Oktober 1953 lief sie unter der Flagge der Hamburg-Amerika Linie. Danach wurde das Schiff in Coburg umbenannt und fuhr bis 1971 für die HAPAG Lloyd AG weltweit auf den verschiedensten Routen. Am 7. Juli 1971 wurde es an die Nav. Panoceanica SA in Panama verkauft und trug den Namen Greenbelt. 1972 erwarb die Reederei Ahmed Mohamed Baaboud & Ahmed Mohamed Baghlaf in Jeddah den Frachter und nannte ihn von nun an Blue Belt.

Das Schiff befand sich am 2. Dezember 1977 mit eine Ladung neuwertiger LKWs, Pkws und Ersatzteile auf der Fahrt von Jeddah nach Port Sudan, als es aus ungeklärter Ursache vom Kurs abkam und mit dem Südteil des Sha'ab Suedi kollidierte. Bevor sie unterging, lag die Blue Belt mit Schlagseite eine zeitlang noch auf dem Riff. Es gab keine Menschenleben zu beklagen, das Schiff und die Landung mußten jedoch abgeschrieben werden.

Das Wrack heute

Die Position der Blue Belt befindet sich auf der Ostseite, direkt am südlichen Riffteil des Sha'ab, etwa 100 Meter vom Durchlaßkanal zum zweiten Riff entfernt. Ein sichtbares LKW-Chassis, das offensichtlich zur Ladung der Blue Belt gehörte, weist auf das Wrack hin.

Verschiedenen Quellen zufolge rammte die Blue Belt Sha'ab Suedi zunächst weiter südlich und verlor dabei einige der an Deck festgezurrten Fahrzeuge. Da die Überreste des LKW-Chassis (beide Hinterachsen, Rahmenteile und Kardanwelle) genau in dieser Richtung etwa 200 Meter

Die vielen Toyota-Fahrzeuge gaben der Blue Belt den Namen – Toyotafrachter

Das Wrack liegt kieloben – hier der Bug mit einem der beiden Anker

südlich von der eigentlichen Untergangsstelle auf dem Riff liegen, ist mit Sicherheit anzunehmen, daß der Aufprall aufs Riff vorher erfolgte. Eine große Schneise in der Korallenwand scheint die Vermutung zu erhärten. Das Schiff driftete noch weiter nordwärts, bevor es der unaufhaltsame Wassereinbruch sinken ließ. Vorher versuchte die Besatzung anscheinend, die Blue Belt noch zu retten, denn der am Schiff fehlende Steuerbordanker liegt abgerissen rechts einer gedachten Kiellinie riffaufwärts in der Korallenwand (10 Meter Tiefe). Es ist zu vermuten, daß das Schiff auf diese Weise bis zu einer Rettung am Riff gehalten werden sollte. Der zweite Anker an Backbord befindet sich in der ursprünglichen Position am Rumpf.

Nach Unterlagen des Britischen Hydrographischen Instituts verließ die Besatzung erst Tage später das Schiff, nachdem es bereits eine Schlagseite von etwa 20° erreichte. Die Blue Belt hielt sich laut englischen Informationen für mehrere Wochen auf dem Riff, bis sie kenterte. Deutsche Quellen nennen den 5. Dezember 1977 als Untergangstag. Festzustehen scheint, daß sich das Wrack im Februar 1978 nicht mehr an der Oberfläche befand.

Fraglich bleibt, wie sich das Schiff (wohl durch einen unbemerkten Kursfehler!) so weit von der offiziell ausgewiesenen Schiffahrtsroute entfernen konnte. Zwei Möglichkeiten wären daher denkbar. Entweder wurde es mit Absicht versenkt, oder man wollte möglicherweise für Port Sudan nicht deklarierte Teile der Ladung unbemerkt in der kleinen Bucht von Marsa Arakiyai an Land schaffen. Denn aus diesem Grund hätte die Blue Belt zwischen dem südlichen und dem mittleren Riff hindurchfahren müssen, geradewegs in Nähe des Untergangsortes.

Während des Sinkens drehte sich das Schiff in der Längsachse um 180° und blieb kieloben am Riff liegen. Der breite Boden läßt den eigentlichen Kielverlauf kaum erkennen, nur die etwa 50 cm hohen Schlingerleisten sind beidseitig klar zu sehen. An Steuerbord befinden sich noch schemenhaft Namensreste, die Backbordseite ist zur Namensrekonstruktion bereits zu stark bewachsen.

Folgt man vom Bug dem Kielverlauf über einen auffällig langen Riß, ist kurz danach der Rumpf in Kielnähe völlig verbeult und aufgerissen. Die Schäden lassen vermuten, daß entweder der Zusammenprall mit dem Riff sehr heftig war, oder sie ein längeres Festsitzen auf dem Sha'ab verursachten. Auch die Beschädigungen an der Ladung, den Fahrzeugen, sind gravierend, wobei die Autos im flacheren Bereich deutlich stärker zerstört sind als die in größerer Tiefe. Dieses ist aber eher auf den Einfluß von Brandung und Wellen an der Riffkante zurückzuführen als auf die Kollision.

Das Wrack beginnt an der Kante des Plateaus (20 Meter), die Bugspitze ragt ein wenig darüber hinaus. Auf der sandigen Ebene liegen die meisten Überreste der Ladung. Die Fahrzeuge, vorzugsweise Toyotas, verlieh der Blue Belt den bezeichnenden Beinamen „Toyota Wrack". Die Überreste der schweren, dreiachsigen Zugmaschinen, LKWs, Pkws und Pick-Ups sind bereits wunderbar bewachsen, weniger die verschiedenen Kunststoffteile und

Überreste der Fahrzeuge und Reifen bedecken die Riffterrassen

die verchromten Stoßstangen der Pkws, die im Sonnenlicht aufblitzen.

In den Morgenstunden läßt sich das Wrack am besten erkunden. Dann beleuchtet die im Osten stehende Sonne das Schiff besonders gut. Taucht man Steuerbord zum Heck, erscheint, dort wo am Rumpf die Schlingerleisten beginnen, ein breiter Durchlaß (35 Meter Tiefe) mit einem zweiten Sandplateau. Das Wrack liegt wie eine Brücke über diesem Absatz. Dort kann man herrlich unter dem Schiff hindurchtauchen (Achtung starke Strömungen!). Bugwärts befinden sich die zum Teil zusammengestauchten Vorschiffsaufbauten mit Türen und anderen Öffnungen. Darüber beginnt in Richtung Heck der erste Laderaum. An der Laderaumkante türmen sich PKW- Überreste, die beim Kentern nicht aus dem Schiff fielen. Steuerbord liegen neben dem Wrack in 45 bis 50 Meter Tiefe vier weitere Fahrzeuge.

Das Mittschiff mit der Brücke befindet sich 50 bis 60 Meter tief. Auch dort kann man unter dem Schiff hindurchtauchen (Achtung, ebenfalls starke Strömungen!). Deutlich sind Relingreste zu erkennen. Geknickte Masten mit Ladebäumen und Resten der Ladegeschirre bedecken den Grund. Die Aufbauten sind zum großen Teil zerstört. Von der Seite und dem Kiel kann man in dieser Tiefe aus der Distanz bereits das Heck der Blue Belt erkennen. Die Schraube (80 Meter) und die Heckreling (90 Meter) liegen für Sporttaucher zu tief!

Insgesamt ist die Blue Belt im Flachwasserbereich auch von Anfängern zu meistern, auch wenn die anfänglich trostlos erscheinende „Stahlhülle" sich oft erst auf den zweiten Blick als ein herrlich bewachsenes, interessantes Wrack erweisen mag. Der tiefer liegende Mittschiffsbereich in 50 bis 60 Meter liegt bereits unter der sicheren Grenze des Sporttauchens und bleibt deshalb nur erfahrenen Tauchern für einen distanzierten Blick vorbehalten.

TIP: Noch immer bedecken Öl und Diesel, die sich durch die Ausatemluft der Taucher aus dem Wrackinneren lösen, oft die Wasseroberfläche. Um diese Dämpfe nicht einzuatmen, empfiehlt es sich, nach dem Auftauchen bis zum Einstieg ins Boot den Atemregler im Mund zu lassen und die Tauchermaske aufzubehalten.

Blue Belt

Wrackdaten
GPS-Position: N 20° 13,605′ E 37° 18,913′
Länge über alles: 103,82 Meter
Breite: 14,30 Meter
Seitenhöhe: 9 Meter
Tiefgang: 6,26 Meter
Tragfähigkeit: 4 459 t
Vermessung: 2 398 BRT
Schiffstyp: Frachter
Antrieb: 2 x 5 Zylinder Sulzer Diesel (Winterthur, Schweiz), auf eine Schraube gekoppelt
Leistung: je 1 600 PS
Geschwindigkeit: 12 kn
Stapellauf: 26.11.1950
Bauwerft: Howaldtswerke AG
Baunummer: 865
Bauort: Hamburg
Land: Deutschland
Erste Reederei: Hamburg-Amerika Linie
Letzte Reederei: A & M Baaboud & A & M Baghlaf, Jeddah
Beladung auf der letzten Fahrt PKW, LKW, Ersatzteile
Besatzung: keine Angaben
Passagiere: keine Angaben
Sonstiges: Schiff traf das Riff etwas weiter südlich und driftete noch ein Stück nach Norden
Unfallursache: letztlich noch nicht geklärt
Untergang: 5.12.1977
Ort: Sha'ab Suedi
Hoheitsgewässer: Sudan
Ursache: vom Kurs abgekommen und auf Riff gelaufen
Verluste: keine

Wrackdaten
GPS-Position: N 20° 13,605′ E 37° 18,913′
Maximale Tiefe des Wracks: 90 Meter
Minimale Tiefe des Wracks: 20 Meter
Strömungen: schwach bis mäßig
Sicht: mäßig bis gut, besonders gute Lichtverhältnisse am frühen Vormittag
Sehenswert: die Fahrzeuge, das Vor- und Mittschiff mit den Durchlässen sowie das Riff am unmittelbaren Untergangsort

Sha'ab Rumi

Sha'ab Rumi ist ein länglich ovales Riff mit Nord-Süd-Verlauf. Im Süden warnt ein Seezeichen vor dem Riff, im Norden weisen die brechenden Wellen und sichtbare Korallenfelsen deutlich auf die Lage des Sha'abs hin. Das große Saumriff bildet im Inneren eine fast 50 Meter tiefe Lagune, die über zwei Zufahrten auf der Westseite erreicht werden kann. Etwa 50 Meter rechts der südlichen Passage (von Seeseite betrachtet) liegen die Überreste von Cousteau's bekannter Unterwassersiedlung Precontinent II aus dem Jahre 1963.

Ein taucherisches Muß ist die Südspitze des Sha'abs in direkter Verlängerung des Seezeichens. Sie gilt als einer der besten, der faszinierendsten Tauchplätze im ganzen südlichen Roten Meer. Das Riffdach ist verhältnismäßig eben, mit vielerlei Hartkorallen besetzt und Heimat für verschiedene Korallenfische. Die Kante des Hauptriffs ist zerfurcht, voller Spalten und Höhlen und fällt annähernd senkrecht von zwei auf 20 Meter ab, um anschließend in ein großes Plateau überzugehen, das an seiner Außenseite weiter abstürzt. Diese nachfolgende Abbruchkante des Drop Offs

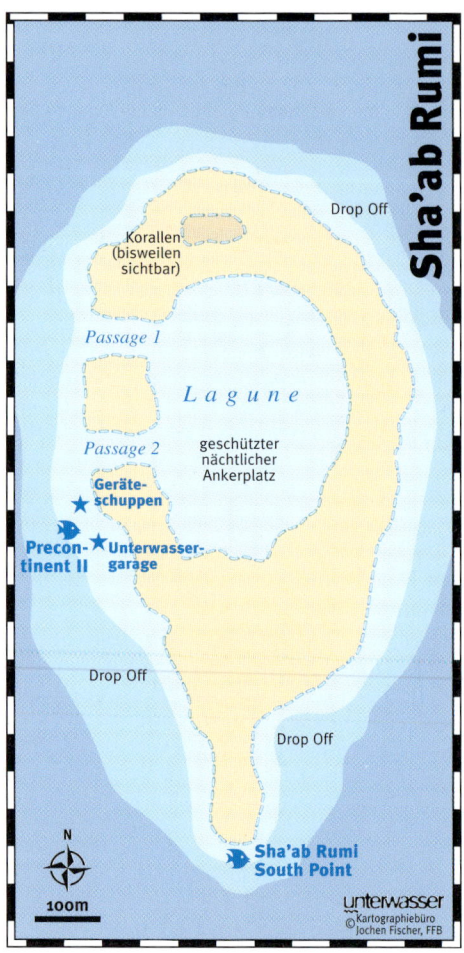

ist dicht mit Hartkorallen besetzt und steigt sogar wieder ein wenig an, bevor sie ab 27 Meter steil abfällt. In 70 Metern drückt sich auf der Südseite ein schmaler schräger Sandstreifen an das Riff, der aber alsbald in eine weitere Steilwand übergeht. Über dem Plateau und an seiner Abbruchkante, steht Fisch in unglaublicher Artenvielfalt, zumal an diesem Drop Off mit seinen östlichen Strömungen das Reich der Großfische beginnt.

Großaugenbarsche (*Priacanthus hamrur*)

Weichkorallenbewuchs findet sich selten an versunkenen Schiffen

Precontinent II

Historisches

Die Geschichte von Precontinent begann bereits im Jahre 1962, als Taucher erstmals zu dem Unterwasserhaus Precontinent I auf 12 Meter Tiefe vor Marseille abtauchten. In einem erfolgreichen, zweiwöchigen Experiment bewies der Tauchpionier Jacques Cousteau, daß Menschen für längere Zeit unter Wasser leben und arbeiten können.

Mit der Precontinent II führte er ein Jahr später ein längeres Experiment durch, mit mehr Tauchern und Material in größere Tiefen zum Sha´ab Rumi ans Rote Meer, etwa 20 km vor der sudanesischen Grenze.

Die Unterwassersiedlung wurde am Außenriff des Sha'ab auf einer sandigen Ebene errichtet. Ursprünglich bestand die Anlage aus mehreren Gebäuden und Wohneinheiten. Sie besaß ein Hauptgebäude, den „Seestern", mit einem zentralen Raum und weiteren Räumen in den abstehenden Armen, die später wieder demontiert wurden. Daneben errichtete man im „Seeigel" eine Unterwassergarage für ein „Mini"-U-Boot, das über 300 Meter abtauchen konnte. Zu den weiteren Einrichtungen gehörten ein Geräteschuppen für Scooter und Flaschen sowie haisichere Gitterkäfige in diversen Tiefen. Bis zu acht Mann lebten einen Monat in 12 Meter Tiefe im Seestern, während zwei Taucher eine Woche in einer tiefer gelegenen Druckkammer in Mischgasatmosphäre verbrachten. Diese Kammer konnte kurzfristig bis 110 Meter heruntergelassen werden. Mit dem ebenfalls sehr erfolgreichen Experiment Precontinent II legte Cousteau den Grundstein für das moderne Tieftauchen, das heutzutage im Off-Shore-Bereich bereits Routine ist. Eindrucksvolle

Der „Seeigel" war einst eine Art UW-Garage

Precontinent II – hier ist der „Geräteschuppen" zu sehen

Bilder der Precontinent II zeigt der später entstandene Film „Le Monde sans Soleil" (Welt ohne Sonne).

Precontinent II heute

In 6 Meter Tiefe steht zunächst einmal der ehemalige, heute gut betauchbare Schuppen für die Scooter. Das Dach liegt in gesamter Firstlänge auf etwa fünf Meter offen, genauso wie die beiden Einfahrten und Stirnseiten. Vorsicht an den beiden Eingängen! Dort verteidigen Titandrücker vehement ihre Eigelege auch gegen Taucher. Gleiche Fische „bewachen" übrigens auch die ehemalige Andockstation für das Mini-U-Boot. Das pilzförmige Gebäude steht noch immer auf massiven Stelzen. Das Dach ist bereits traumhaft mit Hart- und Weichkorallen bewachsen, die dort die Korrosionsschäden der Stahlhülle mit natürlichen Schönheiten überdecken.

Der „Seestern" kann von unten gefahrlos betaucht werden. Die ungewöhnlich dröhnenden Geräusche stammen von der Luftblase, die sich durch die vielen Besucher im Innern gebildet hat. Diese Luft entweicht deutlich hörbar durch die vielen Korrosionslöcher nach außen. Die Bullaugen vom Hangar fehlen bereits, lediglich ein festgeschweißter Tisch deutet noch darauf hin, daß hier einmal Menschen arbeiteten. Unterhalb der Station befindet sich eine Gedenktafel an einen 1973 verunfallten Mitarbeiter aus Cousteaus späterem Team. Unmittelbar davor fällt das Riff senkrecht bis auf etwa 40 Meter ab und geht in ein breites sandiges Plateau über, auf dem die Überreste der ehemaligen Fischkäfige zu erkennen sind.

Wingate Reef

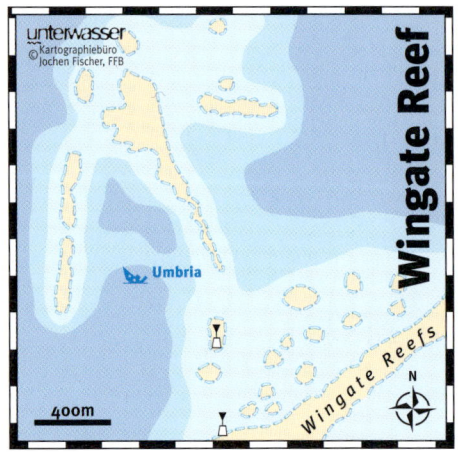

Das Wingate Reef liegt in unmittelbarer Nähe zur Hafeneinfahrt von Port Sudan und bot schon in der Vergangenheit durch seine Lage Schiffen einen gewissen Schutz, die in seiner Nähe auf Reede lagen. Taucherisch zeigt der längliche und mit seinen vorgelagerten kleineren Einzelriffen etwas unüberschaubare Riffkomplex wenig Attraktionen. Die Sicht ist durch die Hafennähe von Port Sudan nicht besonders gut, und von Nachttauchgängen sei wegen der akuten Haigefahr dringlich abgeraten. Das Wingate Reef hat eigentlich seine Popularität nur deshalb erhalten, weil hier das bekannteste Wrack des südlichen Roten Meeres, die Umbria am 9.6.1940 von seiner Besatzung selbst versenkt wurde. Zwar ragen in der Umgebung noch einige Reste anderer Wracks aus dem Wasser und die Wahrscheinlichkeit ist groß, daß es davon in dieser Region noch mehr gibt. Doch ist über sie nur wenig oder gar nichts bekannt und die nicht gerade berauschenden Sichtverhältnisse entsprechen ebenfalls denen an der Umbria. Die richtigen Highlights der Unterwasserwelt mit wunderbaren Riffkomplexen und zahlreichen Wracks finden sich hingegen weiter süd- bis südöstlich von Port Sudan und der alten Hafenstadt Suakin.

Steinkorallen lieben Wracks, wie am Schlepper von Abu Galawa Kebir

Schöne – für das Rote Meer typische – Fächerkoralle

Umbria

Historisches

Die Geschichte der Umbria, eines der berühmtesten Wracks im südlichen Roten Meer, reicht bis zum 30. Dezember 1911 zurück, als das Passagierfrachtschiff mit dem Namen »Bahia Blanca« in Hamburg vom Stapel lief. Auftraggeber bei der Reiherstiegswerft war die Hamburg-Südamerika-Schiffahrtsgesellschaft. Der Personendampfer aus der Glanzzeit der Passagierschiffahrt besaß zwei moderne Dampfmaschinen mit 4300 PS und zwei vierblättrige Schrauben. Um die Technik und das Wohl der 108 Gäste in der Zweiten Klasse und der 2300 Passagiere in den Zwischendecks kümmerten sich 81 Mann Besatzung. Die Jungfernfahrt am 14. März 1912 führte nach La Plata in Südamerika. Bei Ausbruch des Ersten Weltkrieges befand sich die Bahia Blanca in Buenos Aires. Die Argentinier, die Deutschland und die Monarchie in Österreich-Ungarn nicht unterstützten, legten das Schiff bis Kriegsende an die Kette.

Am 16. April 1918 wurde es an die argentinische Regierung verkauft, die den Dampfer bis Mitte der dreißiger Jahre im Liniendienst auf der Südamerika-Europa-Route einsetzte. 1935 erwarb sie die italienische Regierung. Neuer Eigner wurde die Italia-Schiffahrtsgesellschaft in Genua, die das Schiff Umbria nannte. Sie baute es zum Material- und Truppentransporter um, vergrößerte die Verdrängung von 9349 auf 10076 BRT und verlängerte es um fünf Meter.

Die Umbria verfügte nun mittschiffs über 129 Offiziersquartiere, während sich 2168 Soldaten auf weitere Kojen und die Laderäume verteilten. Am 1. Januar 1937 wechselte die Umbria erneut den Besitzer, der neue Reeder, der Lloyd Tristino, setzte das Schiff auf diversen Routen nach Libyen, in die Cyrenaica, nach Spanien, Albanien und den italienischen Besitzungen in Eritrea und Abessinien ein. Ende Mai 1940 trat die Umbria ihre letzte Fahrt an. In Genua, Livorno und Neapel bunkerte das Schiff riesige Munitionsmengen, darunter über 360000 Bomben, deren Gewicht etwa 6000 t betrug, sowie 60 Kisten Brandbomben und verschiedene Sprengmittel. Hinzu kamen Zementsäcke, Baumaterial, Kraftfahrzeuge, Flugzeugteile und Waren für Aden und Kalkutta, dem Endziel der Fahrt – insgesamt 8487 t. Am 28. Mai um 7 Uhr verließ die Umbria Neapel. Mit dieser Ladung ist das Schiff fast mit der Thistlegorm zu vergleichen, nur verlief ihr Kurs genau entgegengesetzt – in Richtung südliches Rotes Meer nach Ostafrika. Im sizilianischen Messina bunkerte die Umbria erneut Treibstoff und in Port Said am 3. Juni nochmals 1000 t Kohle und 130 t Wasser. Die Fahrt durch den Suezkanal – normalerweise eine Angelegenheit von wenigen Stunden – verzögerten 23 Soldaten der britischen Navy und zwei Lotsen, die sich an Bord befanden. Natürlich wußten die Briten von der brisanten Ladung und vom bevorstehenden Kriegseintritt Italiens an der Seite Deutschlands gegen England. Deshalb ließen sie das Schiff erst am Morgen des 6. Juni den Kanal passieren. Danach wurde die Umbria vom Kanonenboot Grimsby beschattet.

Der Kapitän der Umbria, Lorenzo Muiesan, konnte den Verfolger nicht abschütteln und ließ über Funk eine Nachricht nach Massaua absetzen, daß er „...wohl mit britischer Begleitung einlaufen würde!" Am Morgen des 9. Juni gegen 7.30 Uhr stoppte die Grimsby in Höhe des Hafens von Port Sudan die Umbria unter dem Vorwand, sie befinde sich in engli-

Der Bug der Umbria in unheimlicher Atmosphäre

Die Reling des Hecks ist mit Korallen üppig besetzt

schen Hoheitsgewässern, und man müsse das Schiff nach angeblicher Schmuggelware durchsuchen (der Sudan war bis 1956 britische Kolonie). Die Umbria ging am Wingate Reef vor Anker. Im Rahmen der auftragsgemäßen Zeitverzögerung brachten die Briten 22 Soldaten unter der Führung Leutnants Steves vom neuseeländischen Kreuzer Leander an Bord und besetzten alle wichtigen Punkte wie Maschinenraum, Brücke und Funkraum. „Vor der Kajüte des Kapitäns stand sofort eine Wache", erinnerte sich Muiesan. Steves begann eine zeitintensive Durchsuchung, während der unruhige Kapitän genau wußte, daß der Kriegseintritt kurz bevorstand. Am Nachmittag hörte Muiesan über Radio, daß Italien den Kriegszustand ab 19.00 Uhr Ortszeit ausrufen werde und die ersten Kampfhandlungen ab Mitternacht, den 10. Juni, beginnen sollten. Jetzt galt es schnell zu handeln, damit weder die Besatzung noch die wertvolle Ladung in gegnerische Hände fallen. Während sein Adjudant Danielo schon wichtige Papiere in der Kombüse verbrannte, planten der Kapitän, der Erste Offizier Rodolfo Zarli und der Bordingenieur Carlo Costa, wie die Umbria am schnellsten zu versenken sei. Natürlich mußte vorher die 77 köpfige Besatzung unauffällig von Bord. Kapitän Muiesan bat Leutnant Steves, eine Rettungsübung „Alle Mann in die Boote" durchführen zu dürfen, die Steves überraschend genehmigte. Kurz darauf kamen zwei Soldaten auf die Brücke und meldeten schwere Wassereinbrüche im ganzen Schiff. Gezwungenermaßen und wütend zugleich nahmen Steves und seine Soldaten mit an der Rettungsübung der Italiener teil, während ihm der Kapitän später an Bord der Grimsby ruhig vom Kriegseintritt Italiens und seinem Befehl zur Selbstversenkung berichtete. Mit zunehmender Schlagseite nach Backbord war die Umbria nicht mehr zu retten; der Kapitän und seine Männer gingen in Kriegsgefangenschaft, noch ehe der erste Schuß gefallen war.

Anfängliche Überlegungen der Briten, das Schiff zu heben und die für Port Sudan und die Schiffahrt brisant gefährliche Ladung zu bergen, wurden alsbald wieder verworfen. Stattdessen verfügte man ein „Annäherungsverbot an die Wrackposition" und überließ das Wrack sich selbst, von dem neben den Davits noch ein Mast aus dem Wasser ragte. Vier Jahre nachdem Kapitän Muiesan und seine Männer bereits aus indischer Kriegsgefangenschaft nach Hause zurückgekehrt waren, erschien 1949 ein junger Österreicher namens Hans Hass beim Gouverneur von Port Sudan, Bill Clark. Gute Kontakte zu Clark und dessen „englisches fable für spleenige Ideen" ermöglichten es Hans Hass, an der Umbria zu tauchen und die ersten spektakulären Unterwasserfotos vom Wrack zu machen. Mit der zunehmenden Bekanntheit von Hans Hass und seiner Filme stieg auch die Popularität der Umbria.

Das Wrack heute

Das Wingate Reef ist bei ruhiger See als heller Fleck vor Port Sudan deutlich erkennbar. Die Untergangsstelle der Umbria markieren vier bräunliche, gebogene Gebilde, die Davits an der Steuerbordseite. Sie ragen etwa 1 Meter aus dem Wasser. Das Schiff liegt mit 70 bis 80° zur Backbordseite geneigt. Das Vorschiff weist nach Nordwest; Bug und Heck liegen in 23 Meter Tiefe. Am Bug steht noch der Flaggstock, dahinter eine Ankerwinde. Als das Schiff auf Reede lag, waren beide Anker geworfen, deren Ketten sich heute im tiefen Blau verlieren.

In groben Zügen ist die Umbria wie folgt strukturiert: In der Richtung vom Bug zum Heck erhebt sich zunächst das Vorschiff mit großen Ankerwinden, gefolgt von den drei vorderen Laderäumen. Danach schließen sich die Mittschiffsaufbauten und Überreste der Brücke an. Weiter in Richtung Heck folgen zwei weitere Laderäume und abschießend das Achterdeck.

Der Vorschiffbereich ist bereits herrlich mit Korallen bewachsen. Auffällig ist, daß sich die Holzbeplankung an einigen Stellen auf den Decks sowie etliche der hölzernen Munitionskisten in einem guten Zustand befinden. Die drei vorderen Laderäume, alle mittlerweile ohne Abdeckungen, sind durch die geringe Größe der Öffnungen gekennzeichnet, die das hohe Alter des Schiffs belegen. In den Laderäumen stapeln sich dicke Kisten mit Zündern, Geschossen größeren Kalibers, Gewehrmunition sowie Leitwerke für Bomben, die später mit den Zündern und den Bombenkörpern verbunden wurden. Hinzu kommen diverse Baumaterialien und Fahrzeuge. Im ersten Laderaum lagern neben zahlloser Munition, verschiedenen Holzkisten und elektrischem Material Bün-

Die Umbria war ursprünglich als Bahia Blanca vom Stapel gelaufen

del von Druckschriften und einige große Flugzeugreifen mit der Aufschrift „Corde per aero". Im zweiten Laderaum stapeln sich in einer hinteren Ecke kleinere Granaten und/oder Bomben sowie kurze Stielhandgranaten. Die Sprengkörper, deren brisanter Inhalt nicht wasserlöslich ist, wurden üblicherweise von den Zündern getrennt transportiert.

Die extreme Labilität der Zünder macht die Ladung der Umbria höchst gefährlich, da sie in großer Menge überall offen herumliegen und auch noch nach langer Zeit explodieren können!

Im dritten Laderaum vor der Brücke liegen Zementsäcke hochgestapelt, die zusammen mit den Holzbrettern als Baumaterial vorgesehen waren. Hier türmen sich Kisten – die durch die Schräglage des Wracks verrutscht sind – und unterschiedlichste Zünder in Orginalverpackungen. Außerdem liegen schmale, lange Glasröhren unbekannter Funktion umher, sowie leere Weinflaschen und Gläser, die an Marmeladegläser erinnern. Die bekannten Flaschen mit Bergamotte-Öl wurden bereits von Tauchern „geborgen". Vom dritten Laderaum gelangt man über einen schmalen Durchlaß in weitere Unterdecks an Backbord, wo drei von hellbraunem Sediment bedeckte Pkws (Fiat 1100 Lunga) stehen. Sie wurden zwischen 1939 bis 1948 als modifizierte Sechssitzer (drei Sitzreihen) speziell für den Einsatz im unwegsamen Gelände der italienischen Kolonien Abessieniens und Eritreias hergestellt. Natürlich hinterließ auch hier die Sammelleidenschaft vieler Taucher Spuren. Es empfiehlt sich, dieses Unterdeck mit nur wenigen Tauchern gleichzeitig aufzusuchen, da die Ausatemluft binnen kurzer Zeit einen wahren Sedimentregen verursacht und sich die Sicht schnell verschlechtert. Die beiden hinteren Laderäu-

Taucher werden von den Laderäumen mit ihrer brisanten Fracht angelockt

me sind ebenfalls übervoll mit Munition, Zündern und anderem Kriegsgerät. Auch hier müssen sich Taucher sehr vorsichtig bewegen und vermeiden, daß Ladungsteile ins Rutschen kommen. Die Folgen könnten fatal sein.

Die Mittschiffsaufbauten sind noch zum Teil intakt, die Räume allerdings leer; die oberen, vermutlich aus Holz bestehenden Decks- und Brückenaufbauten sind verschwunden. Merkwürdig erscheint, daß die möglich hölzernen Einrichtungsgegenstände fehlen. Während hier das Holz annähernd verrottete, blieb es an anderen Stellen erhalten. Die Ursachen könnten chemische Prozesse, die durch die Munition ausgelöst wurden oder an den Lichtverhältnissen in den Laderäumen begründet liegen. Wer mag, kann hier die Umbria auch schnorchelnd erkunden. Im oberen Bereich befindet sich an Steuerbord in Relingnähe ein kleines Waschbecken aus Metall. Wer die Aufbauten näher inspiziert, erreicht auf der rechten Seite einen einzelnen Baderaum mit WC, Wanne und Waschbecken. Gegenüber befinden sich ein weiterer Waschraum und eine Latrine mit drei Toiletten. Weiter achtern liegt die Öffnung für den Schornstein an Deck. Luken auf dem Deck führen in das dunkle Innere des Wracks. Der Maschinenraum ist ebenso einen Besuch wert wie ein Werkstattraum mit einer alten Drehbank. Am Heck fehlt die Beplankung der Überdachung der alten Ruderanlage. Hier sind die Steuerketten zu erkennen, die zunächst frei liegen, um dann in kastenartigen Konstruktionen unter Deck in Richtung Brücke zu verschwinden. Am Heck liegen zwei kleinere Anker festgezurrt. Die Reling der Umbria ist vielerorts noch in einem erstaunlich guten Zustand und wunderbar mit Hartkorallen bewachsen.

Mittschiffs an der Backbordseite liegen die beiden abgeknickten Masten mit den Ladebäumen, der abgebrochene Schornstein, ein recht unbeschädigtes Rettungsboot sowie einige Windhutzen und andere Gerätschaften, die aus dem Wrack herausgefallen sind. In größerer Tiefe befinden sich im Heckbereich die riesige, vierblättrige Steuerbordschraube und das große Ruderblatt der Umbria mit klobigen Scharnieren. Die Backbordschraube versank tief in den Untergrund. Eine besonders schöne Stelle am Heck ist der Bereich unterhalb des Ruderblatts. Wenn man dort unter das Schiff taucht, eröffnet sich eine große höhlenartige Szenerie. In weiter Distanz leuchten grünlich diffus auf beiden Seiten zwei mögliche Ausgänge. Entweder man hält sich rechts und gleitet unter dem Kiel an der Steuerbordwand zurück ins Freie, oder man wählt den linken Kurs und gelangt längst der Backbordseite am hinteren, fünften Laderaum ins Freiwasser. Dort liegen einige Flaschen auf dem Grund sowie andere, nicht identifizierbare Gegenstände, die beim Kentern aus dem Laderaum gefallen sein müssen.

Mittlerweile hinterließen die unzähligen Taucher bereits deutlich erkennbare Spuren am Wrack. Trotzdem übt die Umbria nach wie vor eine besondere Faszination aus und sie garantiert spannende Wracktauchgänge. Und dieses auch noch nach fast 60 Jahren auf dem Meeresgrund.

Umbria

Schiffsdaten
Länge über alles: 155 Meter
Breite: 18 Meter
Seitenhöhe: keine Angaben
Tiefgang: 5,83 Meter
Tragfähigkeit: 6 219 ts
Vermessung: 10 076 BRT
Schiffstyp: Frachter/Passagierschiff
Antrieb: 2 x 6 Zylinder Dampfmaschinen, Reiherstieg-Maschinenbau
Leistung: 4 300 PS
Geschwindigkeit: 12,5 kn
Stapellauf: 30.12.1911
Bauwerft: Reiherstiegswerft, Hamburg
Baunummer: 444
Bauort: Hamburg
Land: Deutschland
Erste Reederei: Hamburg-Südamerika-Schiffahrtsgesellschaft
Letzte Reederei: Lloyd Tristino, Italien
Beladung auf der letzten Fahrt: Kriegsmaterial, Bomben, Autos, Flugzeugteile, Zementsäcke, Flaschen, elektrisches Material
Besatzung: 81
Passagiere: max. 2 297 (bei Untergang 77)
Sonstiges: keine Angaben
Untergang: 9.6.1940
Ort: Wingate Reef, Port Sudan
Hoheitsgewässer: Sudan
Ursache: Selbstversenkung
Verluste: keine

Wrackdaten
GPS-Position: N 19° 38,020' E 37° 17,410'
Maximale Tiefe des Wracks: 5 Meter
Minimale Tiefe des Wracks: 38 Meter
Strömungen: moderat
Sicht: meistens mäßig, denn das Wrack liegt in einem sedimentreichen Gebiet mit Strömungen
Sehenswert: Bug, Mittschiff, Heck und Schrauben sowie die Laderäume mit der Fracht und die Fahrzeuge

Die verschwundenen Wracks

Wenn in diesem Buch Platz für zwei nicht mehr betauchbare Wracks eingeräumt wird, mag sich der Leser zu Recht fragen, warum sie dennoch beschrieben werden. Einerseits möchten wir umfassend berichten, um dem interessierten Leser eine möglichst große Informationsdichte zu bieten, andererseits geraten „verschwundene Wracks" nur allzu schnell in Vergessenheit.

So ist die Ronaldshay so gut wie niemandem mehr bekannt, obwohl das Schiff bis in die achtziger Jahre im Hafen von Safaga lag und nach Äußerungen vieler Taucher zu den schönsten, damals bekannten Wracks zählte. Auch das Wrack der Jolanda, das zu Zeiten des einsetzenden Tauch-Booms in Ägypten noch erreichbar war, löst nur noch bei den „alten Hasen" schöne Erinnerungen aus und gerät zunehmend in Vergessenheit. Somit sollen diese beiden Kapitel auch Erinnerungen wachhalten. Denn Fragen nach den Wracks und ihren Geschichten werden auch in Zukunft gestellt werden. Fragen, die dieses Buch auch dann noch zu beantworten weiß.

Jolanda

Historisches

In der Nacht vom 1. auf den 2. April 1980 befand sich die Jolanda auf dem Weg zur jordanischen Hafenstadt Aquaba, wo die aus Containern mit Sanitärkeramiken, Rohren und Whiskeyflaschen bestehende Ladung gelöscht werden sollte. Während sich die gesamte griechische Besatzung einschließlich des Kapitäns über die Whiskeyvorräte (ca. 1000 Flaschen) hermachte, kam das Schiff vom Kurs ab. Dieses fiel sogar einer 60-jährigen Dame auf, die als einziger Passagier an Bord mitreiste, aber nicht helfend eingreifen konnte. Gegen Mitternacht rammte die Jolanda mit zwölf Knoten und unbesetzter Brücke das Shark Reef vor dem Ras Mohamed. Nur mit erheblichen Schwierigkeiten schaffen es die betrunkenen Seeleute, die Rettungsboote zu Wasser zu lassen. In den frühen Morgenstunden kenterte das Schiff. Noch heute gehen Gerüchte um, daß viele betrunkene Matrosen bei aufgehender Sonne im flachen Wasser gestanden haben sollen und noch immer nicht so recht begriffen hatten, was geschehen war. Ihr Frachter war offensichtlich gesunken, nur ein Teil des Bugs schaute als letzter Gruß aus den Wasser, bis auch er zwischen dem 4. und 5. April 1980 versank.

Für die weitere Geschichte des Wracks ist die politische Situation von 1980 im Sinai interessant. Das gerade abgeschlossene Camp-David-Abkommen wurde zu jener Zeit in territoriale Realitäten umgesetzt und der besetzte Sinai Schritt für Schritt von Israel an Ägypten zurückgegeben. Das Ras Mohamed war bereits wieder unter ägyptischer Kontrolle, die Seeherrschaft aber besaß noch immer Israel. Die Ägypter wollten, genau wie die Israe-

Bereits kurz nach dem Untergang hatten sich Korallen an der Jolanda angesiedelt

Licht-Schattenimpressionen am Wrack der Jolanda

lis, mit dem Untergang nichts zu tun haben. Sie riegelten zunächst das Gebiet um die Untergangsstelle ab. Dennoch konnten in einer unbemerkten, nächtlichen Aktion die Whiskyvorräte von einigen Tauchlehrern aus Sharm el Sheikh geborgen und auf die Tauchschulen verteilt werden. Nachdem allerdings die Versicherung dem Schiffseigner eine stolze Summe ausbezahlt hatte, verwarf dieser sofort alle Pläne einer weiteren Bergung der Jolanda.

Kurze Zeit später erschien ein spanischer Abenteuers namens Carlos auf der Bildfläche, der mit seinem Schiff und einigen verwegenen Gestalten durch das Rote Meer zu den Malediven fuhr. Er hatte Kenntnis vom Untergang der Jolanda erhalten. Mit der Versicherung des Reeders war er sich schnell einig, und schon stand ihm die Jolanda zum offiziellen Plündern zur Verfügung. Carlos brachte in der Tat einiges von der Schiffsladung zur Oberfläche, merkwürdigerweise kam er bald darauf bei einem Tauchgang an der in der Nähe liegenden Dunraven ums Leben. Die Leiche wurde nicht mehr gefunden. Seine Männer lichteten die Anker und verschwanden samt ihrem klapprigen Schiff in Richtung Süden. Von ihnen wurde in Sharm El Sheikh bis heute nie wieder etwas gehört.

Noch lag die Jolanda mit dem Bug in 12 Meter Wassertiefe, die Schraube berührte in 22 Meter den Grund. Taucher und Basisleiter aus Sharm konnten vorübergehend das Schiff mit dem Anker und der Kette am Riff sichern, um ein Abrutschen zu verhindern. Doch dann kam zunächst die „große Politik". Im Rahmen der völligen Rückgabe des Sinai an die Ägypter verwiesen diese zunächst alle Ausländer, die auf dem Sinai eine Tauchbasis betrieben, des Landes. Um die Jolanda kümmerte sich zwei bis drei Jahre keiner mehr, bis das Tauchen in Ägypten und im Sinai einen neuen Anfang nahm. Die Jolanda zeigte bereits ersten Bewuchs und avancierte schnell zu einem taucherischen Höhepunkt am Ras Mohamed, doch sie sackte ständig weiter ab. Im Mai 1981 rutschte sie vom Riff und hing mit dem gesamten Heck über dem Abgrund. 1987 neigte sie sich weiter. Die Schraube lag bereits auf 50 Meter. Die Jolanda wurde aber weiter betaucht und jeder hoffte, daß sie halten würde. Bei heftigen Stürmen riß am Abend des 15. März 1987 die Ankerkette und das Schiff begann seine letzte Fahrt über die Riffkante in unerreichbare Tiefen. Alle Suchen nach dem Wrack blieben erfolglos. Auch mit einem ferngesteuerten Roboter (Robin) mit integrierter Videokamera, der 1994 auf Veranlassung des Nationalparks Ras Mohamend die Rutschspur des Schiffs bis in 160 Meter Tiefe verfolgte, konnte die Jolanda nicht mehr gefunden werden und ist auch bis heute unentdeckt geblieben.

Die Untergangsstelle heute

Heute zeugen nur noch zerschmetterte Korallen von der Gewalt des Zusammenpralls zwischen der Jolanda und dem Riff. Zerfetzt und bizarr ragen Reste der Aufbauten und der Schiffsladung vom Meeresboden empor. Bruchstücke von Ladebäumen, Gegenstände des sanitären Bedarfs, sowie verbogene und zerbeulte Container bedecken den Grund. Nur eine blasse Schleifspur im Korallengestein zeigt auf den Weg, wo die Jolanda in die fast senkrechte, nicht mehr zu erreichende Tiefe hinabrutschte.

Ronaldshay

Historisches

Die Geschichte um die Ronaldshay ist leider nur genauso dürftig zu rekonstruieren, wie ihre Spuren, die sie im Sand des Hafens von Safaga hinterließ, als man das Wrack endgültig räumte. Das Schiff wurde 1922 als Schwimmbagger bei der englischen Werft W. Simon & Company gebaut. Sie war noch mit einer soliden Dreifach-Expansions-Dampfmaschine ausgerüstet und somit ein Schwimmbagger alter Bauweise. Wo die Ronaldshay in der Zeit vom Stapellauf bis zur Versenkung eingesetzt war, läßt sich derzeit nicht feststellen. Fotos und britische Aufzeichnungen dokumentieren, daß die Ronaldshay der damaligen Bengalischen Regierung gehörte und in Kalkutta registriert war.

Während des II. Weltkriegs kam der Bagger mit seiner Besatzung ins Rote Meer nach Safaga, wo er für Baggerarbeiten an der dem Hafen vorgelagerten Insel „Safaga Island" eingesetzt wurde. Am 21. Oktober 1942 soll laut einiger Aussagen ein deutscher Bomber, der sein eigentliches Ziel nicht finden konnte, die Ronaldshay mit einem Lufttorpedo versenkt haben. Die gewaltige Explosion riß den Rumpf weit auf, so daß das Schiff in kürzester Zeit unterging. Nur der Schornstein ragte noch bis in die sechziger Jahre aus dem Wasser heraus. Bei dem Angriff wurden 52 Matrosen und Arbeiter, einschließlich des Kapitäns, getötet. In den sechziger Jahren war die Ronaldshay eine beliebter Wracktauchplatz. Gerhard Lauckner erinnert sich an seine ersten Tauchgänge an der Ronaldshay:

„Wir haben das Wrack 1962, also genau 20 Jahre nach dem Untergang besucht und fotografiert. Möglicherweise waren

Die Ronaldshay war in den sechziger Jahren das Traumwrack schlechthin

wir die ersten Taucher an der „Shay", so wie wir sie kurz nannten. Das Wrack lag auf ca. 12 Meter Tiefe auf ebenem Kiel, etwa 80 Meter vor der Küste in Höhe der Wüstenstraße von Safaga nach Ghardaqua, kurz vor dem (damaligen) Ortseingang von Safaga. Der Schornstein des Wracks, ragte damals etwa vier Meter über die Wasseroberfläche. So war die Shay leicht zu orten. Inzwischen ist dort ein Militärhafen entstanden. Das Wrack lag lange mittendrin und wurde in der Zeit von 1987 bis 1990 geräumt*. Ich habe selbst die kläglichen Reste dieses wohl schönsten Rotmeer-Wracks an Land gesehen. Ich bin sehr häufig an der Ronaldshay getaucht und kannte das Wrack daher sehr genau. Der Torpedo hatte die „Shay" nicht direkt getroffen, sondern war seitlich vorn an Steuerbord im Wasser detoniert. Durch diese Druckwelle entstand ein riesiges Loch. Seine Größe ließ vermuten, daß das Schiff wohl in weniger als drei Minuten gesunken sein dürfte. Der Treffer lag genau in der Höhe des Mannschaftsraums. Die meisten der 52 Besatzungsmitglieder dürften sofort tot gewesen sein. Unter Deck haben wir in diesem Raum etliche Skelette bzw. Skelettreste gefunden. Es wäre, so meine ich, normalerweise ein Leichtes gewesen, die 80 Meter zum Land zu schwimmen, wenn jemand überlebt hätte".

* Ein Wrack räumen bedeutet, es unter Wasser in Teile zu zerlegen und völlig zu beseitigen. Ein Wrack bergen bedeutet, das ganze Objekt zur Oberfläche zu bringen

Wracks, die auf ihre Entdeckung warten

Über die Jahrtausende versanken im Roten Meer unzählige Schiffe, weit mehr, als man sich vorzustellen vermag. Die Aufzeichnungen des British Hydrographic Institute, das als kompetenteste Quelle anzusehen ist, erfassen sicherlich nur einen Teil aller versunkenen Schiffe in der Region. Dieses Register hat seinen Ursprung Ende des 19. Jahrhunderts, zu einer Zeit also, als die Schiffsbewegungen mit der Eröffnung des Suezkanals stark zunahmen. Deshalb kann es vorkommen, daß manche Eintragung fehlt und ein Wrack an anderer Stelle hervorragend dokumentiert ist, wie die Dacca. Sie fehlt in den Aufzeichnungen des Instituts, obwohl die damals renommierte Illustrated London News am 31. März 1890 ausführlich über den Untergang des Dampfseglers am Daedalus Riff berichtete.

Sicherlich sind zahlreiche Wracks, die im Flachwasser liegen und einfach zu betauchen wären, bis heute unentdeckt geblieben. Die große Begeisterung des Wracktauchens kam schließlich erst vor wenigen Jahren auf. Hinzu kommt, daß die meisten Taucher aus verständlichen Gründen nicht gezielt auf Wracksuche gehen können und sich daher vornehmlich bereits bekannten Wracks widmen. Ein Urlaub ist kurz und man kann es aus eigener Erfahrung nachvollziehen, wie sich die Stimmungslage an Bord eines Tauchschiffes entwickelt, wenn tagelang erfolglos nach einem Wrack gesucht wird, obwohl die „angeblich" genauen Koordinaten vorliegen. Auch den meisten Tauchbasisbetreibern reicht die Zeit für aufwendige Expeditionen nicht aus.

Die nachfolgenden Wrackbeschreibungen stützen sich allerdings auf nachprüfbare Angaben, vorzugsweise aus britischen Quellen. Viele der britischen Positionsangaben sind jedoch vage und bergen mancherlei Unsicherheit, obwohl davon auszugehen ist, daß die Schiffe auch tatsächlich in der Nähe der angegebenen Plätze liegen. Die nachfolgenden Beschreibungen sollen anregen und vielleicht den einen oder anderen dazu bewegen, sich auf die Suche nach diesen Wracks zu begeben. Denn es ist ein unbeschreibliches Gefühl, ein unbekanntes Schiff zu entdecken und es als erster zu betauchen.

Claus-Peter Stoll bei der Auswertung von Seekarten

Afghanistan

Historisches

Das Schiff war ein typischer, alter Dampfer des späten 19. Jahrhunderts, der im Februar 1897 im englischen West Hartlepool bei der Werft W. Gray & Co. vom Stapel lief. Angetrieben wurde es über einen Propeller von einer dreizylindrigen

Der brennende Havarist Al Quamar Al Saudi wurde versenkt

Verbunddampfmaschine, die die Firma Central Marine Engineering Works in West Hartlepool baute. Der erste und letzte Eigner des Schiffs war die Anglo Algerian Steam Ship Company, die von den Managern F. Strick & Co. geführt wurde. Die Afghanistan fuhr unter britischer Flagge und dem Kommando von Kapitän J. Hudson, die walisische Stadt Swansee war Registrierungshafen.

Die Afghanistan befand sich im Januar 1904 mit einer allgemeinen Ladung, darunter auch Gewehre, auf dem Weg vom schottischen Clyde nach Karachi. Sie geriet vermutlich durch einen Navigationsfehler vom Kurs ab und kollidierte am 22. Januar mit einem Teil des nördlichen Wingate Reef. Die Passagiere an Bord wurden von der Mukhibir gerettet. Seeleute der beiden Schiffe Odessa und Calioubeh versuchten noch weitere Ladung zu bergen. Am 10. Februar 1904 brachte eine Schlechtwetterfront die noch an Bord arbeitenden Berger in akute Gefahr. Das Schiff neigte sich bedrohlich zur Seite. Trotzdem gelang es, weitere Ladungsteile zu retten, wie eine Liste vom 19. Februar ausweist, die sich heute in der Bibliothek der Guidehall in London befindet. Wann das Schiff endgültig zerbrach und unterging, ist nicht bekannt. Auch gibt es keine weiteren Berichte über bisher schon unternommene Tauchgänge an der Afghanistan, oder über ihren Zustand. Nach den Positionsangaben des Untergangsortes müßte das Wrack 15 bis 30 Meter tief liegen.

Al Quamar Al Saudi

Historisches

Die Al Quamar war eine Fähre, die vorzugsweise die Route vom ägyptischen Festland nach Saudi Arabien bediente. Ursprünglich lief sie 1970 bei der italienischen Werft Cant. Nav. del Tirreno e. Rivniti-Riva in Trigoso im Auftrag der Dänischen Reederei DFDS A/S in Kopenhagen unter dem Namen Trekroner vom Stapel. Schon 1971 erhielt sie den Namen Dana Corona und einen neuen Heimathafen im dänischen Allborg, fuhr aber für dieselbe Reederei weiter. 1979 änderte der Besitzer nochmals den Namen auf Dana Sirena. 1984 verkaufte man die Fähre nach Saudi Arabien an die Al Sabah Maritime Services Co. in Jeddah, wo sie als Al Quamar Al Saudi II lief. Schon vier Jahre später verkauften die Saudis das Schiff nach Ägypten. Nun war Alexandria der Heimathafen und die Khaled All Fouds Company neuer Eigner. Das Schiff behielt seinen Namen, nur die „II" wurde gestrichen.

Über die Unglücksursache kann nur spekuliert werden. Fest steht, daß sich die Al Quamar Al Saudi auf der Rückfahrt von Jeddah nach Safaga befand, als sich etwa 30 sm vor dem ägyptischen Festland eine Explosion im Kesselraum ereignete und ein Feuer entzündete. Binnen kurzer Zeit ergriff der Brand das ganze Schiff, die etwa 500 Passagiere und 83 Mann Besatzung retteten sich in die Boote. 21 Menschen überlebten nicht, acht wurden nachweislich getötet, 13 gelten als vermißt. Das Schiff brannte völlig aus und trieb als schwimmendes Hindernis in der vielbefahrenen Schiffahrtslinie des Golfs von Suez. Deshalb versenkte ein amerikanisches Kriegsschiff den brennenden Havaristen mit einem Torpedo.

Nach den heute bekannten Positionsangaben müßte das Wrack in etwa 30 bis 40 Meter Tiefe liegen, allerdings dicht an der Schiffahrtslinie, so daß das Tauchen dort recht gefährlich erscheint.

Hadia

Historisches

Nicht sehr viel ist über dieses libanesische Frachtschiff bekannt, das im Süden in Küstennähe am 25. Januar 1970 unter-

Ein Wrack, das 1998 entdeckt wurde, könnte die Hadia sein

Die Maidan liegt vermutlich bei Rocky Island/Zabargad

ging. Nach Angaben des Britischen Hydrographischen Instituts befand sich die Hadia in der Anfahrt auf Abu Ghosoum, als sie in der Nähe von Ras Horkorab auf ein kleines Riff lief und sank. Die Geschichte des Frachters selbst läßt sich anhand der vorhandenen Lloyds-Unterlagen recht gut nachvollziehen.

Demnach lief das Schiff als typischer Vertreter der frühen Nachkriegszeit im Jahr 1949 bei der Smith's Dock Company Ltd. als Mataura 1949 vom Stapel. Auftraggeber war zu jener Zeit die Reederei A/S Norsk Transatlantic Carl Bruusgaard im norwegischen Oslo. Das Schiff war als Frachter konzipiert. Die Mataura hatte eine Vermessung von 1 952 BRT, war 108,70 Meter lang, 15,70 Meter breit und besaß einen Tiefgang von 6,33 Metern. Ein britisches, 4-zylindriges Dieselaggregat trieb das Schiff mit 1 400 PS an und machte es 11,5 Knoten schnell.

Im Jahre 1962 wurde die Mataura verkauft und in Orreholm umbenannt. Schon drei Jahre später, 1965, erfolgte ein Weiterverkauf an die libanesische Mena Shipping & Tourist Agency (Affaki & Leheta) in Beirut, die sie in Hadia umtaufte. Unter der Flagge dieser Reederei fuhr das Schiff weitere fünf Jahre, bis zu jenem verhängnisvollen 25. Januar 1970. Was genau der Grund für die Havarie war und was wirklich geschah, darüber gibt es zur Zeit keine detaillierten Informationen.

Maidan

Historisches

Die Maidan wurde auf der Werft von W. Hamilton & Co. Ld. in Port Glasgow für die T. & J. Brocklebank Ld. in Liverpool gebaut. Das 166 m lange und 19 m breite Schiff mit zwei Decks lief im März 1912 vom Stapel und war für seine Zeit ein richtiger Koloß. Die 4-zylindrige Dampfmaschine mit ihren 747 PS kam von D. Rowan & Co., ebenfalls aus Glasgow. In den späteren

Jahren wurde sie verändert, so daß die Dampfmaschine mit Öl befeuert werden konnte. Das Schiff befand sich nach britischen Quellen auf dem Weg von Kalkutta nach England, als es von seinem Kurs abkam und an Rocky Island scheiterte. Die Ursache dürfte dichter Nebel gewesen sein, der um Rocky Island und das benachbarte Zabargad häufig und vor allem plötzlich auftreten kann.

Die Maidan zählt zu den Schiffen, die sowohl im flachen, wie auch in tieferem Wasser liegen könnten. Ihr Untergangsort ist nur vage bekannt. Laut dem Britischen Hydrographischen Office in Taunton strandete das Schiff am 10. Juni 1923 an Rocky Island, 3 sm südöstlich der Insel Zabargad. Nach der ungenauen Positionsangabe der Briten müßte der alte Dampfer südöstlich der Insel, genau zwischen Rocky Island und einem Riff, das bis dicht unter die Oberfläche kommt, gesunken sein. Dieses Riff ist von Zabargad etwa 9 km entfernt. Dann allerdings läge sie unerreichbar zwischen 350 und 950 Meter Tiefe. In einer Textbeschreibung skizziert das BHO den Untergangsort merkwürdigerweise direkt an der Insel. Als dritte Möglichkeit bietet sich das Riff an. Wenn das Wrack direkt an der Insel oder dem Riff liegt, könnte die Maidan eines Tages wiedergefunden werden.

Muhaisna

Historisches

Die Muhaisna lief im September 1955 in der schwedischen Stadt Uddevalla bei der Werft Uddevallavarvet A/B als Cordelia vom Stapel. Die Maschine, gebaut von der Alpha Diesel A/S besaß acht Zylinder, leistete 960 PS und war mit der verstellbaren Schraube hydraulisch gekuppelt. Ab

Udo Kefrig überprüft mit einem GPS eine Wrackposition

1965 häuften sich die Namenswechsel. Zunächst hieß sie Marga, ab 1967 Minerva, ab 1971 Dina Elizabeth. Ein Jahr später wurde sie in John P. umbenannt, 1975 auf den Namen Ketty T getauft, 1976 hieß sie Al Khalij, 1978 Kuhlood und ab 1983 Muhaisna.

Über den Untergang der unter Ballast fahrenden Muhaisna ist kaum etwas bekannt. Der kleine KüMo mit einem Laderaum strandete am 10. August 1983 vor dem militärischen Sperrgebiet von Ras Shukheir in der Nähe von Ras Dib im Norden des Golfs von Suez und versank im flachen Wasser. Die Muhaisna befand sich auf der Fahrt von Limassol über den Suezkanal nach Somalia. Meldungen, die beim British Hydrographic Office in Taunton eingingen, besagen folgendes:

„Das Schiff liegt 100 m vom Strand entfernt hart auf dem Grund mit etwa 15° auf der Backbordseite. Möglich, daß es wieder flott gemacht und nach Suez geschleppt wird. Merkmale sind ein grauer Rumpf mit weißen Aufbauten. Allerdings darf die Muhaisna nicht mit einem anderen, wesentlich größerem Wrack verwechselt werden, daß nur 1 km weiter südlich unterhalb der Küste liegt".

Bei diesem Wrack müßte es sich mit größter Wahrscheinlichkeit um die Attiki handeln, die am 24. April 1978 hier strandete. Die letzten Beobachtungen datieren von 1983 und 1984. Danach wurden keine weiteren Einzelheiten mehr über die Muhaisna nach Taunton übermittelt.

Poliaigos

Historisches

Die unter der Flagge Zyperns fahrende Poliaigos hatte ein bewegtes Leben hinter sich, als der Frachter mit 5 000 t Zement am 29. Dezember 1980 etwa 1 sm – vermutlich westlich von Shadwan – versank. Das Schiff befand sich auf der Fahrt von Piraeus zum saudiarbischen Gizan, als es einer bevorstehenden Kollision mit einem anderen Schiff auszuweichen versuchte. Dabei lief die Poliaigos auf ein Riff und versank. Laut britischen Quellen bestand zu keiner Zeit die Chance, das Schiff zu bergen, da es angeblich in 100 m Wassertiefe liegen soll. Die Möglichkeit, daß es auch in geringerer Tiefe liegen könnte, ist aber genauso groß, denn das Rote Meer weist in dieser Region die unterschiedlichsten Tiefen auf. Zusätzlich sind die britischen Koordinatenangaben nicht sehr präzise. Denn danach müßte das Schiff mitten auf der Insel Shadwan liegen.

Die Poliaigos, die mit zwei Decks und drei Laderäumen ausgestattet war, lief 1946 unter dem Namen Ijssel bei der niederländischen Werft N.V. Koninklijke Maats. De Schelde B.V in der südwestlichen Hafenstadt Vlissingen vom Stapel, wurde aber erst 1949 in Dienst gestellt. Die 6-Zylinder Dieselmaschine kam von den Gebrüdern Stork aus dem zu Deutschland grenznahen Hengelo. Die Ersteigner des Frachters war die Firma N.V. Houtvaart, Vinke & Zonen aus Rotterdam. 1961 wurde die Ijssel in Pacaya umbenannt, verblieb aber in den Händen der Ersteigner. Erst 1964 erwarb die griechische Reederei Moreas Marine Co. aus Piraeus das Schiff und taufte es in Nissos Paros (Insel Paros) um. 1973 wurde der Frachter an die zypriotische Reederei Prassonissi Navigation Co. Ltd. in Limassol verkauft und Odigitria B getauft. 1983 erfolgte nochmals ein Verkauf innerhalb von Zypern, das danach bis zum Untergang Poliaigos hieß.

Scalaria

Historisches

Das Schiff lief im September 1921 als Tanker bei der englischen Werft Swan Hunter & Wigham Richardson Ld. in Newcastle vom Stapel. Die 3-zylindrige Dampfmaschine war bereits für eine Ölbefeuerung vorgesehen. Nach der klassischen Bauart alter Tanker befand sich die Brücke mittschiffs, während die Maschine aus Sicherheitsgründen achtern lag. Das Aggregat wurde von der Firma Wallsend Slipway & E. Co. Ltd. aus dem englischen Wallsend gebaut. Auftraggeber für das Tankschiff war die Anglo-Saxon Petroleum Co.Ld. die später von Shell gekauft wurde. Bis 1939 lief das Schiff im Auftrag der Eignerreederei auf den Weltmeeren, bis man die Scalaria noch im selben Jahr als schwimmende Ölbunkerstation nach Ras Gharib im nördlichen Teil des Golfs von Suez

Die Scalaria liegt dicht unter der Küste bei Ras Gharib

beorderte, wo sie dicht unter Land verankert wurde.

Am 19.10.1942 erfolgte ein überraschender Luftangriff auf die schwimmende Bunkerstation, die zum Zeitpunkt der Attacke mit 7 500 t verschmutztem Öl beladen war. Ein Lufttorpedo und Bomben versenkten das Schiff, das unter dem Kommando von Kapitän J. Waring stand, sofort. Elf Personen kamen dabei ums Leben. Vom historischen Standpunkt ist interessant, daß keine der uns vorliegenden Quellen angibt, welcher Nationalität das/die angreifende(n) Flugzeug(e) war(en). Naheliegenderweise müßte es sich um deutsche oder italienische Maschinen gehandelt haben. Die Wahrscheinlichkeit ist groß, daß es Italiener waren, die zu der Kriegsphase das Gebiet beherrschten (siehe auch den erfolgreichen Angriff italienischer Kampfschwimmer auf vier britische Schiffe im Hafen von Alexandria am 18. Dezember 1941).

Die Scalaria versank in relativ seichtem Wasser (10-12 m). Sicherlich waren Teile der Aufbauten noch für längere Zeit zu sehen. Nach Angaben ägyptischer Quellen – die letzte stammt vom 4. Juli 1987 – markiert heute ein Seezeichen den Untergangsort. Die letzte Positionsangabe der Ägypter für dieses Seezeichen ergibt N 28° 20' 038,8" und E 33° 07' 09,9 und weicht nur gering von den Angaben des Britsch Hydrographic Office ab.

Shillong

Historisches

Die Shillong ist für die Autoren eines der interessantesten Schiffe im nördlichen Roten Meer, das es zu finden gilt. Der stattliche Fracht- und Passagierdampfer ist es in der Tat wert, eine eigene Expedition auszurüsten, denn das Wrack ist immerhin 160 m lang und 20 m breit. Allen Angaben zufolge liegt die Shillong nicht tief; vermutlich zwischen 30 und 50 m und, wie das British Hydrographic Office meldet, auf der Seite. Bis Ende der fünfziger Jahre war die Untergangsstelle durch eine Boje gekennzeichnet, die aber bald verschwand. Seitdem ist die Shillong unauffindbar – doch wie lange noch?

Das Schiff der englischen P&O Company (Peninsula & Oriental), das am 9. Juni 1948 bei der englischen Werft Vickers & Armstrong in Walker on Tyne vom Stapel lief und am 5. März 1949 der Reederei übergeben wurde, befand sich am 22. Oktober 1957 unter dem Kommando von Kapitän E. J. Spurling auf der Fahrt von Hamburg über London und Aden nach Tsingtao, als es etwa 190 sm südlich von Suez mit dem belgischen Frachter Purfina Congo kollidierte. Ein großes Loch an der Backbordseite reichte, um die Shillong binnen kurzer Zeit versinken zu lassen. Beim Zusammenstoß kamen zwei Besatzungsmitglieder ums Leben, eine dritte Person starb beim Sprung in ein Rettungsboot. Die Überlebenden wurden vom dänischen Motortanker Shotland gerettet und nach Suez gebracht. Die meisten kehrten mit dem Passagierschiff Kenya der British India SNCo East African nach England zurück. Von der Shillong wird berichtet, daß sie Monate vor ihrem Untergang am 17./18. Juni 1957 das erste Schiff war, das nach der Suezkrise durch den wiedereröffneten Suezkanal die Heimreise nach England antrat.

Die P & O Company besaß schon vor diesem Passagierdampfer ein anderes Schiff mit gleichem Namen. Die erste Shillong wurde 1939 gebaut und 1943 durch ein U-Boot im Atlantik torpediert und versenkt.

Die Shillong zu finden wäre ein taucherischer Höhepunkt

Wrack-fotografie

Wracktauchen ist für jeden Sporttaucher eine besondere Herausforderung, insbesondere für Urlaubs- und Gelegenheitsfotografen. Entsprechend groß ist oft die Unsicherheit über Verwendung und Einsatz von Kamerasystemen, Filmmaterial und Brennweiten. Als Wracks bezeichnet man vornehmlich untergegangene Schiffe, aber auch versunkene Autos, Loren, Eisenbahnwagen und Flugzeuge. Es gibt sogar das »Wrack im Wrack«, wie LKWs auf versunkenen Frachtern. Wracks sind künstliche Riffe, an denen sich langsam das gleiche marine Leben einstellt wie im Umfeld. Die zerklüftete Struktur eines Schiffwracks bietet reichlich Motive, die es in einem Riff nicht gibt. An großen Wracks könnten sich kreative UW-Fotografen tagelang verwirklichen.

Fotosysteme

Vier große Kamerasysteme beherrschen den UW-Fotomarkt. Es handelt sich dabei um die Motormarine, das System der Nikonos V, um Spiegelreflexkameras im UW-Gehäuse sowie um die Nikonos RS. Motormarine und Nikonos V sind Sucherkameras. Man kann nicht durch das Objektiv schauen. Entfernung und Bildaufbau müssen geschätzt werden. Bei der Motormarine wird der 16-mm Weitwinkelvorsatz bevorzugt, die Nikonos V wird vornehmlich mit einem 15-mm-Weitwinkel bestückt, entweder mit dem Original oder einer Fremdlinse von Sea & Sea. Nah- und Makroaufnahmen sind bei diesen Systemen nur mittels Nahlinsen oder Zwischenringen möglich. An der Motormarine können wegen des Fixfokus-Objektives nur Nahlinsen aufgesetzt werden. Die Maßstäbe reichen von 1:3 bis 1:2, was ausdrucksstarke Aufnahmen zuläßt. Ähnlich ist es bei der Nikonos V. Ein Original-Nahaufnahmevorsatz für drei Objektive (28 mm; 35 mm – 80 mm) und drei unterschiedlich große Bildfeldrahmen überstreicht den Maßstabsbereich von 1:2,2 bis 1:6. Noch größer bilden Zwischenringe ab. Man montiert sie zwischen Kameragehäuse und Objektiv und erreicht mit dem 35-mm-Nikkor-Objektiv einen Abbildungsmaßstab bis 1:1, mit speziellen Ringen sogar bis 2:1.

Sehr variabel können Fotografen mit einer Spiegelreflexkamera hantieren. Das Wrack oder Teile davon können aufnahmetechnisch punktgenau plaziert werden. Man kann bei einer SLR (engl.: Abkürzung für Single Lens Reflex) Zoom-Objektive verwenden und bleibt deshalb sehr flexibel. Nirgendwo ist die Objektivauswahl größer als bei einer SLR, und die Gehäusehersteller tragen dem Rechnung. Für die meisten Weitwinkel gibt es Domgläser, teils entspiegelt, teils vergütet. Für Fotografen mit großen Ambitionen, Ansprüchen, Ehrgeiz und Geld, für Profis und Wettbewerbsfotografen bleibt die Nikonos RS die weltweit erste und bisher einzige wasserdichte SLR mit speziellen Objektiven, die ausschließlich für die UW-Fotografie konzipiert wurde. Vorteil dieser Ausnahmekamera sind ihre phantastischen Objektive mit höchster Brillanz und Eckenschärfe, die, gleich welcher Art das Wrackbild auch sein mag, für perfekte Abbildungsleistungen sorgen.

Brennweiten

Vorzugsweise wird man an Wracks mit starken Weitwinkeln oder Fisheyes fotografieren. Um mittelgroße Schiffwracks als Totale ablichten zu können, sind erstens

WRACKFOTOGRAFIE

Wracks sollten zuerst erkundet werden, bevor man innen fotografiert

eine gute Sicht (20 – 30 Meter), zweitens entsprechendes Licht (Wrack sollte nicht tiefer als 30 Meter liegen) und drittens ein Bildwinkel von mindestens 100° (entspricht einem 18-mm Weitwinkel an der SLR) erforderlich. Und noch etwas ist wichtig: Das Erscheinungsbild eines Wracks wird maßgeblich durch die Brennweite und deren optischer Abbildung beeinflußt. Herkömmliche Weitwinkelobjektive sind weitaus unproblematischer zu handhaben als Fisheyes. Der grundsätzliche Unterschied zwischen Weitwinkelobjektiv und Fisheye ist die Art der Darstellung eines Motivs. Weitwinkel bilden alle Geraden als solche ab, gleich wie sie im Bild verlaufen. Fisheyes vermögen dies nur, wenn die Gerade durch den Bildmittelpunkt läuft. Deshalb neigen sich bei Fisheyes am Bildrand stehende Objekte

kreisförmig nach innen. Man nennt das eine »tonnenförmige Abbildung«. Zusätzlich haben Fisheyes einen größeren Bildwinkel, in der Regel 180°, bei echten Weitwinkeln endet er bis auf ein nicht mehr bezahlbares Objektiv (118°) bei 114°. Wegen der tonnenförmigen Abbildung sind Fisheyes in der Wrackfotografie sehr behutsam einzusetzen. Das Bild muß vor dem Auslösen genau auf seine Wirkung überprüft werden.

Ein sichelförmig gebogener Mast mag ein ums andere Mal lustig oder auch interessant wirken, zu häufiger Einsatz erscheint dagegen langweilig. Man sucht sich deshalb einen Aufnahmestandort, der gewährleistet, daß keine übermäßigen Verzeichnungen vorkommen. Gleiches gilt für das Heben, Senken und Schwenken der Kamera, wenn ein Fisheye montiert ist. Kippt man die Kamera nach vorn, biegt sich das Wrack wie die Erdkugel, schwenkt man nach oben, bildet das Schiff die Form eines Halbmondes. Beides wirkt unnatürlich und kann nur durch eine horizontale Kameralage ausgeglichen werden. Extreme Verzerrungen gibt es, wenn man sich dem Wrack zu sehr nähert. Dann erscheinen Bullaugen als Höhlen und der entfernte 30 Meter-Mast als Streichholz. Mit diesen optischen Spielereien kann man sogar ein Spielzeugschiff zum Ozeandampfer „aufblasen", wenn man das Motiv entsprechend raffiniert fotografiert. Arbeitet man mit Super-Weitwinkeln, muß man natürlich die optischen Verzerrungen der dem Objektiv sehr nahe stehenden Motive ebenfalls beachten, doch bleiben die Abbildungen insgesamt von tonnenförmigen Verzeichnungen verschont. Fisheyefotografie an und im Wrack erfordert etwas Erfahrung mit großen Bildwinkeln, doch kommt man ohne die Großraumfotografie bei der immensen Ausdehnung der versunkenen Schiffe kaum aus.

Modell-Fotografie am Wrack

Neben einem Wrack wirken Taucher meist klein und hilflos. Und genauso sollten Sie Ihr Modell darstellen. Damit es optisch zur Geltung kommt, kann es zweckmäßig sein, den Partner freizustellen, also neben dem Wrack tauchen zu lassen. Gut macht sich immer eine Handlampe, sie sollte aber nicht ziellos in die Gegend strahlen, sondern ein Motiv anleuchten. Meistens ist es so, daß man an einem bekannten oder schönen Wrack mit einer Gruppe taucht, was der Bildgestaltung nicht gerade förderlich ist. Aber an diesem Zustand kann zumindest ein Urlaubsfotograf wenig ändern. Man sollte also abwarten, bis sich die Hektik gelegt hat; eventuell empfiehlt es sich, einige Minuten vor den anderen abzutauchen, sofern es sich einrichten läßt. Nachdem eine Tauchgruppe ein Wrack inspiziert hat, schwimmt man meist minutenlang im Trüben. An großen Wracks sondert man sich geschickterweise mit dem Partner etwas ab und sucht exponiertere Stellen, an denen weniger Taucher vorbeikommen. Je größer der Bildwinkel des Objektives, desto öfter bekommt man andere Taucher aufs Bild, die man bei aller Freundschaft eigentlich so gar nicht sehen wollte. Liegt das Wrack etwas tiefer (unterhalb von 30 Meter), muß, um allzeit blaues Wasser zu bekommen, auch einmal die Kamera etwas zur Oberfläche geneigt werden, damit mehr Licht ins Objektiv fällt. Man kann, wenn eine Koralle im Vordergrund angeblitzt werden soll, auch längere Synchronzeiten wählen, zum Beispiel 1/30 s, in Ausnahmefällen auch mal 1/15 s, doch sollte dabei immer auf einen guten Stand geachtet werden und der Partner darf dann natürlich nicht mehr schnell umherschwimmen (Unschärfe!). Die langen Verschlußzeiten ergeben im Resultat wiederum schönes blaues Wasser, selbst mit akzeptablen Blendenwerten. Bei weit offener Blende steigen zumindest mit einem Domglas die Unschärfen an den Bildrändern überproportional an, und die Vordergrund-Unschärfe

Der Bug des Segelschiffs von Abu Galawa zeigt wenig Bewuchs

Gute Tarierung ist beim Fotografieren ein „Muß"

nimmt drastisch zu. Beliebte Aufnahmeorte am Wrack sind die Schraube (dort wirkt der Mensch klein und unbedeutend, das Schiff aber mächtig und bedrohlich), das Steuerrad (Assoziationen mit dem Arbeitsplatz der Besatzung), Bullaugen (die Fenster zur weiten Welt), die Ankerkette (die stählerne Hand eines Schiffes) und Aufbauten wie Schornsteine oder Masten.

Sklavenblitzbilder

Die Wrackfotografie lebt auch von Licht- und Blitzeffekten. Sehr beliebt ist die Sklavenblitztechnik, weil diese Steuerung in fast allen Amphibienblitzgeräten serienmäßig eingebaut ist. Manche UW-Fotografen bestücken die Blitzgeräte mit roten, orangenen oder gelben Filtern, um die Wirkung der Blitzspots zu unterstreichen. Am natürlichsten wirkt aber immer weißes Licht wie bei Halogenlampen. Die Technik der Sklavenblitzfotografie ist weitgehend intuitiv. Es empfiehlt sich, die Blitzautomatik abzuschalten und manuell zu belichten – mit dem Mutter – und dem Sklavenblitz. Der Vordergrund sollte leicht aufgehellt werden. Dazu sucht man sich ein geeignetes Motiv am Wrack, etwa eine Weichkoralle an der Reling oder einen Schwamm auf dem Oberdeck. Eindrucksvolle Aufnahmen sind von einem Sklavenblitz durchleuchtete Glasfischschwärme, die man an jedem Rotmeerwrack findet. Der »Sklave« selbst darf nicht zu stark blitzen, sonst dominiert sein Licht die Aufnahme. Perfekt kommt seine Beleuchtung, wenn das von ihm abgegebene Blitzlicht das Motiv nicht überstrahlt, es in seinen Konturen aber klar zu erkennen ist. Aus diesem Grund muß der Sklavenblitz mehrere einstellbare manuelle Laststufen besitzen. Aus Erfahrung läßt sich sagen, daß 1/4 oder 1/8 Last in vielen Fällen paßt. Richtet man den Sklavenblitz nicht direkt auf das Objektiv, möchte aber trotz vorgeschaltetem Rotfilter immer sicher zünden, muß man einen separaten Sensor am Sklaven montieren, der sich beliebig in Richtung des Mutterblitzes ausrichten läßt. Diese Sklavensensoren vertreiben CFS, Aquasun, Subtronic und Ikellte sogar mit TTL-Steuerung.

Kabelblitzen

An und in Wracks wird aus der leider nur noch von wenigen UW-Fotografen gepflegten Kabelblitztechnik eine fototechnische Wunderwaffe. Anders als bei der Sklavenblitztechnik agiert der UW-Fotograf ausschließlich mit einem einzigen Blitz, den am besten das Modell in der Hand hält. Der Effektblitz ist durch ein 5–7 Meter langes Kabel mit der Kamera verbunden. Geblitzt wird ausschließlich manuell. Die Wirkung des Kabelblitzes ist um so intensiver, je größer der ungeblitzte Raum vor dem Blitzlicht ausfällt. Das Auge wird bei der Bildbetrachtung instinktiv auf den Blitzspot gelenkt, insbesondere dann, wenn ein attraktives Motiv angestrahlt wird. Achten Sie darauf, daß sich das Kabel nicht wie eine gestreckte Leine durchs Bild spannt. Es kann ruhig auf den Bildern zu sehen sein, es sollte aber locker um Korallen oder Schwämme gelegt werden, bzw. im Freiwasser durchhängen. Da man nie genau weiß, welche Wirkung der Kabelblitz entfaltet, muß das Modell einige manuelle Stufen durchspielen. Wird in Richtung Fotograf geblitzt, sind volle Leistungsabgaben nicht empfehlenswert. Meistens genügt eine Viertel- oder Achtelleistung, denn das Blitzlicht soll nicht überstrahlen, sondern bestenfalls für die farbliche Aufhellung von Korallen oder Fischen sorgen. Suggestiv gesehen ist die Wirkung

Schiffsschrauben wie die der Thistlegorm sind immer eine Attraktion für UW-Fotografen

einer perfekten Kabelblitzaufnahme wegen des nicht angeblitzten Vordergrundes in vielen Fällen allen anderen Blitztechniken überlegen.

Nah- und Makrofotografie

Auch wer kein Superweitwinkel- oder Fisheyeobjektiv besitzt, findet an und in Wracks ausreichend Motive für Makro-Optiken und leichte Tele-Zooms. Oft ist es so, daß sich an Wracks interessante Lebensgemeinschaften (Schleimfische, Nacktschnecken, Krebse und Federsterne) auf engem Raum befinden. Deshalb sind auch Nachttauchgänge an Wracks für Makro-Fotografen meist sehr ergiebig. Dafür sollten leicht betauchbare Wracks gewählt werden, die man schon kennt. Am erfolgreichsten wird man mit Makro-Objektiven der Brennweiten 50–60 mm und 90–105 mm agieren, wobei die Ausleuchtung mit den längeren Brennweiten weniger Schwierigkeiten bereitet, weil das Objekt bei gleicher Maßstabsgröße geometrisch weiter entfernt ist. Korallen, die auf der Reling wachsen, kann man im Gegensatz zu denen im Riff sehr gut freistellen und auf diese Weise einen blauen (Mischlicht) oder schwarzen Hintergrund (höherer Kontrast) erzielen.

Video am Wrack

Nahezu jedes Wrack, das in für Sporttaucher erreichbarer Tiefe liegt, bietet eine atemberaubende Kulisse für spannungsgeladene Einstellungen und Szenenfolgen. Wie ausführlich die gespenstischen Drehorte auf Videoband eingefangen werden können, entscheiden in erster Linie die Tiefe des Wracks und die Frage, wie viele Tauchgänge für die Produktion vor Ort absolviert werden können. Ein einziger Abstieg ermöglicht nur das Festhalten von oberflächlichen Eindrücken. Um das nachhaltig wirkende Portrait eines dieser stummen Riesen, der seinen letzten Ankerplatz in der bizarren Umgebung des Meeresgrundes gefunden hat, zeichnen zu können, gehört jedoch wesentlich mehr.

Vor Beginn der Aufnahmen ist eine ausführliche, historische Nachforschung nicht nur sehr hilfreich, sie entscheidet in vielen Fällen, wie intensiv die filmische Auseinandersetzung sein wird. Man erhält Informationen, in welchem Zustand und welcher Lage, Neigung und Ausrichtung das Wrack auf dem Grund liegt. Ob sich ein Frachter, eine Fähre, ein Passagierschiff oder ein Tanker als Motiv anbietet, welche Geschichte das Schiff charakterisiert und welche Geschehnisse den Untergang verantworten, sind grundsätzlich notwendige Infos für gezielte und optimierte Dreharbeiten. So ist man gut vorbereitet kommt schon beim ersten Tauchgang mit dem Videoequipment dem Filmer die schließlich vorgefundene Situation fast vertraut vor. Man hat den Blick frei für das Wesentliche, für die besonders charakteristischen Details, die man schon im Vorfeld durch die eingehende Recherche kennengelernt hat.

Sollten Wracks auf einer Tauchreise erst durch Zufall entdeckt und durch nachfolgende Abstiege erforscht werden, ist es ratsam, sich vorab einen Gesamtüberblick vom Wrack und seiner Umgebung zu verschaffen. Dazu unternimmt man vorzugsweise einen oder zwei Tauchgänge und erfaßt das Schiff mit einem weitwinkligen Übersichtsvideo. So kann man sich an Bord in Ruhe von der Situation ein Bild machen und schon wichtige Details erkennen, die dann ein weiteres Vorgehen erleichtern. Außerdem liefern solche „survey videos" später wertvolle Detailhinweise, wenn die Filmkommentare geschrieben werden. Zusätzlich können sie die Recherche über ein Wrack erleichtern.

Hilfen zur Orientierung

In Abhängigkeit der zu erwartenden Motive und geplanten Szenen muß die optische Ausstattung der Videoanlage vorbereitet werden. Ein Domeport mit Weitwinkel ist die richtige Bestückung für die ersten, ernsthaften Dreharbeiten am Wrack. Solche präzisen Übersichtsaufnahmen, die den Zuschauer in die Unwirklichkeit der Situation einführen, gelingen schon mit den ersten Erkundungen. Die eigene Orientierung und die des Publikums erleichtern Wracks, die aufrecht auf dem Grund liegen. Bei starker Schlagseite oder völlig auf der Seite liegendem Schiffsrumpf wie bei der Cedar Pride oder der Salem Express benötigt man Hilfsmittel um elegant im Bild sichtbar zu machen, wo oben und unten, links und rechts ist. Halbtotale Einstellungen mit Tauchern im Wrack, deren Luftblasen der Ausatemluft das Oben und Unten symbolisieren, sind eine einfache Hilfskonstruktion zur wortlosen Orientierung. Zudem muß man darauf achten Teile der mehr oder weniger stark bewachsenen oder zerfallenden Details ins Bild zu nehmen, die auch ein relativer Laie allgemein bekannten Schiffsaufbauten zuordnen kann.

Besonders imposant wirken Szenen, die das Wrack von unten, vom tiefsten Punkt aus, gegen die Wasseroberfläche zeigen, besonders dann, wenn der Bug noch völlig erhalten ist wie z.B. bei der Rosalie Moller oder der Thistlegorm. Ein Superweitwinkel ist für diese Einstellungen ein Muß. Soweit noch vorhanden lohnt sich auch ein spannend gestalteter Kamerablick auf das Ruderblatt mit der eventuell noch vorhandenen Schraube wie bei der Sarah. Ein Model mit Handlampe, das als Größenvergleich sehr wichtig ist, belebt gekonnt das statische Motiv. Das Model nicht zu nah vor der Kamera agieren lassen, da sonst die Gewichtung im Bild mehr auf dem Taucher als auf dem Schiffskörper liegt.

Das Gefühl für Größe und Ausdehnung kann nicht nur visuell durch extreme Weitwinkeleinstellungen, sondern auch durch den Faktor Zeit im Bild aufbereitet werden. Schwebt die Kamera in einer subjektiven Einstellung entlang der Reling, im fertigen Film unterschnitten von statischen Einstellungen prägnanter Wrackansichten, wird wortlos die Zeit für den Zuschauer nachempfindbar, die ein Taucher benötigt, Entfernungen zurückzulegen. Die subjektive Kamera begründet geschickt das Modell, das immer wieder im Bild sichtbar wird. Man sollte bei diesen spannenden Einstellungen jedoch immer einen Blick auf den Computer werfen, um unnötige Dekozeiten zu vermeiden. Doch meist liegen die Tauchtiefen für die Einstellungen von unten in Bereichen über 20 m. Getreu der Regel, die größte Tiefe zuerst aufzusuchen, produziert man diese Szenen zu Beginn des Tauchgangs und die Übersichtsaufnahmen von oben auf dem Rückweg zur Oberfläche.

„Saft" für den Camcorder

In vielen Fällen werden interessante Wracks erst bei mehrtägigen Törns erreicht. Die Stromversorgung der Videobeleuchtung wird in Frage gestellt, wenn das Bordnetz die volle Ladezeit der Lampenakkus nicht garantiert. In diesen Situationen beweisen Lichtsysteme mit Wechselakkus ihre besonderen Vorteile. Die Reserveakkus regenerieren auch während der Produktionstauchgänge, es ist immer genügend Licht vorrätig. Für besonders exponierte Expeditionen bieten sich solarbetriebene Ladestationen an, die eine gewisse Unabhängigkeit von bordeigenen Generatoren erlauben. Die Größe des Ladestroms ist abhängig von der Fläche der Solarzellen. Nur großzügig dimensionierte Sonnensegel können Akkupakete, die Lichtanlagen speisen, regenerieren. Allerdings ist je Akkueinheit einzuplanen, daß der Ladevorgang über Solarzellen etwa von Sonnenauf bis -untergang in Anspruch nimmt (bezogen auf das Sommerhalbjahr in südlichen Regionen). Natürlich können auch die Akkus von Camcordern mit Hilfe der Sonnenenergie geladen werden. Als Special sind für Videoeinheiten von Anbietern professioneller Batteriesysteme spezielle Lithium-Power-Packs zu beziehen, die ein Vielfaches an Kapazität des orginalen Akkus aufweisen. Man muß aber bedenken, daß diese Packs nicht regeneriert werden können und größer sind, als normale Zellen.

Im Unterwassergehäuse kann für das Notstrompaket der Raum zu knapp sein. Deshalb empfiehlt es sich, die Orginalakkus für den Unterwassereinsatz zu reservieren und die Lithiumreserve für die Sze-

Mit einer Videokamera wurden alle Wracks des Buches dokumentiert

nen über Wasser einzusetzen. Um charakteristische Details in Halbnahen- und Naheinstellungen zu zeigen, verzichtet man auf den Weitwinkelvorsatz und beschränkt sich auf die Bestückung mit dem Domeport. Jetzt kommt auch die Lichtanlage zum Einsatz. In der Mischlichtsituation von Produktionstauchgangen am Tag wählt man für den Nahbereich Brennerstärken ab 50 Watt je Scheinwerfer. Möchte man überstehende Aufbauten und deren Bewuchs gegen die Wasseroberfläche drehen, werden besser 100-Watt-Brenner vorbereitet. Besondere Lichtlösungen bieten Treble Light mit Anlagen, die je Einheit drei Brenner vereinigen, die einzeln schaltbar sind und so eine individuelle Anpassung der benötigten Lichtmengen an die Motivsituation erlauben. Mit bis zu max. 150 Watt (3 x 50 Watt) sind die Treble Light zu bestücken.

Große Vorsicht und gute Vorbereitung erfordern das Eindringen in Laderäume oder Kabinen. Hier vereinen sich die besonderen Anforderungen von Nachttauchgängen bis hin zu Situationen, die dem Höhlentauchen nicht unähnlich sind. Auf jeden Fall muß der Rückweg kompromißlos gesichert sein. Alleingänge oder spontane Aktionen beinhalten tödliche Gefahren. Ein Schott, das von der Strömung zugedrückt wird, nachdem es sich zunächst leicht öffnen ließ, kann zur Falle werden. In großen Wracks mit der Vielzahl von Decks und Gängen, kann man sich ohne Orientierungshilfe leicht verirren. Durch Flossen aufgewirbeltes Sediment und Rostflocken vernebeln sekundenschnell die Sicht, ebenso wie Reste von Öl aus den Treibstoffbunkern. Nicht nur, daß dann keine Aufnahmen mehr möglich sind, der Rückweg wird ebenfalls in Frage gestellt. Die Dramatik der verlassenen Innenräume ist im Filmbild oft nur schwer darstellbar. Mit Hilfe des Models, das zusätzliche Lichtinseln in der Tiefe des Bildes setzt, die die Beleuchtung der Videoanlage nicht mehr erreicht, kann zumindest das Ausmaß größerer Laderäume angedeutet werden. Aber nicht nur Licht aus der Hand des Models, auch abgesetzte Lichtquellen entfesseln in der Tiefe des Raums begrenzte Bereiche aus der Mystik undurchdringlicher Dunkelheit.

Gezielter Einsatz von Farben

Die Idee, einen Maschinenraum, einen Speisesaal in seiner gesamten Ausdehnung zu beleuchten, muß man in der Regel verwerfen. Geschickt ausgewählte Bereiche, die ihrerseits allein durch das Bild erklären, wo man sich befindet, erzählen ihre Geschichte. Mit Farbfiltern vor den Scheinwerfern kann man die Wirkung der irrealen Situation noch weiter unterstreichen. Kalte, blaue Farbfilter erzeugen das Gefühl von Unnahbarkeit, von Technik und von Befremdlichen. Die Maschine des Wracks oder andere technische Anlagen können so betont werden. Warme Farben wie Gelb, Orange und helles Rot gaukeln Nähe und Wärme vor. Kabinen oder Wohnbereiche können so optisch markiert werden. Stark rot getönte Filter sollten als dramaturgische Höhepunkte nur sparsam eingesetzt werden. Dunkles Rot spricht die Empfindung großer Gefahren an. Auf die Weise könnte man diese Farbgebung für die Bereiche der Untergangsursache sich vorbehalten. Außer zum Erzielen besonders überhöhter Bildaussagen sollte nicht ausschließlich mit eingefärbtem Licht beleuchtet werden. Die Anteile normaler Lichtfarben sind mit wenigstens 50 Prozent anzusetzen. Ruhige und überlegt gestaltete Einstellungen in Kabinen oder der Kommandobrücke, die zunächst über die Örtlichkeiten informieren, unterstreichen die Unwirklichkeit der Situation. Für den Zuschauer hilfreich können dann noch später einkopierte Pläne und Übersichtszeichnungen von dem Schiff sein. Wichtig zur emotionalen Einstimmung der Zuschauer sind zudem prägnante Naheinstellungen, zum Beispiel Hinterlassenschaften der Mannschaft und Passagiere.

Raum für bewegende Kuriositäten bieten skurril bewachsene Gegenstände des täglichen Lebens der ehemaligen Besatzung. Für das filmische Unterstreichen der abnormen Umgebung, sind Zwischenschnitte oder ausführlichere Beobachtungen der neuen Bewohner nicht zu vergessen. Es empfiehlt sich daher, der Flora und Fauna reichlich Film zu widmen. Mit allen Szenen, die aus den unterschiedlichsten Blickwinkeln, Einstellungsgrößen und Situationen zu einem eindrucksvollen Ganzen zusammenmontiert werden, entsteht ein charakteristisches Portrait der Vergänglichkeit. Es darf aber nicht übersehen werden, daß wenigstens vier bis fünf Tauchgänge am selben Wrack notwendig sind, um die erforderliche Menge gut gestalteter Szenen zu produzieren, die ein maximal zehn Minuten langer, fesselnder Film ohne technische Schwächen zeigen soll.

Die richtige Beleuchtung ist für Naheinstellungen wichtig

Biologie an einem Wrack

Das Meer und dessen Lebewelt nehmen Wracks als „Fremdkörper aus Holz und Stahl" schnell in Beschlag. Ein Schiffswrack stellt für Tiere und Pflanzen einen festen Ansiedlungsgrund und Unterschlupf dar. Im Gegensatz zum Land, wo ausschließlich Pflanzen an einem Standort verwurzelt sind, leben im Meer auch viele festsitzende Tiere. Das wird durch die physikalischen Eigenschaften des Wassers bedingt. Es besitzt eine höhere Tragfähigkeit als Luft. Ausscheidungsprodukte wie auch die Nahrung werden vom Wasser heran- und abtransportiert. Im Wasser treibt nämlich jede Menge „schwebendes" Plankton, das von festgewachsenen Tieren gefangen werden kann, wenn es vorbeitreibt. Natürliche Hartböden, auf die alle festsitzenden Meeresorganismen angewiesen sind, kommen im Meer gegenüber Sedimenten (Sand und Schlickböden) vergleichsweise selten vor. Da die Konkurrenz um einen Aufwuchsgrund im Meer ohnehin enorm hoch ist, sieht man vielfach Tiere und Pflanzen als sogenannte Epibionten (Aufsitzer) auf anderen Meeresorganismen wachsen. Panzer von Seeschildkröten und Schalen von Felsaustern sind oft mit Kalkröhrenwürmern, Seepocken und Algen überzogen. Ein Schiffswrack auf einem Sandgrund ist für Hartbodenbewohner eine willkommene Landungsstelle in einem unwirtlichen Lebensraum. Ein Schiffswrack bietet eine ökologisch vielfältig ge-

Die Linsensäcke in der Kimon M lockten zahlreiche Fische an

gliederte Raumstruktur und damit reichlich Ansiedlungsmöglichkeiten für Kalkalgen, Muscheln, Korallen und zahlreiche andere Lebewesen. Holzteile eines Wracks werden rasch von bohrenden Organismen befallen. Besonders bekannt ist der im Flachwasserbereich lebende Schiffbohrwurm, Teredo navalis, der Holzplanken schnell in Schweizer Käse verwandelt. Im Wasserkörper treibt auch eine Unmenge Bakterien, Kieselalgen und Larven, die bereit sind, sich auf einem geeigneten Untergrund dauerhaft anzusiedeln. Die treibenden (planktonischen) Stadien der Lebewesen dienen der Ausbreitung einer Art. Eine große Zahl festsitzender Meeresorganismen ist unwiderruflich an einem Platz festzementiert. Sie können bei Änderungen der Umweltbedingungen, Erschöpfung der Nahrungsquellen nicht mehr in günstigere Lebensräume abwandern. Nur über Verbreitungsstadien, die mit den Wasserströmungen zu neuen „Ufern" aufbrechen, kann sich eine Art im Verlauf der Evolution durchsetzen, selbst, wenn sie an ihrem ursprünglichen Standort nicht mehr überleben kann.

Die Besiedlung eines künstlichen, neu ins Meer eingebrachten Materials beginnt mit mikroskopisch kleinen Organismen. Unmittelbar nach dem Eintauchen lagern sich im Meer gelöste organische Verbindungen, Eiweiß- und Zuckerverbindungen, auf der Oberfläche ab. Innerhalb weniger Minuten setzten sich die ersten Bakterien fest. Sie wiederum nutzen die Eiweiße und Zucker als Nährstoffe. Ihnen folgen Kieselalgen (*Diatomeen*), die an belichteten Stellen dünne, bräunliche Überzüge bilden. Schließlich findet man einzellige

Es gibt kaum ein Wrack ohne Glasfische

Tiere (*Protozoen*), überwiegend Wimperntierchen (*Ciliaten*), die sich dann von den Bakterien ernähren. Es gibt mobile Arten, die den Bakterienrasen abweiden sowie festsitzende Typen, die sich Bakteriennahrung aus dem freien Wasser fischen. Manche Arten werden über einen Millimeter groß, die als ein hauchdünner weißlicher Flaum auf der Oberfläche erkennbar sind. Insbesondere an Holzrümpfen wächst auch eine Reihe mariner Pilze, die aber allesamt kaum mit dem bloßen Auge wahrnehmbar sind. Schließlich siedeln sich auch die ersten Sporen von Großalgen und Larven von Meerestieren an. Die gesamte Besiedlungsfequenz vollzieht sich in einem warmen Gewässer, wie dem Roten Meer, innerhalb von wenigen Tagen. In temperierten und kalten Meeresgebieten entwickelt sich die Besiedlung prinzipiell langsamer. Manchmal erscheint erkennbarer Bewuchs durch Seepocken erst nach einigen Wochen.

Niedere Tiere

Schon bald sorgen Schnecken, Seeigel, Seesterne und Fische für einen gewaltigen Fraßdruck. Ebene Flächen, ohne schützende Spalten, bleiben deshalb lange nur dünn besiedelt. Große Exemplare einer Art sind gegen Räuber besser geschützt als kleine und im Schutz eines älteren Nachbarn überstehen dann wieder andere Jugendformen. Es entstehen deshalb regelrechte Flecken mit dichtem Bewuchs.

In einem Korallenmeer mag es verwundern, daß manchmal auch nach einigen Jahren oft nur wenige Steinkorallen auf einem Wrack wachsen, wo es in lichtdurchflutetem Wasser doch einen vermeintlich idealen Aufwuchsgrund darstellt. Doch Muscheln, Röhrenwürmer, Seepocken, Weich- und Hornkorallen dominieren lange Zeit. Natürlich bestimmt die Tiefe und Umgebung eines Wracks sehr stark, welche Arten sich zuerst einfinden. Auch auf einem Wrack findet man wie in jedem reich gegliederten Lebensraum Zonen unterschiedlicher Besiedlung, je nach Strömung, Lichtangebot und anderen Umweltfaktoren.

Andere frühe Bewohner eines Wracks, wie Muscheln. Austern, Fels- und Stachelaustern (*Ostreidae, Spondylidae*) zementieren sich am Untergrund fest. Dazwischen sitzen immer wieder Wurmschnecken (*Vermetidae*). Sie verwachsen fest mit dem Untergrund und können sich im Gegensatz zu ihren anderen Verwandten nicht mehr bewegen. Mit ihren flach dem Substrat anliegenden, gedrehten Kalkröhren sehen sie Borstenwürmern zum Verwechseln ähnlich. Schwämme und Seescheiden erscheinen normalerweise erst nach einigen Wochen. Gründe dafür sind, daß sie langsam wachsen und wenige Larven ins Meer entlassen, die sich zudem meistens schnell in der näheren Umgebung des „Elterntieres" niederlassen. Krusten- (*Halichondriidae*), Krumen- (*Demospongiidae*) und Gelbe Kalkröhrenschwämme (*Clathrina*) sind häufig. Mäander-, Sternascidien (*Botryllinae*), Didemnidae und Keulenascidien (*Clavelliidae*) zählen zu den kolonialen Seescheiden. Die Einzeltiere sind in eine gemeinsame Hülle (*Tunica*) eingebettet. Schlauchascidien (*Asciidae*) sind dagegen mehrere Zentimeter hohe Einzeltiere, die gelegentlich in Gruppen zusammenstehen. Seescheiden und Schwämme erzeugen mit Wimpern einen Wasserstrom, mit dem sie Nahrung in den Körper hereinstrudeln. Sie sind deshalb als sogenannte Strudler in der Lage, selbst in schwach durchströmten bzw. Stillwasserbereichen zu siedeln. Dort wird man Filtrierer, z. B. Gorgonen und Polypentiere, die dazu nicht in der Lage sind, vergeblich suchen. In fast vollständig abgeschlossenen Räumen findet man eine eigenständige Höhlenfauna, die an ständige Dunkelheit und geringe Wasserbewegungen angepaßt ist.

Auch Korallen zählen zu den Spätbesiedlern. Gelbe Zäpfchenkorallen (*Tubastrea, Dendrophyllia*) besitzen keine symbiontischen Algen in ihrem Gewebe. Daher wachsen sie langsamer als riffbildende, lichtabhängige Steinkorallen. An gut beleuchteten Standorten unterlegen, dominieren sie aber an schattigen Stellen. Unter den riffbildenden Korallen zählen Erdbeerkorallen (*Pocillopora*) und schnellwüchsige Geweihkorallen (*Acropora*) zu den Arten, die als erste auf einem Schiffswrack anzutreffen sind. Manche Geweihkorallenarten erreichen Wachstumsraten von immerhin 15 Zentimeter pro Jahr. Langsam wachsende Arten, etwa die Porenkorallen sind zwar zahlreich an manchen Wracks, bilden aber überwiegend nur vergleichsweise kleine, massive Kolonien. Horn-, Leder- und Weichkorallen wachsen in recht großen Dichten an Wrackstrukturen. Hornkorallen mit ihrem biegsamen Hornskelett, das von einer lebenden, aus Polypen bestehenden Rindenschicht ummantelt ist, siedeln stets an gut durchströmten Stellen. Die ästigen Polypenfächer der Gorgonen wachsen stets senkrecht zur Hauptströmungsrichtung. Im Roten Meer ist die Riesengorgone, Subergorgia hicksoni, die häufigste Art. Sie wächst normalerweise an Steilwänden in Tiefen ab 20 Meter. Vergleichbare Wrackstrukturen bieten für sie ebenfalls einen geeigneten Lebensraum. Eine besonders brillante Färbung zeichnet die stachligen Prachtkorallen (*Dendronephthya*) aus. Sie besitzen eine bäumchenartige Gestalt. Im Gewebe des Stamms und der Äste sind weißlich glänzende Kalknadeln eingelagert. Ihr Rumpf entspricht einem wassergefüllten Schlauch, der in Ruhe zu einem schlaffen Sack kontrahiert. Insbesondere in der Nacht öffnen sich die Stöcke vollständig und entfalten ihre ganze Brillanz. Es gibt rote, orange, gelbe und violette Spielarten. Tote Mannshände (*Alcyonium*) bilden dicke, fleischige Kolonien, deren Kolonien ebenfalls bevorzugt während der Nacht expandieren, um aus der Tiefe aufsteigende Planktonkrebse zu fangen.

Fische und Kraken

Natürlich stellt ein Wrack nicht nur ein Domizil für festsitzende Arten dar. Auch Fische nehmen sehr rasch den neuen Unterschlupf wahr. Glasfischschwärme, Parapriacanthus ransonneti, stehen dicht gedrängt in Höhlungen zusammen. Süßlippen (*Haemulidae*), Lippfische (*Labridae*) und Igelfische (*Diodontidae*) durchstreifen die Schiffstrümmer. Rotfeuerfische (*Pteroidae*) schweben träge in Grundnähe umher. Sie vertrauen auf die Giftigkeit ihrer langen, weit abspreizbaren Flossenstrahlen, mit denen sie auch ihre Beute einkesseln. Ein Wrack wie die „Umbria", die dicht von Steinkorallen überzogen ist, lockt Papageifische (*Scaridae*) an, die mit knackenden Geräuschen Korallenstücke abbeißen. Auch Imperator-Kaiserfische, Pomacanthus imperator, und viele Falterfischarten (*Chaetodonidae*), deren natürlicher Lebensraum das Korallenriff ist, grenzen sich gerne ein Revier an Wracks ab.

Zackenbarsche (*Serranidae*) lauern in Spalten auf Beute und natürlich verbergen sich auch Muränen (*Muraenidae*) mit Vorliebe in geeigneten Höhlen. Sie ziehen sich tagsüber in ihre Quartiere zurück. Jede Muräne besitzt mindestens einen solchen Stammplatz, den sie nach nächtlichen Beutezügen wieder aufsucht. Berichte, die von Taucher attackierenden „Riesen-Murä-

Eine Muräne bewohnt den Bugbereich der Carnatic

nen" in Wracks erzählen, gehören in die Welt der Fabeln. Weiße Muränen, Siderea grisea, werden nur 40 Zentimeter lang. Braune Muränen, Gymnothorax javanicus, können zwar immerhin 2,50 Meter lang werden, doch greifen sie keine Menschen an, solange man sie nicht provoziert. Im Sandgrund unter Wrackteilen verbergen sich oft Stachelrochen (*Dasyatidae*). Ein größeres Wrack lockt auch Speisefische, wie Schnapper (*Lutjanidae*), Stachelmakrelen (*Carangidae*) und Makrelen an, die sich dort gelegentlich in Schwärmen zur Nahrungssuche einfinden.

Kraken (*Octopus*) nutzen alle Verstecke, die sich ihnen bieten.Somit bietet ein Schiff eine ideale Unterwasserlandschaft für sie. Zudem leben neben Fischen auch Krebse, eine weitere Lieblingsbeute großer Kraken, in großer Fülle an Wracks.

Putzergarnelen, wie die Weißband-Putzergarnele, Lysmata amboinensis, warten paarweise in einer Höhle auf Fische, die sich an der Putzerstation von lästigen Parasiten befreien lassen.

Auch Langusten (*Palinurus*) nehmen Wohnplätze in den Überresten eines Schiffes in Anspruch. An den Wänden eines Schiffsrumpfes kriechen etliche Schnecken und Stachelhäuter umher. Weidegänger raspeln mikroskopisch kleinen Bewuchs von der Oberfläche. Dazu zählen insbesondere viele Schnecken und Seeigel. Viele Nacktschnecken-Arten fressen nur ganz bestimmte Beutetierarten ab, meistens Schwämme, Polypen oder Seescheiden. Haarsterne (*Crinoidea*) klettern in der Nacht an erhöhte Plätze, um mit ihren Armen Nahrungspartikel aus der Strömung zu filtern.

Danksagung

Dieses Buch entstand nach mehr als drei Jahren intensiver Recherche, verbunden mit zahlreichen Tauchgängen. Sehr viele Taucher und Nichttaucher wirkten dabei mit, halfen und unterstützten uns bei unserem Vorhaben. Allen möchten wir ganz herzlich danken, gleichzeitig um Nachsicht bittend, wenn sie im folgenden nicht namentlich erwähnt werden.

Besonderen Dank richten wir an den Besitzer der Tauchbasis Orca Red Sea in Safaga, Volker Clausen. Seine detaillierten Wrack-Kenntnisse, sowie seine Kooperation und Ausdauer, auch unsere nahezu unmöglichsten Wünsche zu erfüllen, trugen maßgeblich zur Verwirklichung dieses Buch bei. Der Enthusiasmus des alten Wüstenfuches brachte uns sogar auf die Spuren neuer Wracks. In gleichem Maße geht unser Dank auch an Petra Röglin und Rolf Schmidt von den Sinai Divers, mit deren Hilfe und Entgegenkommen wir bislang unentdeckte Wracks an der Ostküste des Sinais betauchen konnten.

Ebenso bedanken wir uns bei Monika Wigget, Rudi Kneip und James & Mäc aus Hurghada, die uns mit wertvollen Details, Bildern und Informationen weiterhalfen. Gleichermaßen dankbar sind wir Gadi Ben Zev vom Red Sea Sports Club und dem Manta Diving Center, die uns bei der Rechereche und beim Tauchen an den Wracks vor Eilats Küste unterstützte.

Großen Dank schulden wir unserem spanischen Tourguide und Freund Ricard Buxo und seiner Frau Heike, durch deren profunde Ortskenntnisse und unermüdliches Engagement wir auf unserer letzen Expedition 1998 in den Süden Ägyptens weitere Schiffe betauchen und sogar unbekannte Wracks entdecken konnten.

Ein großes Dankeschön richten wir auch nach England an das British Hydrographic Office, Taunton, allen voran Mr. Holland (ret.), sowie an Mrs. Liza Verity (MIC) vom National Maritime Museum, Greenwich, Mrs. Elanie Hart von The Illustrated London News, London, Mrs. Lyn Palmer von der P&O Company, London und unserer unermüdlich hilfsbereiten und engagierten Freundin Sarah Ferrie, Helston. Ihrer Hilfe verdanken wir viele historische Informationen zu diesem Buch.

Air Aqua Reisen, Essen, Orca-Tauchreisen, Rosenheim und Sub Aqua Tauchreisen, München unterstützten großzügig unsere Reisevorhaben, die Fluggesllschaften Aero-Lloyd und LTU brachten uns stets sicher ans Ziel, und dieses mit Bergen von Übergepäck. Die namhaften Tauchsportartikelhersteller Mares und Scubapro stellten uns beste Ausrüstungen für unsere Expeditionen zur Verfügung. Ihnen allen danken wir für ihre Hilfsbereitschaft! Auch bei den ägyptischen Bootsbesatzungen, die uns mit guten Ortskenntnissen oft langes Suchen ersparten, bedanken wir uns, besonders bei den Crews der Schiffe Orca I, Orca II, Sub Aqua I, Number One und der Ghazala I.

Die Elektronikspezialisten von Lowrance John Ezendam, Benelux und Bertrand Picarda, Frankreich, ermöglichten uns mit ihrer Ortungstechnologie genaue Echolotaufzeichnungen zu erzielen und GPS-Positionen zu bestimmen, so daß wir punktgenau „Unsere Wracks" wiederfanden. Mit der Magnetometertechnik der britischen Firma Aquascan entdeckten wir sogar neue Wracks. Dafür bedanken wir uns ganz besonders, genauso wie bei den nachstehend aufgeführten Firmen und Personen, die uns mit Beiträgen, Hinweisen und Informationen weiterhalfen.

Abeking & Rassmusen, Lehmwerder; Aero Lloyd, Düsseldorf; Air Aqua Tauchreisen, Essen; Amsler, Kurt, Wädenswill, Schweiz; Anfields, Phil, Droitwich, Aqua Scan Ltd., Mr. Bob Williams, Gwent; Barakuda Club, Essen; BBC London, Caroline Hawkins, Hamptonwick; Becker, Klaus, Dr., Freiburg; Becker Technik, Wedel; Ben Zev, Gadi, Red Sea Diving Center, Eilat; Bergmann, Uwe, Hamburg; Bessert, Patrick, Eckernförde; Bilkent University, Ankara, Türkei; Blohm & Voss AG, Hamburg; Blue Star Line Ltd., London; British Hydrographic Office, Taunton, British Museum, London; Bundesarchiv, Koblenz Bundesarchiv – Abtl. Militärarchiv, Freiburg; Burrell, David – Cumnock, Aryshire; Buxo, Ricard & Heike, Hurghada & Barcelona; Chambre Syndical des Constructeurs de Navires, Paris; Capelle, van, Karin, Solingen; Clausen, Volker, Hurghada & Safaga; Colin Bruce, Imperial War Museum, London; Deutsches Archäologisches Institut, Dr. Dreyer, Kairo; Deutsches Schiffahrtsmuseum, Bremerhaven; Die Taucher, Waltraud Binanzer, Böblingen; Diver Magazine, Teddington; Ebel, Jürgen Ulrich, Telgte; Fedorovsky, Boris, Paris; Ferrie, Sarah, Helston; Frankh-Kosmos Verlags-GmbH & Co., Stuttgart; Französische Botschaft, Bonn; Frei, Herbert, Pforzheim; General Register and Record Office of Shipping and Seamen, Cardiff; German Archaeological Institute, Cairo-Zamalek; Goldschmidt, Michael, Tulling; Griechische Botschaft, Bonn; Gsell, Pit, Marina di Campo, Italien; Haberler, Gustl, Augsburg; Haldane, Cheryl Prof., Alexandria; Hawiadag, Serag, Kairo, Egypt; Hasenpflug, Sue, Rosenheim; Holfelder, Dicksy, Bad Säckingen; Hotel Aquamarina, Aquaba, Jordan; Imperial War Museum, London; Institute of Nautical Archaeology, A & M University, Texas; James & Mäc, Hurghada; Jane's Information Group, Coulsdon, Surrey; Jasmin Diving Center, Hurghada; Juliana Constructora Gijonesa S.A., Gijon; Kerll, Karl-Heinz, Münster; Kieler Howaldtswerke Deutsche Werft AG., Kiel; Kleijn, Rudi, Rozenburg, Niederlande; König, Peter, Aue/Erzgebirge; Kursawe, Simon, Kretzschmar, Ralf, Osnabrück, Unterwasser-Filmaufnahmen; Laing Art Gallery, Newcastle Upon Tyne; Larcombe, Colin, London/ Brighton; Lauckner, Gerhard, List auf Sylt; Löw, Monika, Osnabrück; Lloyd's of London, London; Lowrance Europe, Bertrand Picarda, Frankreich; Lowrance Europe, John Ezendam, Belgien; LTU, Düsseldorf; Manta Diving Center, Eilat; Minentauscherkompanie, Eckernförde; Motorbuch Versand, Paul Pietsch Verlage, Stuttgart; Museum in the Docklands – Libary & Archive, London; Museum of Army Transport, Flemingate, Beverly; National Geographic Society, Washington; National Maritime Museum, Verity, Liza Mrs. (MIC), Greenwich; Newcastle Discovery Museum, Newcastle upon Tyne; Northumberland and Durham Family History Society, Jarrow; Orca Red Sea, Safaga; Orca Tauchreisen, Rosenheim; P & O Company, London; Public Record Office, Kew, Richmond; Red Sea Surveyor Ltd., Sarah Hillel; Reederei Oldendorff, Lübeck; Riens, Ralf, München; Robinson, R.T., Tyne & Wear; Röglin, Petra, Sharm el Sheikh; Royal Armoured Corps Museum & Royal Tank Regiment Museum, Bovington, Rudi Direkt, Hurghada; Rudolf Augstein Verlag, Red. der Spiegel, Hamburg; S.A. Juliana Constructora Gijonesa, Gijon; Schiffahrtsmuseum, Senden, Schmidt, Rolf, Sharm el Sheikh; Schütz, Petra, Dtsch. Schiffahrtsmuseum, Bremerhaven; Sea Breezes Journal, Jocast Ltd., Liverpool; Shipwreck & Marine, Richard Larn, St. Austell; Sinai Divers, Sharm el Sheikh; Spanische Botschaft, Bonn-Bad Godesberg; Strathclyde Regional Archives – Mitchell Libary, Glasgow; Stanier 8F Locomotive Society Limited, Rob Newman, Bromsgrove; Sub Aqua Tauchreisen, München; Scubapro, Bad Säckingen, Swoboda, Heinz, Wien; The British Libary, London; The Illustrated London News, Miss Elanie Hart, London; The Local Studies Dept., Sunderland Central Libary, Sunderland; The Salvage Association, London; The Shell Transport & Trading Company, London; The World Ship Society, Welwyn Garden City; Theodor Siersdorfer, Prof. Dr., Essen; Timmer, Ralf, Wolfenbüttel; Tyne & Wear Archive Service, Newcastle upon Tyne; unterwasser, Redaktion, Olympia Verlag, Nürnberg; Verlag Gerd Uwe Detlefsen, Bad Segeberg; Wigget, Monika, Hurghada; Wilesco, W. Schröder Metallwarenfabrik GmbH & Co., Lüdenscheid; Williams, Bob, Gwent; Williams, D.G.A., Norwich

Quellen und Fachliteratur

▶ Bergbauer, Matthias; Kirschner, Manuela; Göbel, Holger; **Tauchreiseführer Rotes Meer – Ägyptische Festlandsküste**; Delius Clasing, Edition Naglschmidt, 1. Auflage, Stuttgart 1995
▶ Buckles, Guy; **The Dive Sites of the Red Sea**, Gladdis & Sons, Publishers, 1. Auflage 1995, Luxor, Ägypten
▶ Buttkus, Eilhart; **Deutsche Seerederei - Von der Staatsflotte zur privaten Holding**; Verlag Gerd-Uwe Detlefsen, 2. Auflage 1996, Bad Seegeberg
▶ Buxo, Ricard; **Tauchen im Süden, Kleiner Führer durch das Südliche Ägyptische Rote Meer**; Eigenverlag, email: r-buxo@hotmail.com, 1. Auflage 1996, Hurghada, Barcelona

QUELLEN

- Cohen, Shlomo & Roni; „**Red Sea Diver's Guide**"; Seapen Books; 1. Aufl. 1994, Ramat Hasharon, Israel
- Davis, Stephen; Morgan, Elaine; **Red Sea Pilot**; Imray Laurie Norie & Wilson; 1. Auflage 1995, Huntington, England
- Debelius, Helmut; „**Unterwasserführer Rotes Meer**"; Verlag Stephanie Nagelschmidt; 2. Aufl. 1990 Stuttgart
- Detlefsen, Gerd-Uwe; **Jubiläumschronik der E.O.-Schiffe**; Verlag Gerd Uwe Detlefsen; 1. Auflage 1995, Bad Segeberg
- Doubilet, David; Ghisotti, Andrea; **Rotes Meer, Enzyklopädie der Unterwasserwelt**; 1. Auflage 1993 Jahr-Verlag, Hamburg
- Dudszus, Alfred; Köpcke, Alfred; **Das Große Buch der Schiffstypen**; Weltbild Verlag GmbH; 1. Auflage 1995, Augsburg
- **GEO Spezial: Ägypten**; Nr. 3 Juni 1993; Gruner und Jahr AG, Hamburg
- Ghisotti, Andrea; Carletti, Alessandro; Colombek, Hanan; „**Tauchführer Rotes Meer**"; Jahr-Verlag; 1. Auflage 1994, Hamburg
- Hanauer, Eric; „**The Egyptian Red Sea**"; Watersport Publishing Inc.; 1. Auflage 1988, San Diego, Ca., USA
- Harrison, Pete; Regal Andy; **A Diver's Guide to the Red Sea (Regal Holidays)**; Eigenverlag; email: andy@regal-diving.co.uk; 1. Auflage 1998
- **HEPCA Red Sea**; **Der Offizielle Tauchführer (Hurghada & Safaga)**; 1. Auflage 1998; Hurghada, Ägypten (ISBN 2068/98)
- James, Schulz, Eppers; **Rotes Meer**; BLV-Tauchreiseführer 1994, BLV-Verlagsgesellschaft mbH.; 1. Auflage 1994, München
- **Jane's Fighting Ships**; Edition 1988; England
- Kefrig, Udo; Mietz, Christian; Stoll, Claus-Peter; **Tauchreiseführer Rotes Meer**; Naturbuch-Verlag; 1. Auflage 1996, Augsburg
- Kefrig, Udo; Mietz, Christian; Stoll, Claus-Peter; **Taucher Guide – Die 50 schönsten Tauchreviere der Welt**; Zeitgeist-Verlag, Düsseldorf; 1. Auflage 1996
- Kirschner, M., Göbel, H., M. Bergbauer; **Tauchreiseführer Rotes Meer**, Sinai; Delius Klasing, Edition Naglschmidt; 1. Auflage, Bielefeld/Stuttgart 1997
- M. Kirschner, H. Göbel, M. Bergbauer; **Tauchreiseführer Rotes Meer, Ägyptischer Festlandsküste**; Delius Klasing, Edition Naglschmidt; Auflage, Bielefeld, Stuttgart 1995
- Mietz, Chr., Ippen, W.; **Tropische Meeresfische**; Naturbuch Verlag; 3. erw. Aufl., Augsburg, 1993
- Ministery of Defense Register; **British merchant vessels lost or damaged by enemy action, during the second World War**; London 1947
- Ostler, Reinhold; **Handbuch für Unterwasser Schatzsucher**; Pietsch Verlag; Auflage 1995, Stuttgart
- Ritter, Heinz; Debelius, Helmut; **Rotes Meer**; Stürtz Verlag; 1. Auflage 1988, Würzburg
- Scheyer, Werner; Wedegärtner, Markus; **Tauchsport Sonderbrevets „Wracktauchen"**; Verlag Stephanie Nagelschmidt; 1. Auflage 1993, Stuttgart
- Sillner, Ludwig; **Ein kleiner Sprung ins große Meer**; Kosmos-Reihe, Frankh'sche Verlagshandlung, W. Keller & Co.; 1. Auflage 1968, Stuttgart
- Sinai Divers – Freies Autorenteam; **Sinai – Dive Guide**; Sea Level Productions; 1. Auflage 1996, Sharm el Sheikh, Ägypten
- **Stern**; Ausgabe 3/1970; Gruner und Jahr-Verlag, Hamburg
- SSI (Scuba Schools International); **Wracktauchen**; SSI Germany, Walldorf; 1. Auflage 1996
- Timble, Ashley; Lovegrove, Keith; **Dive Plan, Red Sea The Tiran Straits to Ras Mohamed**; Dive Plan Ltd. London, England; 1. Auflage 1996
- Vine, Peter & Schmid, Hagen; „**Red Sea Exploreres**"; Immel Publishing; 1st. Edition 1987, London England

Quellen und Fachpresse

- **Aquanaut**; Dillier & Co – WIP Media Verlag; CH-Scherzingen
- **Delphin**; Jahrgänge 1954–1977
- **Der Taucher**; Jahrgänge 1973–1977
- **Nugget**; Nugget-Verlag; Niedernhausen
- **Submarin**; Jahrgänge 1973–1982
- **Tauchen**; Jahr-Verlag GmbH & Co KG; Hamburg
- **Taucher News**; H. Samel Verlag; Freilassing
- Olympia-Verlag GmbH; Nürnberg

Nachwort

Selten wurden Wracks mit Absicht versenkt. Meistens waren es unvorhersehbare Umstände, die Verkettung unglücklicher Ereignisse, natürliche Hindernisse oder kriegerische Handlungen, die die Fahrten der ehemals stolzen Schiffe so abrupt beendeten. Und mit dem Untergang waren nur zu häufig menschliche Tragödien, der Tod einiger oder vieler verknüpft. Sollten aber deswegen Wracks, bei denen solche Tragödien stattgefunden haben, aus Pietätsgründen für Taucher gestrichen, ein völliges Tabu sein?

Wir glauben nein! Denn in den verschiedenen Kulturkreisen wird oft mit so unterschiedlichen Maßen gemessen, daß sich eine generelle Aussage nicht treffen läßt. Und es werden vielerlei Maßstäbe angelegt, die solche Pietätsforderungen in einem anderen Licht erscheinen lassen. War das Wrack der 29000 Tonnen großen Royal Oak in Scapa Flow mit ihren 833 Opfern nach der Versenkung am 15. Oktober 1939 durch das deutsche U-Boot U-47 für alle Zeiten als Kriegsgrab für jedermann gesperrt, so kümmerte es bis heute niemanden, wer, wann und mit welcher Absicht an der Wilhelm Gustloff tauchte und noch taucht. Ob ehemaliger Freund oder Feind, das hat auch heute noch einen gewissen unterschiedlichen Stellenwert, auch und gerade bei Wracks.

Es ist selbstverständlich, daß an Schiffen aus antiken Zeiten getaucht und geforscht wird, daß mit den Silberschätzen aus alten Galeonen vor Kubas und Floridas Küsten bisweilen menschliche Überreste an die Oberfläche gelangen und ins Museum wandern. Ohne jegliches Lamentieren all' derer, die sich über irgendwelche, von der Titanic geborgene Teller mokieren. Auch hier werden wieder unterschiedliche Maßstäbe angelegt – gilt diesmal die Zeit als heilender, als entschuldigender Faktor, oder sogar die Wissenschaft?

Wir meinen, Wracks sollen als das genommen werden, was sie sind, und nicht als das, was sie einmal waren. Sind menschliche Verluste bekannt, so sei jedem geraten, dieses Wissen mit auf den Tauchgang zu nehmen und durch entsprechendes Verhalten seinen Respekt und Pietät zu bekunden. Auf keinen Fall aber sollten Zeitgenossen anderer Meinung mit lautstarkem Geschrei nach Verboten und Reglementierungen rufen und ihre Meinung anderen aufzwingen.

Auf den abenteuerlich veranlagten Taucher üben versunkene Schiffe und Flugzeuge eben seit eh und je eine magische Anziehungskraft aus. Aber Wracktauchen ist nicht nur etwas für Abenteurer; es ist eine Herausforderung, eine spannende Facette des Tauchens, wie man sie nicht immer und überall erlebt.

Bitte an den Leser

Vieles ist von den Autoren mit großem Zeitaufwand genau recherchiert worden; einiges aber blieb auch noch im Dunkel der Geschichte verborgen. Leser, die neue oder anders lautende Informationen in Wort und Bild besitzen sind an dieser Stelle herzlichst dazu aufgerufen, uns zu schreiben und dieses Material für die nächste Auflage zur Sichtung und ggf. zur Veröffentlichung zur Verfügung zu stellen. Denn nur mit Ihrer Hilfe und Kooperation kann dieses Buch zukünftig zu einem umfassenden Standardwerk über die Wracks im Roten Meer werden.

Osnabrück, Bernried, Greven,
im Oktober 1998

Register

Abdullah, Kronprinz von Jordanien 21
Abu el Ghosun 181 f.
Abu Galawa 174, 177, 238
Abu Galawa Kebir, Schlepper von 174, 184 ff., 216
Abu Galawa Riff 184
Abu Ghosun 174, 231
Abu Kafan, Riff von 166
Adamastos siehe: Zingara-Wrack
Adamatia K-Wrack 174, 176 ff., 184
Afghanistan-Wrack 228 f.
Afroditi H siehe: Hamada-Wrack
Aida-Wrack 134, 136 ff.
Al Akawein 132
Al Khalij siehe: Muhaisna-Wrack
Al Quamar Al Saudi 229 f.
Al Tahra siehe: Salem Express-Wrack
Amphoras, Tauchplatz von 12
Amphorenfeld von Sha'ab Sataya 188 f.
Angela siehe: Kimon M-Wrack
Anna B siehe: Chrisoula K-Wrack
Aqua Sports Diving Center Eilat 34
Aquaba 14 ff., 32, 42, 164, 224
Aquaba, Golf von 9, 12, 14 ff., 36, 48, 114

Aschrafi Islands 114
Attiki-Wrack 233

Bab el Mandeb 14
Bacchis-Wrack 86
Bahia Blanca siehe: Umbria
Beacon Point 48, 55, 57
Begun Wrack 17
Ben Zev, Gadi 29
Big Brother Island 132 ff.
Bittersee, Großer 11
Bittersee, Kleiner 11
Blue Bell siehe: Blue Belt-Wrack
Blue Belt-Wrack 13, 207 ff.
Bluff Point 114, 117, 120, 122
Brother Islands 13, 132, 134 f., 144, 174
Bruder, Großer 132, 135 f., 140, 143
Bruder, Kleiner 135

Carina-Wrack 82
Carless Reef 154
Carlos 225
Carnatic-Wrack 10, 76, 78, 85 ff., 94 ff., 110, 173
Cedar Pride-Wrack 18 ff., 32, 241
Cedar Star-Wrack 200
Chris Uhler siehe: Chrisoula K-Wrack
Chrisoula K-Wrack 12, 87, 104 ff., 113
Ciudad de Cucuta siehe: Kimon M-Wrack
Clausen, Volker 204
Coburg-Wrack siehe: Blue Belt-Wrack
Coral Beach, Eilat 32

Coral World, Eilat 32
Cousteau, Jacques-Yves 65, 212 ff.

Dacca-Wrack 228
Daedalus Reef 174, 228
Dana Corona siehe: Al Quamar Al Saudi-Wrack
Dana Sirena siehe: Al Quamar Al Saudi-Wrack
Dieterich, Klaus 196
Dilenge, Pierfranco 188
Dina Elizabeth siehe: Muhaisna-Wrack
Dona Paz 171
Dora Oldendorff siehe: Chrisoula K-Wrack
Dunraven-Wrack 10, 12 f., 48, 50 ff., 76, 78, 225

Eilat 14, 17, 29, 32, 34, 40 f., 144, 204
Eilat, Golf von siehe: Golf von Aquaba
Eisenbahnwrack 134
El Quseir 174
El Tur 40
Elba Reef 200, 202 ff.
Elphistone 174
Enterprise-Passage 16
Erg Harni 176, 179, 184
Estonia 171
Excalibur-Wrack 144, 146 ff

Feng Shun siehe: Million Hope-Wrack
Flaschenwrack 86 f., 103

Fliesenfrachter 87, 104
Franced siehe: Rosalie Moller-Wrack
Francis siehe: Rosalie Moller-Wrack
Fred Scamaroni siehe: Salem Express-Wrack
Fury Shoals 9, 174, 176 f., 179, 184, 188

Gamila Reef 17, 36 f.
Gaulle, Charles de 26, 29
Geziret Zabargad 190
Giannis D-Wrack 12, 87 f., 91 ff.
Gordon Reef 13, 16
Grafton-Passage 16, 132
Greenbelt-Wrack siehe: Blue Belt-Wrack
Gsell, Pit 196
Gubal Island 76, 114, 116
Gubal Island, Leichter von 120, 122 f.
Gubal, Straße von 12, 15, 58, 64, 86, 88, 94, 114, 124

Hadia-Wrack 174, 230 f.
Haldane, Cheryl, Prof. 159
Hamada Colombo siehe: Hamada-Wrack
Hamada-Wrack 174, 177, 180 ff.
Hamburg-Wrack siehe: Blue Belt-Wrack
Hasenpflug, Sue 164
Hass, Hans 221
Hawk-Wrack 190
Hearst, Randolph 53

REGISTER

Hey Daroma-Wrack 17, 36, 39 ff.
Hodeidah 88
Hope siehe: Million Hope-Wrack
Hurghada 10, 87, 91, 144, 146, 150 f., 156, 159, 169

Ijssel siehe: Poliaigos-Wrack

Jackson Reef 13, 16, 36 f., 42
Jazirat Fara'un 8
Jeddah 88, 104, 163 f., 167, 180, 182, 208, 230
Jemen 14, 163
John P. siehe: Muhaisna-Wrack
Jolanda-Wrack 13, 224 ff.

Kabelleger 116
Kastoria siehe: Adamatia K-Wrack
Kefrig, Udo 204, 232
Keisum Islands 114
Keller, Ayre 52
Keramikfrachter 104
Ketty T siehe: Muhaisna-Wrack
Kimon M-Wrack 86 f., 109 ff., 245
Kingston-Wrack 82
Kneip, Rudi 91
Koholyt siehe: Adamatia K-Wrack
Kopp, Peter 154
Kormoran siehe: Zingara-Wrack
Kuhlood siehe: Muhaisna-Wrack

Lagoona North 17, 42, 44

Lairds Loch siehe: Hey Daroma-Wrack
Lara-Wrack 13, 17, 37
Lauckner, Gerhard 154, 156, 226
Lawrence von Arabien 52 f.
Leghorn siehe: Levanzo-Wrack
Leichter von Gubal Island 120, 122 f.
Lessep, Ferdinand de 10
Levanzo-Wrack 13, 200, 202 ff.
Limon, Mordechai 27 ff.
Linngsbon siehe: Million Hope-Wrack
Linsenfrachter 86 f., 109 f.
Little Brother Island 132, 135
Little Gubal Island 114, 117, 119, 120, 123
Lord Sinai siehe: Salem Express-Wrack
Louilla-Wrack 13, 17

Maidan-Wrack 231 f.
Marga siehe: Muhaisna-Wrack
Maria Schröder-Wrack 13. 17
Marienburg siehe: Adamatia K-Wrack
Markos siehe: Giannis D-Wrack
Marsa Alam 13, 132, 174
Marsa Arakiyai 206, 209
Mashal siehe: Dunraven-Wrack
Mataura siehe: Hadia-Wrack
Melzer, Klaus 204

Million Hope-Wrack 17, 36 ff., 41
Minija-Wrack 144, 150 ff.
Monte Dos siehe: Cedar Pride-Wrack
Muhaisna-Wrack 232 f.
Mysore siehe: Carnatic-Wrack

Naama Bay 38
Nasser, Gamal Abd-el- 11, 150
Nazario Sauro-Wrack 13, 204
Neetz-Wrack 30, 32
Neptuna, MS, -Wrack 190, 196 ff.
Niebuhr, Carsten 162
Nissos Paros siehe: Poliaigos-Wrack
North Passage 48
Nuits St. Georges siehe: Salem Express-Wrack
Numidia-Wrack 134, 136, 140 ff.
Nuweiba 23

Odigitria B siehe: Poliaigos-Wrack
Ofira 40
Olden siehe: Chrisoula K-Wrack
Omo Gamus 179
Omo Sheikh 179
Orca Katamaran-Wrack 174
Orreholm siehe: Hadia-Wrack

Pacaya siehe: Poliaigos-Wrack
Pacific Royal siehe: Million Hope-Wrack

Panzerdeponie von Ras Peter 46 f.
Patrouillenboot 154 ff.
Poliaigos-Wrack 233
Port Berenice 9, 174, 184, 188, 190
Port Safaga 154
Port Said 9, 218
Port Sudan 14, 177, 179, 196, 204, 206, 208 f., 216, 218, 221
Precontinent I 214
Precontinent II 212, 214 f.
Puerto de Pasajes siehe: Cedar Pride-Wrack

Quecksilberwrack 12
Quseir 160

Ras Abu Soma 158, 163
Ras Baghdad 181
Ras Dib 232
Ras Gamila 39
Ras Gharib 233
Ras Horkorab 231
Ras Kati 46
Ras Mahmud 13
Ras Mohamed 13, 15, 48, 50, 224, 226
Ras Nasrani 38
Ras Peter 46 f.
Ras Shukheir 232
Red Sea Diving Center Eilat 29
Rendtel, Frithjof 154
Rocky Island 190, 231 f.
Rockys 174
Rolf Schmidt 40
Ronaldshay-Wrack 11 f., 184, 224, 226 f.

Rosalie Moller-Wrack 11 f., 15, 114, 124 ff., 242
Rosenstein, Howard 52
Royal Aquaba Diving Center 21
Royal Oak-Wrack 253
Royal Viking Sun-Wrack 17
Ryusei Maru siehe: Million Hope-Wrack

Sache-Woenkhaus, Ortwin 154
Sadana Island 158
Sadana-Wrack 9, 144, 158 ff.
Safada 87, 132, 144, 158, 164, 167 ff., 184, 224, 226, 230
Said Pascha, Vizekönig von Ägypten 10
Salem Express-Wrack 6, 12 f., 144, 164 ff., 241
Samarah siehe: Hamada-Wrack
San Bruno siehe: Cedar Pride-Wrack
Sanafir-Island 16
Sarah Radcliff siehe: Dunraven-Wrack
Sarah-Wrack 10, 58, 76 ff., 85
Scalaria-Wrack 11, 233 f.
Schlepper von Abu Galawa Kebir 174, 184 ff., 216
Schraubenfrachter 58, 76, 116
Schwimmbagger siehe: Ronaldshay
Seastar siehe: Kimon M-Wrack
Sha'ab Abu Nurhas 12, 76, 86 ff., 91, 94, 104, 109 f., 114
Sha'ab Ali 12, 58 f., 63, 82, 114
Sha'ab Danaba, unbekanntes Wrack vom 10, 12, 58 f., 76, 82 ff.
Sha'ab Jean Francois 167
Sha'ab Mahmud 12, 48, 50, 52
Sha'ab Rumi 212, 214
Sha'ab Rur 120, 154, 157
Sha'ab Sataya 188
Sha'ab Sheer 13, 164, 166 f.
Sha'ab Suedi 206 ff.
Shadwan 76, 86, 91, 97 ff., 114, 154, 233
Shag Rock 58 f., 76, 82, 114
Shambaya 196
Shark Reef 224
Sharm el Moa 46 f.
Sharm el Naga 163
Sharm-el-Sheikh 12, 40, 46, 52, 144, 150, 204, 225
Shay siehe: Ronaldshay-Wrack
Shillong-Wrack 234 f.
Shipbay 21
Showarit Island 179
Shoyo Maru siehe: Giannis D-Wrack
Sillner, Ludwig 154, 156
Sinai Divers (Tauchcenter) 40
Sklavenpfad 132
Small Passage 48
Soufa-Wrack 26 ff., 32
St. John's Island 190
Stoll, Claus-Peter 204, 228
Suakin 216

Sudan 203, 220
Swoboda, Heinz 104, 109

Tawfiq 60
Tawila Island 114
Teti Nimocos siehe: Adamatia K-Wrack
Thistlegorm, SS, -Wrack 11 f., 58 ff., 124, 140, 218, 240, 242
Thomas-Reef 13, 16
Tieng Sin siehe: Schlepper von Abu Galawa Kebir
Tiensin siehe: Schlepper von Abu Galawa Kebir
Timsahsee 11
Tiran Island 16 f., 42
Tiran, Straße von 13 f., 16 f., 36, 40, 132, 158
Tiran-Riffe 16 f.
Titanic 171, 253
Topazos 190
Toyota-Wrack 207 ff, 210
Trekoner siehe: Al Quamar Al Saudi-Wrack

Ulysses-Wrack 10, 12, 76, 116 ff.
Umbria-Wrack 13, 204, 216, 218 ff., 248
Unbekanntes Wrack siehe: Sha'ab Danaba
Urania-Wrack 13, 204

Weinwrack 86 f., 103
Wenny, Günter 147

Wenny, Suzanna 146 f.
Wilhelm Gustloff 171, 253
Wingate Reef 216, 220 f., 229
Woodhouse Reef 13, 16 f.

Yatuoche-Wrack 30 ff.
Yeats 32

Zabargad Island 174, 196, 198 f., 231 f.
Zabargad-Wrack 190 ff.
Zingara-Wrack 17, 42 ff.